航空服务艺术与管理本科系列教材

民航客舱服务艺术案例分析

Case Analysis of Civil Aviation Cabin Service Art

张号全 李霏雨 ◎ 主　编
李叶宣 岑　峻 ◎ 副主编
金　恒 李慧娟 ◎ 参　编
　　　 王益友 ◎ 主　审

电子工业出版社
Publishing House of Electronics Industry
北京·BEIJING

未经许可，不得以任何方式复制或抄袭本书之部分或全部内容。
版权所有，侵权必究。

图书在版编目（CIP）数据

民航客舱服务艺术案例分析/张号全，李霏雨主编. —北京：电子工业出版社，2022.11
ISBN 978-7-121-44306-0

Ⅰ.①民… Ⅱ.①张…②李… Ⅲ.①民用航空－旅客运输－商业服务－案例－高等学校－教材
Ⅳ.①F560.9

中国版本图书馆 CIP 数据核字（2022）第 174740 号

责任编辑：刘淑丽
印　　刷：北京七彩京通数码快印有限公司
装　　订：北京七彩京通数码快印有限公司
出版发行：电子工业出版社
　　　　　北京市海淀区万寿路 173 信箱　邮编　100036
开　　本：787×1092　1/16　印张：10.25　字数：249 千字
版　　次：2022 年 11 月第 1 版
印　　次：2025 年 2 月第 5 次印刷
定　　价：42.00 元

凡所购买电子工业出版社图书有缺损问题，请向购买书店调换。若书店售缺，请与本社发行部联系，联系及邮购电话：（010）88254888，88258888。

质量投诉请发邮件至 zlts@phei.com.cn，盗版侵权举报请发邮件至 dbqq@phei.com.cn。

本书咨询联系方式：（010）88254182，liusl@phei.com.cn。

航空服务艺术与管理本科系列教材
建设委员会

丛书总主编：

刘　永　　北京中航未来科技集团有限公司董事长兼总裁

丛书总策划：

王益友　　中国东方航空集团驻国外办事处原经理，教授

丛书编委会秘书长：

胡明良　　江南影视艺术职业学院航空乘务学院副院长

丛书编委会成员：（按姓氏笔画数为序，姓氏笔画数相同者，按姓名第二个字笔画数为序）

刘岩松　　沈阳航空航天大学民用航空学院院长
刘　超　　华侨大学厦航学院副院长兼空乘系主任
李广春　　郑州航空工业管理学院民航学院院长
张树生　　山东交通学院航空学院原院长、山东通用航空研究院院长
陈　健　　北华航天工业学院外国语学院院长
郑步生　　南京航空航天大学金城学院航空运输与工程学院院长
宫新军　　滨州学院乘务学院院长
熊越强　　桂林航天工业学院教授

前 言

中国改革开放的不断向前推进，为中国民航业的发展注入了新的生机和活力。在全球经济一体化的今天，中国民航业面临新机遇的同时，也必将面对新挑战。特别是，作为前沿和一线工作者的乘务员，我们必然面临诸多服务新需求，要解决新难题、处理新矛盾、应对旅客提出的新要求等。首先，航空公司在创品牌、增效益、提升竞争力的同时，必然离不开服务的优质化、高效化；其次，旅客群不断复杂化，个性化的服务需求会不断提升；再次，民航客舱服务离不开承运安全的有力保障；最后，我们还应该看到，个别旅客仍有不文明行为，扰乱客舱秩序的事件时有发生。因此，如何顺应新时代的发展需求、紧跟民航强国的前行步伐、做好航班上的对客服务，成为对乘务员的新考验。

民航业是一个科技密集型的现代化运输行业，飞机是一种高品质的交通运输工具，其竞争优势主要依靠服务来体现，而优质的对客服务不仅是航空公司利润最大化的基本保障，而且是提升民航企业竞争力的必然条件。对客服务是民航客舱服务的一种核心体现，乘务员的综合素养及服务艺术决定了服务的体现水平。民航客舱服务自地面迎客起，到空中服务乃至安全处置一直到最后的送客清仓，在这短则几十分钟、长则十多个小时的航段时间内完成一整套的工作流程，乘务员要在狭小的客舱中认真履行职责，为旅客提供安全、顺利、舒心、满意的航程旅途。基于此，乘务员必须建立起良好的服务意识，用训练有素的言行举止诠释好高质量的服务水准，用精准而有效的处置方式应对与处理好航班上的突发事件，用冷静与果敢的态度解决好危及乘机秩序的安全问题。

为此，作为一名空乘学员，不仅要掌握航空安全规章、服务规范、操作流程和突发应急事件处置程序等必要知识，打下扎实的专业基础，而且要在实践中把所学到的专业知识转化为服务中的实际操作技能，方可为旅客做好全心全意的服务。然而，由于旅客服务需求的多样性和高空服务环境的特殊性，在实际航班飞行中必定会遇到各种各样的突发状况，乘务员要怎样利用好自己娴熟的专业技能、丰富的临场处置经验和良好的沟通技巧，游刃有余地满足不同旅客的需求，坦然而灵活地应对突发状况？这就是本案例分析教材的编写初衷。编者希望通过一个又一个真实的客舱服务场景、精彩的服务片段，展现服务的具体操作、创新性服务的方法、突发状况的处置措施，以及影响安全问题的解决方案等。

本教材由长期从事就业指导和空乘面试工作的高级职业指导师张号全负责编写第一章、第二章至第六章中的案例分析及个别案例、第七章的相关内容，并由张号全负责全书的统稿工作；由多年从事航班飞行和培训工作的中国国际航空公司李霏雨和李叶宣、海南航空公司岑峻负责编写第二章至第六章中的一些案例和第五章的相关内容；由具有丰富教学经验的西安航空职业技术学院金恒录制音频文件；由具有飞行实践经验的广州科技职业技术大学李慧娟参与国际案例内容的编写工作；由中国东方航空公司王益友主审。

在编写的过程中，编写团队依据实际的航班对客服务需要，客观而真实地把多年的专业经验和心得体会，以及飞行经历中最具有代表性的系列事件汇集起来，编写成《民航客舱服务艺术案例分析》这本教材，其中涉及服务艺术认知、服务意识构建、案例中诠释的致美服务、沟通艺术、关怀艺术、化解艺术、礼仪艺术、特情处置艺术、对案例中的创新性服务的理解等内容。教材中不仅有典型的案例情节，而且有详细的案例分析和具体的服务解读，表明服务的亮点与缺失，提出服务的修复与艺术性表现，说明问题处置的程序及依据等。本教材与读者们一起分享乘务工作的心路历程，其中有旅客给予的称赞与掌声，也有职业成长中的泪水和委屈，鲜明地再现了乘务工作独特的职场风景。

  本教材得以顺利出版，要感谢电子工业出版社给予编写团队的信任和大力支持。

  真诚地感谢广大读者的理解、支持与厚爱，欢迎多提宝贵意见。

编者

2022 年 8 月

目　录

第一章　民航服务案例概述 ··· 1
第一节　对民航服务案例的基本理解 ·· 1
第二节　民航服务案例的多角度认知 ·· 5
第三节　民航服务与案例引导 ·· 10
第四节　案例带给民航服务的现实影响 ·· 12
思考案例及练习题 ··· 17

第二章　民航服务沟通艺术案例分析 ·· 18
第一节　用好服务语言，实现双赢结果 ·· 18
第二节　恰当沟通，消除航班隐患 ·· 25
第三节　欠缺沟通艺术，招致旅客投诉 ·· 29
第四节　民航客舱服务沟通 ·· 36
思考案例及练习题 ··· 40

第三章　民航服务关怀艺术案例分析 ·· 41
第一节　创造关爱服务，收获更多满意 ·· 41
第二节　真诚体贴服务，赢得旅客赞誉 ·· 46
第三节　注重细节服务，更让旅客感动 ·· 53
第四节　特殊旅客服务，彰显大爱精神 ·· 58
第五节　做好国际航班服务，铸造空乘形象 ·································· 67
思考案例及练习题 ··· 74

第四章　民航服务化解艺术案例分析 ·· 75
第一节　恰当处理餐食问题，诠释服务诚意 ·································· 75
第二节　妥善弥补与化解，营造良好氛围 ····································· 82
第三节　有效处理冲突争议，实现和谐飞行 ·································· 88
第四节　异议问题处理要点 ·· 95
思考案例及练习题 ··· 97

第五章　民航服务礼仪艺术案例分析 ·· 98
第一节　使用好服务礼仪，完美乘务形象 ····································· 98
第二节　缺失服务礼仪意识，导致形象受损 ·································· 102
第三节　民航服务礼仪要点 ·· 105
思考案例及练习题 ··· 111

第六章　民航服务特情处置艺术案例分析 ………………………………… 113
第一节　及时处理突发状况，诠释"生命至上" …………………… 113
第二节　做好航班安全服务，诠释民航精神 ……………………… 120
第三节　加强客舱秩序管理，处置不良行为 ……………………… 128
第四节　民航客舱服务与安全职责 ………………………………… 133
思考案例及练习题 …………………………………………………… 134

第七章　通过案例学习丰富空乘职业所需知识 ………………………… 136
第一节　案例对乘务职业的诠释 …………………………………… 136
第二节　案例中彰显的服务力构建 ………………………………… 140
第三节　对案例中的创新性服务的理解 …………………………… 143
第四节　关注客舱内公共安全意识的建立 ………………………… 145
第五节　案例学习助力走向空乘岗位 ……………………………… 147
思考案例及练习题 …………………………………………………… 150

附录 A　关于在航空器内犯罪和其他某些行为的公约 ………………… 152
附录 B　关于制止非法劫持航空器的公约 ……………………………… 152
附录 C　关于制止危害民用航空安全的非法行为的公约 ……………… 153
附录 D　中华人民共和国民用航空安全保卫条例 ……………………… 153

参考文献 …………………………………………………………………… 154

第一章 民航服务案例概述

章前提要

在从民航大国走向全方位民航强国的征程中，我们不仅需要十足的信心，更需要细致、踏实的工作作风；不仅要有民航业的奉献精神，更要有乘务工作中严格、认真的岗位操守。只有这样，才能保证乘务工作在整个系统环节链上的有效运转。而乘务工作实则包含了民航对客服务的所有体现，在"高质量"服务的严控标准之下，如何诠释好艺术性服务，会时刻考验每一位乘务工作人员。其实，乘务工作是对综合素质及服务技能要求较高的工作。如果说了解服务、了解服务艺术是做好艺术性服务的前提，那么学习案例带给我们的就是了解服务的价值，不仅可以让我们从中观察到服务艺术的具体展现，还能够为我们提供实际的服务方案，为乘务职业的有序成长打下坚实的基础。

本教材中的民航服务，主要指民航客舱服务。本节重点阐述民航服务艺术、服务案例的定义、服务及案例的表现特征、案例的现实影响及带给服务的增值意义等内容。希望在案例学习之前，大家能对民航服务案例有个基本的理解。

问题导入

1. 你以前读过民航服务案例相关的书吗？
2. 你对民航服务案例了解多少？
3. 你清楚民航服务案例与服务艺术诠释之间的关系吗？
4. 你希望本教材给将来从事乘务职业的人员怎样的帮助？

服务艺术的表现与传达方式

第一节 对民航服务案例的基本理解

一、服务是一种行为美的艺术

《现代汉语词典》（第7版）对"服"和"务"分别有这样的解释："服"，即担任（职务）、承当（义务或刑罚）、承认、服从、信服；"务"，即事情、从事、致力。把"服"和"务"结合起来的"服务"，就是为集体（或他人）的利益、为某种事业而工作。根据《现代汉语词典》（第7版）的解释，我们可以这样来定义民航服务：民航服务是以满足旅客需求的、实现价值双赢的运输服务活动。换句话说，空乘服务是以满足或超越旅客乘机需求为前提的。显然，我们能够看出民航服务是带有某种特定内容以及拓展性需求的对客行为，而这样的行为亦被称为"服务艺术"。

我们知道，民航客机是一种具有高品质要求的公共交通运输工具，其竞争优势可以归纳为三个方面：体现方便快捷、感受出行品质、享受优质服务。优质的民航服务，不仅会让旅客在飞行过程中体验到关怀和体贴式的温暖服务，带来乘机时的满意度和心理满足感，同时也是航空公司利润最大化的有效保障。如果从更深的层面上看，民航服务是一道打开的国门，是一扇公司形象的窗口，也是一个乘务工作者服务艺术的展示平台。

空中的对客服务并非简单的流水线操作或者机械化的服务程式，而是涵盖了诸多行为艺术元素在内的高端服务，比如在某个时间段内、某架航班上与旅客间的即时性服务语言交流和服务中优雅的形象气质展现等。它是通过这些行为美的服务艺术元素有机结合而最终形成的民航服务，所以我们有理由说民航服务是一种行为美的艺术。

说到行为美，必然离不开提供行为美的艺术者本身——乘务员，离不开他们服务素质与服务技能的展示，以及服务心理状态、服务认知、服务理念等的确切建立，因此服务不是纸上谈兵式的想象，而是有形有相、有行动的过程，并且这一服务形式会有一定的延展性、影响性、带动性，是极具长期性的时间延续，是一种动态的结果表现。在这里，我们使用通俗一点的比喻，其实空乘服务就好比演员在舞台上的艺术展示，只不过这里的舞台是客舱，观众是旅客而已，所以在服务中要使出浑身解数，才能听到"观众"的叫好声，收获应有的服务效果，否则就有可能招致不满。

二、服务艺术源自服务能力

众所周知，民航运输业对空乘人员的服务能力要求十分严格，所有航班上的乘务员都是经过航空公司一个又一个的考核环节而精挑细选出来的，其目的就是让他们能更好地在旅客面前展示出良好的服务艺术，产生具有打动力和感染性的服务效果。然而，这样高标准、严要求的服务艺术的魅力表现，都建立在服务能力积累的基础之上，源自服务者本身具备的专业能力、体现的服务技巧和呈现的综合素养。因此，没有服务能力就难有服务艺术。

相关资料显示，在对安全、价格、服务等民航问题的关注度的调查中，旅客对服务的关注度占70%。也就是说，旅客选乘飞机更看重的是服务。因而，航空公司的窗口性岗位——民航客舱服务，已经成为建立民航运输企业与旅客关系的一座桥梁，是航空运输中最鲜明的一面旗帜，同时也是旅客与大众媒体共同关注的焦点。由此可见，乘务员的服务能力是不可能被忽视的，也是不可能被低估的航空运输中的实际需要。

那么，我们该如何把这种旅客需要的高雅的服务艺术形态化解为具体的服务能力项目？下面我们通过对"服务"的拆解和细化，来达到认知与理解服务能力的真实目的。如果我们把服务——"SERVICE"中的字母单列出来，它们每个其实都代表一项丰富而具体的服务所需要的能力要素，如表1-1所示。

表 1-1　服务（SERVICE）中的字母含义

服务需要的能力要素（中文含义、字母及对应的英文单词）	服务需要的能力要素的含义
微笑：S—smile	乘务员要为每一位旅客提供微笑服务
出色：E—excellent	每一个服务环节都要做得十分出色
准备好：R—ready	对旅客做好周到服务的一切准备
看待：V—viewing	把旅客当作自己的亲人一样看待
邀请：I—inviting	真诚地邀请旅客再次光临本次航班
创造：C—creating	想方设法地为旅客创造惊喜服务
目光：E—eye	用热情友好的目光关注和安慰旅客

下面，我们对服务（SERVICE）中每一个字母代表的能力要素，做进一步阐述。

（1）微笑：S—smile，可以理解为乘务员为每一位旅客所提供的微笑服务，因而，对于乘务工作而言，微笑服务是最基本的服务表达和服务组成要素。

（2）出色：E—excellent，出色这个词条，即乘务员应将每一个服务程序，以及每一个微小的服务环节，都做得非常出色，不能留下任何遗憾。

（3）准备好：R—ready，准备好服务，则是提供周到服务的前提和必要基础，而为旅客提供的所有乘机服务，都应该是关怀与体贴式的尊重服务。

（4）看待：V—viewing，把旅客当作亲人一样看待，这是对乘务工作的柔性要求，乘务员应当为每一位旅客提供优质的贵宾式服务。

（5）邀请：I—inviting，民航服务是一种敬重式的对客服务，用微笑和真诚欢迎旅客登机，同样在一段行程结束时，也要满怀内心的感激和诚意，表达出对旅客再次光临的邀请。

（6）创造：C—creating，创新服务形式，想方设法地为旅客创造出旅途中的每一份惊喜，是民航高质量服务的要求，让旅客感受到关心、享受服务。

（7）目光：E—eye，乘务员要给旅客送达热情、友好的目光关注，一是满足旅客的心理安慰需要，消除旅客内心的不安情绪；二是通过目光关注，及时地观察到客舱内的情况，主动发现服务需求，进而提供有效的服务帮助，使旅客时刻感受到乘务员在关心自己。

由此我们不难看出，服务是经过精心设计的并带有艺术性的行为过程，而这种带有艺术性的服务源自服务能力的集中体现。练好乘务工作需要的服务能力硬核，方可施展出让旅客极其满意与有艺术效果的服务美感，打动旅客的心，这是一种双赢的服务模式。

三、案例中的服务艺术美呈现

1. 服务案例的基本定义

从上面内容的描述中，我们知道了服务能力性、服务艺术性和服务需要性，其最终目的都是营造出良好的服务氛围，收获满意的服务结果。从这一明确的意义和观点出发，我们也就不难知晓，民航服务案例中所诠释出的是服务需要的艺术性元素、案例中的服务技巧、服务艺术效果、处理问题的手法……这些民航服务中需要的服务能力要素，都存在于一个个真实的案例中，并通过我们对案例的阅读理解及具体分析很好地展现，以便读者更加直观地学习与吸收其中释放出的积极内容，找到更适合自己的服务方法。

民航客舱服务案例，实际上就是乘务员在其工作岗位上，在对客提供的一系列服务过程中所经历的具有一定现实价值和深远意义的带有艺术性、典型性及特殊性的事件，并被后来的人们在实际乘务工作及学习中有效引用。进而，案例事件本身就会超越一般的普遍现象，能够极大地激发乘务工作者的职业思考与服务探索，并使其从中汲取经验教训，收获有益的职业成长与工作帮助，避免同样的事情或问题再次发生。

客舱服务案例与其他普通事件的区别就在于，案例所承载的是乘务工作本身所具有的不可预测性与特殊性，以及面对这些突发性事件所采取的应对措施。案例凝聚着乘务员临场处理疑难问题的能力，以及其所彰显的灵活机智、周全应变、整体意识、知情达理、训练有素、职责担当、圆熟周到、关怀体贴等职业素养。这些具有非凡魅力的服务艺术性元素能够客观地诠释出民航服务需要的质量与品质，是真实、有效的能力体现，使得对客服务中出现的问题或情况得到及时、妥善的处理，消除不良影响，赢得旅客信任，切实地维护好民航企业的声誉及形象，使得具有窗口性宣传影响力的乘务工作价值得到充分的肯定。

2. 案例中的服务诠释

不言而喻，乘务工作是一项具有高度责任感、应急能力、机智果敢、角色转变、专业熟练度等能力素养的"高空作业"，不仅会面对春风般的温暖场景，还需要时刻准备面对这样或那样的问题。这就需要乘务员解决好旅客在乘机过程中出现的矛盾或冲突、一些刁钻与有挑战性的问题，甚至有时还会涉及法律法规、国际影响、人身侵犯、客舱安全等问题，这其中隐含着不可忽视的安全风险，需要乘务员的高度警觉性和职责担当意识。因此，学习案例，其实就是学习案例中的服务和服务精神，从案例中找到服务的技巧和理想的服务结果。

民航客舱服务艺术案例中所讲述的事件本身、发生的原因、问题处理的过程、处置细节与旅客反应结果、后续情况等所有的案例结构及内容，无不是在对案例中的客舱服务进行全面、理性、友好及客观的诠释。读者能够跟随案例事件的发生发展、戏剧性的情节变化、理想与圆满的事件结果等，直观地了解案例中的服务场景、服务细节、服务语言、服务态度，以及对各类问题或突发事件的有效处理方式。我们要把服务中的不可能变为可能；把失败的服务转化为灵活的弥补措施；把矛盾消除在产生矛盾之前，让服务充满新鲜和活力。

案例中的服务诠释，让我们能够清晰地了解服务的全过程，掌握服务的灵活策略与操作要领，放大亲和效应，把刻板的服务表象友好地转化为艺术性的内涵，从而对乘务工作始终抱有一颗好奇的欢喜心态，完善客舱服务，让旅客享受更好的服务待遇。

3. 从案例中学习致美服务

民航对客服务，要从细节处找到服务的亲和做法，不仅要关注服务的节奏和内容，营造有序及温和的服务氛围，做好内部与外部的及时沟通，还要特别关注服务现场的人和事。俗话说：只有想不到，没有做不到。致美服务就是乘务工作中的一种超越服务的状态，对这方面的内容，我们可以从后面几个章节的案例学习中具体地了解和把握。

案例中体现的致美服务，包含七个方面，如图1-1所示。

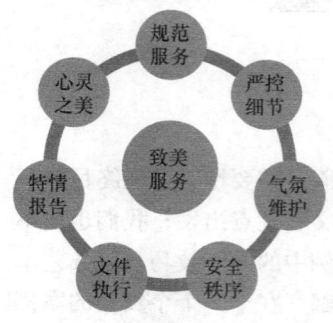

图1-1 致美服务示意图

（1）心灵之美：乘务员最基本的要求是心地善良，有一颗大爱之心，无论遇到什么样的旅客，都不能有嫌弃怀疑之心。

（2）规范服务：拥有一颗感恩的心，对所有乘坐航班的旅客都要做到一视同仁，不能区别对待，执行好公司要求的规范服务中的各项操作内容。

（3）严控细节：做好对两舱旅客的细节服务。对于两舱旅客，要把握好迎客的服务步骤、礼貌问候、准确称呼（第一时间对旅客称呼姓氏，会让旅客感受到航班服务的细节到位和准备充分）、引导入座、安放行李、挂衣服务；做好自我介绍；做好用品介绍，包括报刊服务、毛巾服务、迎宾饮料服务（酒水、茶水、咖啡介绍或展示）；做好订餐服务等。

（4）气氛维护：保持客舱内的良好气氛，主动和旅客打招呼，在饮料提供、餐食供应时，有语言交流和使用提醒服务。

（5）安全秩序：注意客舱内的安全秩序，用体贴的语言化解旅客之间的乘机矛盾。

（6）文件执行：根据《关于加强客舱安全管理工作的意见》（民航发〔2012〕96号）要求，滑行期间，乘务员不得从事与安全无关的工作；起飞后20分钟或平飞至落地前30分钟，完成所有旅客服务程序；飞机进入下降阶段后，不应再为旅客提供餐食服务。

（7）特情报告：遇到特殊情况，要请示乘务长，报告机长，听从安排、指挥，服从机长命令。

从某种意义上讲，案例也是一幅内容广博的图画，是民航客机在飞行中绘制出的"巨幅长卷"，里面不仅有动人的服务风景，更有亲情和关怀演绎出的感人故事，充满感动和惊喜，是民航人用长期持有的大爱与民航的精彩共同创造的美丽的艺术作品。

第二节　民航服务案例的多角度认知

一、民航服务的表现特征

民航服务作为一种特殊性产品和有价值的艺术品，体现出如下几个方面的特征，如图1-2所示。

1. 以需求为中心

民航服务的对象是旅客，必然要提供以旅客需求为中心的服务，而不是闭门造车式的服务假想。但基于每位旅客在兴趣爱好、思想理念、需求方式、价值观、内心情绪等方面都存在差异，民航服务必须围绕旅客的不同需求展开工作，力求让每位旅客享受满意的服务。

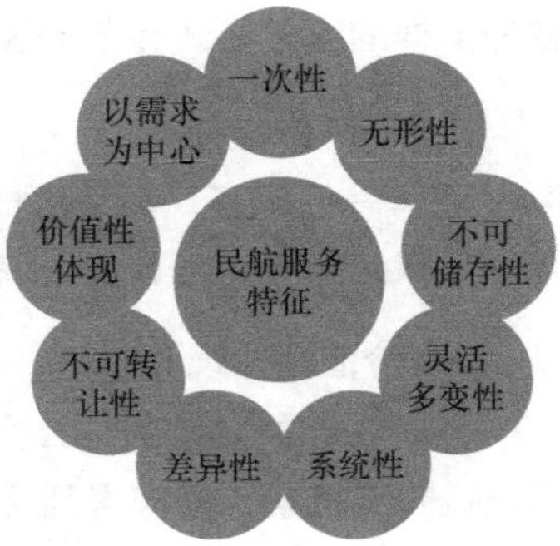

图1-2　民航服务特征示意图

2. 一次性

服务是一种特殊的产品，有时效性，因此，旅客对民航服务的心理需要往往具有一次性的特点。如果旅客在体验服务的过程中感受到不满意及不愉快，则无法像实物商品那样弥补和返工。因此，不周到的民航服务所产生的不良结果及影响往往难以在较短的时间内消除，甚至不会给乘务员留下改正的机会。

3. 无形性

服务产品并不完全等同于商品，商品可以看得见、摸得着，民航服务除提供有形的服务项目外，其服务本身还具有诸多的无形性与抽象性。虽然旅客对服务质量较难有一个精准的考核和控制，难以做出精确的判断，对无形的服务看不见、摸不着，但能感觉到和享受到，所以民航服务提供者必须接受专业化与灵活性的服务训练，以满足旅客的服务需求。

4. 不可储存性

民航服务的保质期很短，只有一个航段的时间，并且会受到很多的制约，比如旅客即时需要的制约、不同需求的制约、安全服务的制约等。也就是说，只有在飞行条件允许的情况下，当旅客具有一定的服务需要时，民航服务行为才能实现和完成。因此，民航服务不具有储存性，只能满足当时、现场发生的旅客服务需要。

5. 灵活多变性

不同的旅客有不同的服务需要，即使同一个旅客的需要也是不断变化的，民航服务必须针对旅客不同的需要，提供及时、准确、周到的相应服务。在一般情况下，对旅客的服务需要很难做到百分之百的精准预测，因为航班上的旅客来自不同国家（地区），处于不同层次及文化背景下，有着不同的年龄与职业差异，以及不同的思想意识和道德规范，并且有不同的宗教信仰、风俗礼仪、饮食习惯、生活禁忌等。因此，服务提供者除应具备一定的专业服务知识和技能外，还应广泛地掌握多方面的知识与技能，比如旅游知识、礼仪知识、营养学知识、心理学知识等，以便灵活地、有针对性地服务好"各种各样"的旅客。

6. 系统性

民航服务是航空公司各个部门、各个环节之间的联动工作配合，涉及服务过程、服务程序和服务质量的综合体现，因而民航服务也具有系统性的特点。

7. 差异性

即使旅客乘坐同一家航空公司的飞机，也可能因为乘务员的差异或是时间的不同，而得到多种多样的服务模式和服务表现形态，因而服务有一定的差异性。

8. 不可转让性

任何一位旅客，都无法把其所接受的服务转让给第三者去了解和体验，且仅以当时为限。等到下次光临时，旅客会因乘务员不同，感受到另外的服务模式及服务状态。

9. 价值性体现

民航服务的宗旨就是最大限度地满足旅客的需要，使旅客受益，产生愉悦的乘坐体验。旅客花钱购买机票，理应得到相应的服务，体现出消费的价值。

二、民航服务案例的表现特征

1. 民航服务中的故事

小客舱大世界，这是基于民航客舱服务的现实情况而言的，必然要求乘务员秉持航空公司的管理规定，细化服务过程。民航服务虽是"高空作业"，并带有上述一系列的特征，但一定也要"落到实处"的服务操作。面对庞大而复杂的亿万旅客，我们要做的工作是繁杂与多样的，也会出现这样或那样的充满酸甜苦辣、嬉笑怒骂的服务故事，甚至可能出现旅客违法犯规的事件。这里有痛楚和愁闷，也有温馨与感动，更有值得期待的下一段航程。

民航服务案例之所以被大家重视，其中一个很重要的因素，就是案例本身所展现出的对客服务中的故事。这些故事让我们觉得亲切，并且能够让我们从中汲取有益于服务的操作方法、处理措施，有身临其境般的体会，感受服务背后的感动，进而促使我们进一步思考故事的演变过程、戏剧性的结果，引发我们心中对服务的思考和共鸣。

2．故事的典型性特征

就民航案例来说，其本身就带有一种情景交融的故事叙述性。加上"客舱"二字，就更能显示出故事的特定性与非一般性的特征；如果再加上"服务"二字，势必能想象得到，民航服务案例描绘的是民航对客服务中各种曲折有趣、引人深思的故事情节，有过程有结果，能体现民航服务的典型特征。

在每一架航班上，对客服务不都是轻松和愉悦的，也不是千篇一律的，这显示出客舱服务有一定的难以预测性，但并非无解。案例就可以很客观、真实、系统地诠释客舱服务中最具代表性及典型性的故事，针对具有特殊性及特征性的民航服务，找到应对服务难题的良策。另外，案例中的矛盾冲突、执行要求与结果反馈，有些具有一定的戏剧性或意料之外的情节。对客服务中发生的故事，会有揪心的时刻，也会有突破的瞬间，进而会把我们带入一个又一个关于服务的"电影片段"中，让我们感受服务的不同画面及艺术风格。

3．独特的化解方法

我们在探讨案例的过程中，必然会有一定的认知与思考。在阅读案例的故事情节与分析内容时，我们还会对案例中采用的独特化解方法进行二次或多次思考，加深我们对案例中出现的服务问题的理解。民航服务案例包含多种多样的故事情形，不同的处理手法与应对方式带给我们的启发和思考也不尽相同。每个人对案例的理解和感受都会有所不同，但并不影响每个人从案例中汲取有价值的服务艺术和经验教训。

对于民航服务案例的表现特征，我们还可以通过表1-2进行归纳说明。

表1-2 民航服务案例的表现特征

	要点归纳
民航服务中的故事	（1）发生在航班运营中的、对客服务中的情景故事； （2）能够从中汲取有益于服务的操作方法、处理措施，有身临其境般的体会； （3）促使我们进一步思考故事的演变过程、戏剧性的结果，引发我们心中对服务的思考和共鸣
故事的典型性	（1）描绘旅客服务中各种曲折有趣、引人深思的故事情节； （2）标明民航服务案例所具有的典型性特征； （3）案例中的故事具有一定的戏剧性或意料之外的情节
独特的化解方法	（1）有多种多样的故事情形、独特的问题处理措施与解决方式； （2）带给我们不同的启发，以及对案例的理解和认知； （3）从案例中汲取有价值的服务艺术和经验教训

民航服务案例源自对客服务中的故事，但并非所有的服务故事都能成为很好的案例，案例是存在于正常服务中的非正常事件，具有一定的偶然性。然而，故事中的诸多因素，虽然表面上看起来有些沉重或隐晦，却总会留有蛛丝马迹，露出表象背后的冰山一角。通过对服务案例的学习，了解案例故事背后的真实目的，找到问题的矛盾焦点，看清楚问题处理的关键环节点，厘清问题解决思路，我们才能更有效地突破当下的服务局限，彻底地把服务艺术元素在现场释放，让服务提供者得到足够的欣慰，让旅客体验到服务带来的完整性、满意度并享受服务的一切美感。

乘务员把端、拿、倒、送、应答的有形服务与无形的职业精神、安全职责担当结合起来，加强对客服务的有效执行和把控能力，彰显民航服务的特征与内涵，诠释好对客服务。只有这样，当某种难以预料的服务问题或矛盾发生时，乘务员才不至于惊慌。人非圣贤，孰能无过。有备而来，就可以避免在服务中少出差错，让自己的服务表现更加完美。

三、不可被忽视的案例分析

在阐述民航服务及服务案例的同时，我们不能忽略案例分析的重要作用，因为案例分析是对案例事件的一次清晰的理解和认知过程，是对案例事件中的服务总结和服务亮点的发现。通过对案例的具体分析，我们可以看到某个案例事件发生、处理及产生结果的全过程。假如少了案例分析这一个环节，案例学习就少了画龙点睛的一笔，有些逊色，所以建议大家在学习案例时，一定要关注案例分析部分的内容。

如果说阅读服务案例是对民航服务需要的技巧或方法的认识，那么分析服务案例则是对服务情节的进一步梳理，帮助大家更深刻地理解案例事件发生的前因后果、处理的依据和方式，提醒大家在服务中的必要关注点。另外，案例分析是建立在正确的民航服务精神、服务理念、服务原则、服务需求的原则与基础上的，是依据民航服务工作的管理要求而进行的客观分析，具有一定的条理性，同时对服务提供者也起到一定的提醒作用。学习或使用民航服务案例，不仅要知其然，还要知其所以然，充分地吸收与应用。

四、案例成就感动服务

1. 民航服务的基本共性

民航运输服务有着一般服务普遍存在的共性，通常而言，这种服务是购买的服务，是一种带有消费性质的报酬式服务。旅客在购买机票后，乘坐民航客机到达所去的城市或中转机场，航空公司是承运方，按照相关的服务程序，应保障购买本架航班机票旅客的安全。民航运输服务的基本共性主要体现在以下几个方面。

一是为旅客提供详细具体的航班信息了解、机票购买、信息咨询、改签退换、危险品检查、安全运营及目的地送达等服务；

二是为旅客提供中转航班对接服务，提供航班与酒店信息、天气及温度情况报告、安全告知、广播通知等，方便旅客的各种出行及旅途服务需求；

三是为两舱旅客及VIP旅客提供贵宾服务，彰显品质化的乘坐服务需求；

四是为孕妇、儿童、老年人、病残人士等特殊旅客提供特殊服务，体现民航服务的关怀性；

五是做好公共卫生事件发生期间的安全运输保障、机舱消毒、旅客的防护等服务。

2. 案例展示的个性化服务

民航服务的内涵与特征表明，它既有普遍形式上的服务共性，也有其非一般的个性化表现。而这些在各式各样的服务中所表现出的个性化，会在一个又一个的案例中很直观地展示出来。例如，旅客在飞行途中突发疾病的救助、餐食问题、儿童和老人的照顾、服务语言分寸的把握、对要客的服务、旅客间的矛盾调节、投诉处理、节日服务、仪式感关注等。正是因为有了个性化的服务及服务需求，才会使得航班上的对客服务充满了非同寻常的惊喜，使得服务在变化中彰显魅力。同时，适应旅客需求的个性化服务，也给乘务工作者提供了极大的服务拓展空间，让客舱成为为旅客提供超越服务期望的美丽舞台。

服务的个性需求或个性化的服务展示，都是以旅客为中心的服务，首先它是建立在安全服务基础上的，不能脱离安全讲服务；其次它是有针对性的服务，是旅客真实需要的服务，是能够打动旅客心的服务；再次它是有底线和原则的服务，不能违背航空公司对服务边界的限定。因此，案例中所诠释的个性化服务情形，也不是无凭无据的展示，而是创新的服务形式，从乘务员的行为举止和服务细节处体现与折射服务的圆融性，最终成就感动服务。

总之，服务案例只是众多服务细节中的具有典型性及独特性的故事选择，具有一定的代表性，可以起到举一反三的作用。案例中的故事情节也并不可以完全表明以后的服务场景，但当你在将来的服务岗位上遇到类似的问题、出现这样或那样的服务状况时，总是可以从案例及案例分析中，找到一些启发或方案，从而梳理好问题处理的思路，避免在服务中出现一头扎进死胡同出不来的现象。其实，案例学习就好比给自己眼前挂上了一面放大镜，随时照见自己的服务状态，起到"提示"和"醒脑"的良好作用。

案例链接之一

中国航空先人的飞行实践

在位于美国华盛顿的航空博物馆里，有这样一句醒目的字：人类最早的飞行器是中国的风筝和火箭。透过这句话，我们可以看到中国航空先人在世界航空飞行探索和实践中的重要贡献与崇高地位。通过下面的梳理，我们能够更清晰而直观地感受到中国古代人的飞行智慧，以及他们在伟大的飞行梦想与实践探索中给后人留下的航空飞行史上的勇敢脚印和珍贵记载。

在4 000多年前，我们的祖先就已经学会了利用空气动力学原理制作船帆和船舵，并在此基础上做出了摇动空气以达到生风取凉目的的扇子，古籍中就有"舜作五明扇"的记载，以及有后来被人们称作"八卦风轮"的吉祥风车等。

华夏先祖最早的飞行探索与实践是在2 000多年前风筝出现时，最初人们发明风筝是为军事所需，风筝成为传递信息的工具。中国风筝也是得到世界公认的第一种重于空气的飞行器。随后又出现了重于空气的孔明灯，也被称为"天灯"，古人利用燃烧着的松脂产生热量加热空气，灯笼靠热空气托起飞上天空。孔明灯是热气球的早期雏形，至此，燃气驱动学原理的利用进一步推动了世界航天探索向前迈进。

民航客舱服务艺术案例分析

> 1 000多年前，中国古代的炼丹家为求长生不老而炼制丹药，最后出现了中国四大发明之一的火药，于是中国古代人就开始利用火药喷射产生的推动力制造军事武器与生活中的娱乐工具，比如火药火箭、火枪、节庆日燃放的烟花等。中国的竹蜻蜓也在这一时期出现，快速旋转的竹蜻蜓因得到空气的反作用推力而向上飞出，因而竹蜻蜓也被人们称为飞螺旋、中国陀螺，这对后来的螺旋桨和直升机的发明有着直接的借鉴意义。据《简明不列颠百科全书》第九卷的描述："直升机是人类最早的飞行设想之一，多年来人们一直相信最早提出这一想法的是达·芬奇，但现在都知道，中国人比中世纪的欧洲人更早做出了直升机玩具。"这里所说的"直升机玩具"其实就是指中国的竹蜻蜓。尽管现代直升机要比竹蜻蜓复杂千万倍，但其飞行原理是来自竹蜻蜓的。
>
> 在明朝，一位屡建战功而受到皇上封赏为"万户"的人，让人点燃47支自制的火药火箭绑在自己坐着的椅子上，举着两只大风筝，然后叫人点火发射，想飞向天空，结果可想而知。在当时的科技条件下，"万户"用自己的生命来实践心中的飞行梦想，为人类航空史留下了可歌可泣的中国航空先驱者的英名。为纪念"万户"，国际天文学联合会将月球上的一座环形山命名为"万户"，以纪念这位被尊称为"世界航天第一人"的中国人"万户"。这一在明朝出现的"万户飞天"故事，也进一步验证了中国人对航空飞行的勇敢探索与伟大实践。
>
> 中国航空先驱者们以自己无惧无畏的实际行动，不断地在人类航空飞行的理想王国里找寻与发现可以想象的各种飞行方法，这种敢为人先、勇于探索的实际行动，为人类的航空飞行事业创造出了许多辉煌史绩。除此之外，中国人发明的平衡环（平衡陀）、陀螺、磁罗盘等，均对人类航空事业的进步及发展有着特别重要的意义。

第三节 民航服务与案例引导

一、民航服务意识的建立

如果站在旅客的角度上看，大家花费比乘坐汽车、火车高出许多的费用乘坐飞机出行，原因不外乎有这几种：一是安全，二是快捷，三是舒适。可是一旦我们的服务不能够让旅客实现这样的目的，旅客就会不满意甚至进行投诉。而从民航运输服务的角度上看，全心全意地为旅客服务、建立以旅客为中心的安全运营服务观，是最根本的出发点与服务意愿。因此，基于这两大前提要素，民航服务意识的建立需要以下几点。

首先，要解决好旅客的实际问题，尽最大可能满足旅客的服务需求，先做好对客服务再谈个人报酬及其他条件。

其次，把小我的工作意识放大到航空公司的整体大观念之中，努力同公司的全体员工一起实现让旅客满意的运营目标，为公司的长期发展和利益实现奉献自己的力量。

再次，要坚定服务信心，信守服务承诺，用心服务并乐于为旅客服务，给他们带来服务中的欢乐和服务享受，让他们切实体会到民航服务的高质量及高品质。

最后，不给服务留下任何盲点和误区，为旅客提供他们愿意接受的服务，而不是应付与敷衍了事的服务，要把工作当职责，把服务当心愿，把旅客当亲人。

此外，服务是心甘情愿的岗位服从，并非仅仅为了一份工作薪酬。如果只为了钱而工作，那么可以说，这样的服务状态是不会有长期和稳定的良好表现的。

实际上，对于乘务员来说，服务应该源自自己的内心意愿，就是要乐于为别人服务，并且愿意给他人带来欢乐。当你看到旅客开心的笑容时，那就是服务的原动力。当你越爱自己的旅客、越愿意为大家提供细致的服务时，旅客回馈的爱也就越多，你就会越快乐；反之，当你越不喜欢自己的旅客、把工作当负担时，就会得到许多不愉快的回应，导致不快乐的结果。因此，快乐服务应是乘务员内心本能的服务愿望。乐于为别人服务并给他们带来欢乐，应该是乘务员的一种职业习惯。赢得旅客满意的民航服务，才是通向致美服务的第一步。

二、认识案例的服务引导

对客服务的过程往往变化无常，带有诸多不确定性因素。一方面，航班是一个动态的公共场所，在规范的服务程序中流动着无法固定的需求形态，乘务员随时都会面对各种各样的服务情况；另一方面，大部分旅客都会按照航班管理的规定及要求度过空中旅程，但也有极个别的旅客无视客舱内的管理规定，出现不文明的行为举止，甚至故意扰乱、破坏客舱秩序，危及航班驾驶员的人身安全及设备安全。那么，如何才能避免与减少飞行过程中的这些不雅现象，及时阻断航班上出现的可能危及安全的情况？唯一的方式就是早发现、早制止，采取周全的处置方式，把问题消灭在萌芽状态。任何事件的发生都不是无缘无故、孤立存在的，都有一定的征兆，案例中诸多事件的情节描述与结果分析，可以帮助我们从中发现问题背后的原因，增强对飞行服务中各种问题的观察能力。

对案例的了解与认知，应该是多层次的问题剖析。不同的案例有不同的背景因素，也有不同的实质问题。阅读案例能够使我们更深刻地体会案例中事件或故事人物的心理状态、言行表现；解读案例可以让我们更深入地观察与认识到案例的矛盾焦点与问题凝聚，从而直观地看清楚案例中人物的行为动机，发现问题才能更好地解决问题。乘务员专业能力的修习与提升是一个不断积累的渐进过程，从案例中我们可以发现对客服务的善巧做法，特别是对待机上的儿童、老人、孕妇、生病等需要多加照顾与关注的旅客，需要我们利用一颗热心加上一双独到的慧眼，随时体察与关注他们的服务需要，给予细腻的关怀服务。此外，机上的一些突发状况、各种矛盾等，更需要我们的警觉性与体察能力。发现异常及时制止或处理，能让乘务工作得心应手、事半功倍。

乘务员从表面上看只是一名空中服务员，其职业内容却很宽泛，这意味着其服务的难度和挑战性会很大，控制服务风险的能力必须提升，在服务的方式方法上要有准确性和判断力。对于乘务岗位上需要的果敢坚定、细腻周到、用心体贴、具有透彻与洞察事物的强大服务能力等，我们可以透过案例的诠释，进行一个更加明确的服务引导；如何才能在动态的服务过程中做到明察秋毫、临危不惧、胸有成竹、有理有据，出色地完成每一架航班的执行任务，也可以从案例中找到答案；"忠诚担当的政治品格、严谨科学的专业精神、团结协作的工作作风、敬业奉献的职业操守"这一民航精神，也会被释放在案例叙述的语言中，如一股清澈甘甜的细流，永远滋润乘务员的心田，进而让他们收获对服务精耕细作后的职场笑容。

三、从案例中汲取更多的服务营养

我们从品质服务的理念出发，在专业技能提升的修行过程中，总要不断地汲取一些在服务中可以借鉴的东西，吸取更多更合理的职业养分，拓宽我们的服务思路。

例如，从言语冲突事件中，我们可以学到在当下情况中的沟通方式；当旅客出现这样或那样的服务需求时，我们可以学到如何妥善地应对；在服务中出现失误的情况下，我们可以学到应该如何面对旅客的指责与不满，及时弥补服务的欠缺，重新获得旅客的信任等。应该说在这个世界上，许多工作都充满了酸甜苦辣。美丽花朵的绽放，需要园丁辛勤的浇灌与培育，需要阳光与雨露的共同哺育，同时还需要应对各种各样的摧残与损坏，这样才能有看花开、闻花香的那一天。其实案例就像给花朵加上的一道防护栏，做好生长中的人为保护，减少意想不到的破坏结果，多一份理性对待就会多一份工作的安心与成熟，静待在乘务工作岗位上的灿烂盛放。

民航客舱服务是一项极具挑战性的高度专业的工作，必然不同于一些地面上的工种。在狭小的客舱内，特别是在远距离、长时间的飞行过程中，旅客被固定在小小的座位上，在不熟悉的面孔前，甚至是在不同肤色、不同语言的旅客群里，一点点风吹草动就会引发旅客在心理及情绪上出现不安稳的波动，如果客舱氛围把控不及时或不到位，很有可能导致这样或那样的涉及安全秩序的问题。另外，出行人群具有复杂性，包括文化程度的差异化、宗教信仰的不同，以及生活习俗各异等，大大小小的矛盾或冲突在所难免，甚至有可能引发矛盾的进一步激化，这时就需要我们以高度的服务理智与耐心，以专业人员的良好素养冷静地面对。我们要有解决各种困难与问题的思路，才能果断而迅速地采用机智灵活的办法平稳地处理冲突，化干戈为玉帛。

因此，在日常的航班飞行过程中，因客、因情、因事等会出现各种问题与矛盾，我们可以借鉴案例找到明确的处理思路，并从案例中汲取更多的营养，增强服务的底气和信心。从案例讲述的发人深思的服务故事中，我们应汲取经验，使服务得心应手，践行服务意识。

第四节　案例带给民航服务的现实影响

一、案例给服务润色

试想，你在服务中遇到难解的问题或矛盾，在心理上感到压抑而无法排解，有可能航班落地后还耿耿于怀不能完全释放郁闷的情绪，很可能是个人在思维上碰到了死角。假如你在案例中能找到类似的情况与处理办法，就可以帮助自己打开不愉快的心结，让积压在心头的烦恼烟消云散，心情愉悦地再次踏上下一趟航班，身心轻松地为旅客服务。提前对案例中的不同事件有一定的了解与认知，在将来的工作岗位上就可以减少不必要的矛盾与冲突，化解心中的情绪与委屈感，排除服务中遇到的艰难险阻。因此，案例会对将来的乘务工作进行润色，消除思维上的死角，激活服务潜能，让你的心情因服务变得更愉悦。

此外，或许以前大家都习惯了固有的身份，在父母面前是家中宝贝；而在校园里，通常情况下也只有两个身份，即老师眼中的学生和别人眼中的校友。然而当你真正地走上工作岗位时，你就能深刻地感受到身份迅速地扩展，出现多角色的身份转换，恨不得有孙悟空的"分身术"和"七十二变"，否则难以适应对客服务中的各种身份及角色需要。到这个时候你会发现，实际上乘务工作只是一个大"栏目"，下面可以拉出一长串的菜单。你会发现自己有如此多的头衔："乘务员""安全员""保姆""阿姨""救援队长""快跑冠军""讲解员""推销员""圣斗士""演员"……你还可能成为"好女儿""好妈妈""调解员""医护员""中外友好使者"等。

作为一名乘务工作者，众多头衔和急转弯式的身份转换，必定考验着乘务员的心理承受能力与应变指数，相应地还需要有服务形式与内容的配合及调整，并且不能产生任何言语上的与行为上的推辞。从乐意服务上讲，"满意服务"和"需要服务"是乘务工作的特色，乘务工作者必须自始至终地保持原有的激情与思维上的灵活，否则，就有可能在多变的服务需要中产生不利于服务的消极因素，甚至会对自己产生怀疑及丢失信心。

对于乘务职业需要而言，学习永远都在路上，学无止境，学海无涯，对案例的学习也必然会成为其中一项学习内容。

二、案例拓展服务境界

如果站在管理层的角度上看，航空公司都喜欢那些爱岗敬业的员工，他们处处为公司的利益和名誉着想，自觉地与公司管理层和所在团队站在一起，对企业赤胆忠诚，没有二心。可以说，这些人就是航空公司重点培养的贴心"暖宝宝"，也是公司重点培养的骨干分子，将来有机会被选拔到公司的管理岗位上，是一股充满工作热情和服务素养的储备力量，但这也只是乘务职业成长中的外因。

从工作需要上看，如果要想使外因真正地发挥应有的作用，还离不开内因与其合二为一。其实这里所说的内因，也就是你平时在服务岗位上的才干能力的具体展示，当你具备了充分而必要的工作能力时，再加上你的勤奋与踏实、你的坚强与韧劲、你的吃苦与耐劳、你的善于应对与灵敏机智、你的亲和谦逊的举止等，你的乘务职业成长是正向的，被公司器重而升职加薪也是早晚之事。

客舱服务案例不是只有单一的故事情节，而是涉及了方方面面的问题，其中就有对树立全局观念的诠释、对维护航空公司的整体利益的必要阐述、面对有可能损害公司形象和利益的复杂情况时的权衡利弊、对不合理的要求及做法的拒绝与阻止等，这些都是需要费心考量的。有些发生在客舱内的事件，不能完全按照常规的做法操作，需要另辟蹊径，针对问题出现的焦点做出恰当且合理的判断，再实施具体的现场解决办法。除此之外，案例可以帮助我们建立起同理心，学会换位思考，用心来倾听旅客的需求，用眼、耳、手同时进行服务。

三、案例坚定乘务信心

以前在人们的普遍认知中，乘务员就是端茶、倒水、递报纸、哄孩子、扶老人、帮助旅客放行李的"杂务工"，这也无形中成了乘务员在岗位上不能长期安心工作的原因之一。乘务员对自我信心的缺失，造成了服务岗位的"短命"现象。有些人在机上工作了一段时间就想寻求看起来更体面或者更轻闲的工作，其实这完全是对乘务工作的误读与错解。对民航运输单位所设置与确立的乘务职业岗位，我们或许可以从下面三个方面进行更加全面的了解和客观的认知。

1. 乘务工作是一项内涵丰富的"旅行式"工作

客舱虽小但跨越度很大，天南地北来回穿行。可能有些人一辈子实现不了的旅行梦想，一个乘务员在很短的时间内就可以实现，而且是免费的，还有基本工资、出差补贴、年终奖励、各种福利津贴等，实属超值的工作待遇。

2. 国内国际交往与免费学习

乘务员可以接触到许许多多南来北往、国内国外的高端人士，如世界精英、财团大亨、演艺人员、政府首脑、企业老板等。在对他们的服务中，乘务员能够感受到不一样的人生观，学习到待人接物的方法，得到不一样的人生感悟，体现出高端服务的价值。

3. 从多元的旅客层次结构中实现致美服务

不同的人有不同的行为表现与心理活动。在与旅客的交流互动中，乘务员可以了解许许多多的服务类型与实际需求；从旅客的一举一动中，观察服务的细微性差别；认识有着各种生活阅历的人，丰富服务经验；从对不同人士提供的服务中，提升服务能力，修炼服务形象，打造非凡的服务气质，赢得旅客的赞誉。

其实，经历本身就是职业成长的需要，服务信心更是离不开一段接一段航程服务的磨砺，你的服务风采同样会来自你在服务岗位上的成长，这不是在想象或意念中就能够实现的。反过来看，有收获必定会有付出，当你收到了乘务职业的良好回报时，也就意味着你要付出更多的汗水与勤劳，这是毋庸置疑的。透过案例，我们可以看见客舱服务的酸甜苦辣，从服务中学习服务，可以更加坚定从事乘务工作信心。

四、案例的服务增值性

相关案例的情节描述和具体分析，可以让我们在透视服务场景和操作细节的同时，进一步执行好致美服务，增强服务信心，为在乘务职业中的有序成长带来一定的增值性效果，比如职业提升力、技能造就力、潜能挖掘力等，如图1-3所示。

1. 职业提升力

从民航服务职业属性及航班所处的环境特点上可知，乘务员在狭小的客舱内工作，一般航班出发地与目的地之间的距离都相对较远，乘务员活动空间受限、工作单调、责任重大，从心理角度讲是会产生一定程度的压力的，因而并不是人人都适合从事这份工作。如果没有较强的心理承受能力，或者心理上没有做好充分的准备，我们即使能够走上乘务员的工作岗位，也难有一个较好的工作表现，更谈不上长期的岗位坚守与职位升迁了。由此也不难想象，乘务工作是一项极具挑战性的综合素养要求极高的职业岗位，必然不同于其他操作形式的各类工种。航空公司在选拔乘务人才时，通常会采用面试的方式，有许多的程序和考核环节。应聘者不仅要拥有良好的服务意识、对民航服务的深刻理解，更要有对客服务的真情实感，以及处理各种疑难问题的恰当技巧和有效措施等。

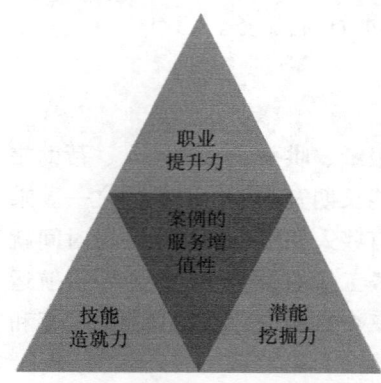

图1-3　案例的服务增值性示意图

无疑，对案例的学习，可以很好地帮助我们了解具体的服务场景，清楚客舱服务中出现的各种问题的处置方案，用真实的服务技能展现获得面试考官的好评与青睐，提升面试成绩，成就职业愿景。此外，真实的民航服务案例场景，还能为将来的岗位工作提供长久的服务支持，打造乘务职业的持续提升力。

2. 技能造就力

从现实中旅客乘机来看，他们在高空长时间的飞行过程中，始终被固定在小小的座位上，周围又都是不熟悉的陌生面孔，甚至处在不同语言、不同习俗、不同肤色的旅客群体中，难免会产生枯燥无聊的寂寞感，在这样的状态下极易出现非理性的情绪波动，机上有个风吹草动，他们的身心就可能会受到影响。特别是在航班延误、客机遇到恶劣天气、出现气流颠簸等特殊情况时，旅客的易怒情绪疏导、安全心理稳定等，实际上都是在乘务员的服务内容中的，需要乘务员通过恰当的沟通、安抚、补偿等来完成。基于旅客乘机需要的现实，乘务工作是一项带有复杂结构与多重内涵的职业岗位。乘务员既是服务者又是心理医生，既是大人中的"大人"又是思想工作者。这些无不彰显出这一职业的特殊性与现实需要性。

此外，空乘专业学员及乘务工作者的服务技能获得，除对理论知识的学习外，更需要实际的操作训练，不仅需要模拟演练、实训场地的练习，其实还需要对民航服务案例场景和真实处置过程的深刻了解与体会。案例包含了方方面面的艺术性服务技巧，包括旅客的登机服务、航程中的服务提供、落地后的服务需求等，不仅有机舱硬件方面的操作规范与要求，还有对客服务软实力的真实诠释，可以使学员得到良好的服务技能提升。

3. 潜能挖掘力

乘务员要随时面对客舱内可能出现的扰乱客舱秩序的问题，化解旅客间可能出现的这样或那样的摩擦与矛盾。行李放置、餐食提供、座位调换、语言表达等，我们在民航服务案例中都可以找到这方面的例子，找到如何化解与处理好旅客与旅客之间的、旅客与乘务员之间的、旅客与整个机组之间的大大小小的矛盾或冲突的良策。这些情况处理不及时或处置不当，有可能严重影响客舱中的人身和财产安全，乘务组人员要以高度的服务理智与耐心、以专业人员的良好素养冷静地面对，快速厘清解决各种复杂问题的必要思路，果断而迅速地采用机智灵活的办法，平稳地处理冲突，化干戈为玉帛。因此，乘务员没有一颗沉下来的服务之心，没有为他人做好服务的坚强意志，没有足够的观察力与永不放弃的职业韧劲，是难以达到航空公司在服务管理中对乘务工作者的规定标准及条件要求的。如果从这一层面上理解民航服务案例，它实际上是给乘务工作者完善服务技能、提供精准的服务艺术的能量补充。

进一步地，从空乘专业学员自身拥有的服务能力看，他们拥有的服务能力与实际的职场需要还有不小的差距，必然需要通过各方面知识的学习，不断建立与健全个人的服务意识，拥有正确的服务理念，进而才能对民航客舱服务有一个客观与理性的认知，更大限度地发现旅客的服务需求，提升与完善服务技能，做好让旅客满意的服务。

案例链接之二

中华人民共和国成立以来的民航建设

1. 中华人民共和国成立初期

1949年11月，中共中央政治局会议决定在中央人民政府人民革命军事委员会下设立民用航空局，这一决定揭开了中华人民共和国成立后民用航空事业发展的新篇章。不过，那时的民航队机数量十分有限，总量不超过30架。1954年，更名后的中国民航总局由中华人民共和国国务院直接领导。到了1957年年底，中国民航的各类飞机已经增加到了118架。到了1965年，民用飞机已增加到了355架，开通了46条国内航线。随着国家经济的不断发展，中国的航空事业也在向前飞跃。

特别是在1958年，北京首都机场建成并投入使用，成为以北京为中心的民航基地。自此，随着中国民用机场建设、空中航线的开辟、机队的规模化组建，航空服务人才队伍的培养也开始走上崭新的舞台。不过在早期的空中服务中，人们普遍没有航空服务的意识和理念，也谈不上服务的形式和具体内容，乘坐飞机类似于今天人们乘坐普通汽车时的体验。工作人员身兼数职，既是司机又是检票员，同时也是清理工。当时在飞机上，副驾驶员负责对旅客进行简单的服务，后来飞机上出现了男服务生。

2. 改革开放以来

此前在第一个"五年计划"实施阶段，中国民航事业着实迎来了新发展阶段，但直到1978年十一届三中全会召开，中国民航业才真正地大踏步向前迈进。置身于经济飞速向好带来的航空事业可喜发展的新光环下，航空事业由党和国家统领，行业建设有了整体布局。在国家制定和出台的一系列总纲领、总方针和总路线的正确指导下，中国民航事业的发展建设实现了从计划经济到市场经济的历史性转折与根本转变，从此中国民航事业迈入现代化成长道路。

改革开放以来，经过40多年的发展实践，中国已由"民航大国"向"民航强国"的历史征程迈步。随着四通八达的国内交通网络快速建设，诸多经济城市群的形成无疑也带动了机场群的形成与出现，连片发展，连动出行，使得国内国际的直飞、转乘航线纵横交错，连接各个地方。

1996年3月开始实施的《中华人民共和国民用航空法》标志着中国民航业正式迈向依法治理的成熟阶段。其后，中国又制定、出台了一系列民航法规和管理条例。中国民航法律体系的形成，对于市场经济下的现代中国民航事业的健康生存与安全发展有着全方位运营保障与良性治理的意义。自2001年我国正式加入世界贸易组织以来，我国民用航空业作为世界贸易中的一个重要组成部分，在参与国际竞争的过程中发挥着快捷、便利的运输优势，为维护新型的国际关系提供了有力的支持。"一带一路"沿线国家间的友好建设与交往，更是离不开中国客机在空中往来穿梭的身影。

2021年是中国"十四五"规划的开局之年，中国人民在中国共产党的领导下，打赢了脱贫攻坚的胜利战役，全面建成小康社会，建立了自己的第一个太空空间站等，这些巨大的强国成效也带动了中国民航事业的强力发展。虽然遭受了全球新冠肺炎疫情的影响，中国民航人依然保持着积极的飞行态度，认真践行民航精神。在接送国外留学生和滞留国外人员、运输医疗物资和救援人员等的航班上，执飞机组及乘务组人员不惜冒着感染病毒的风险，圆满完成了国家交给的一个又一个运输任务。

思考案例及练习题

一、思考案例

CZ3101 航班（PEK/CAN 北京—广州）由于飞机的机械故障，延误了近三个小时。旅客在登机时抱怨不断，乘务员在舱门处和自己所属的服务区域一遍又一遍地向旅客们道歉，但旅客的情绪还是难以平复。

1. 在这种情况下，乘务员应该怎样平息旅客的不满情绪？
2. 如果你在现场遇到这样的情况，该如何应对？
3. 对于缓解旅客的情绪冲动，你有怎样的好办法？

二、练习题

1．谈谈你对民航服务艺术案例的理解和认识。
2．你对民航服务案例的作用和价值如何看？
3．怎样才能建立起良好的服务意识？致美服务的要素有哪些？
4．民航服务案例的表现特征是怎样的？
5．如何看待案例的增值性？你对案例学习有何体会？

第二章 民航服务沟通艺术案例分析

章前提要

民航乘务工作是距离旅客最近的面对面的服务,在民航运营体系中处于前沿和一线位置,工作中隐含庞大的服务需求,以及意想不到的现场状况,甚至有时会出现危及安全的各种问题,存在控制难度大的情况。在各层领导的严格把控与管理监督下,乘务员在服务中的自觉体察意识,以及优雅与巧妙的沟通艺术尤为重要。通过对本章中案例的学习,我们可以认知与了解在客舱服务中所发生的各种各样的服务沟通故事,这其中有温暖和感动,也有欠缺与不妥,还有旅客的赞誉或投诉,为我们很好地描绘出一幅客舱内的服务风景图。

本章的主要内容是对民航服务沟通艺术方面的相关案例进行分析,并通过具体的案例情节展现乘务员亲切的一声问候、会心的一笑、暖言的一语,他们带给旅客们的无限温暖和内心感受,以及语言艺术欠缺导致的不良后果等。

问题导入

1. 你对民航客舱服务中的沟通艺术有怎样的认识?
2. 你掌握了哪些具体而有效的语言表达技巧?
3. 你认为自己将来能做好与旅客之间的沟通服务吗?
4. 当旅客违反客舱规定要求时,你该如何进行沟通调解?

语言沟通艺术的
正确使用

第一节 用好服务语言,实现双赢结果

民航运输服务的过程离不开语言沟通艺术。有序、良好的服务提供是在双方有效的表达与交流下完成的,同时,需求与给予的对接程序也是语言信号的转换过程,乘务员把接收的旅客以语言形式表达的需求信息自觉地转换成有形的服务行动。因此,服务语言的恰当运用是做好

对客服务的最基本保障。运用好服务语言，可以实现双赢的结果。

一、案例：语言尊重铸就卓越服务

航空公司收到一位VVIP旅客陈先生的来信，在这封信里，他提到了在不久前乘坐该公司前往曼谷的航班上，乘务长的卓越服务让他感动和难忘的一连串事情。

那天，当陈先生走到机舱门口时，猛然听到正在欢迎旅客登机的乘务长给予他的热情尊称："陈先生您好！很高兴能再次见到您。"乘务长这样对陈先生的亲切称呼，顿时让陈先生感到一阵吃惊。作为该公司的忠实会员，这是第一次有乘务员记得他的姓氏，并以这样的特别服务方式欢迎他登机。那天两舱客满，陈先生的座位在经济舱的第一排，他刚刚落座，乘务员已经将一杯苏打水和几份报纸递到了他的手上，这又使得陈先生感到几分惊讶，心想："这位乘务员是如何知道我只喝苏打水的？"对于这样的疑问，或许当他在感受到乘务长亲切的关注目光与热情的服务语言后，最终是会弄明白的。

关闭舱门后，乘务员们开始例行和每一位旅客打招呼，当一名年轻的乘务员站在第一排的过道上，察看入座旅客情况时，乘务长走了过来，对这名乘务员说："这位是陈先生，我们的VVIP旅客，我和陈先生飞过很多次了，在飞行过程中，也请你们给予陈先生更多的关照。"听了这番话，陈先生觉得乘务长的说话方式既恰当又得体周到，让人感动。

而这时，乘务长看到坐在陈先生旁边的是一位抱小孩的旅客，就很耐心地为小宝宝系上了安全带，并询问孩子的妈妈要不要冲奶粉之类的事情，告诉她起飞时小孩喝一点东西不容易压耳、小宝宝的衣服穿得太多太热了等。起飞后，乘务长在帮助经济舱的乘务员进行客舱服务的同时，每次从第一排经过，还都会刻意地用目光关注一下小宝宝，给那位看起来非常年轻、好像不太会照顾小孩的妈妈一些适当的关怀建议。

乘务长所做的这一切，都被VVIP旅客陈先生看在眼里，他对乘务长的服务方式与语言技巧非常佩服，所以才有了开头那封带着感激与友好之情的来信。

案例分析

本案例是一则体现民航卓越服务给旅客带来感动的典型案例。通过案例的情节描述，我们看到了作为航空公司的VVIP旅客，陈先生长年累月无数次地乘坐该航班出行，往来国内外，唯独这一次的旅程让他十分感动和难忘。其实，能给陈先生留下难忘的被服务和尊重的记忆，真正的原因归纳起来，不外乎以下三个方面的语言艺术呈现。

1. 使用尊重性的语言

俗话说，话是开心的钥匙。正是乘务长在迎客时对陈先生说出的带有姓氏尊称的特别欢迎词，以及接下来的服务语言，使得陈先生深深地感受到了该航班和航班上的乘务员给予他的尊重服务。同时，这也让我们看到了服务与被服务之间无形的语言纽带，从本案例或者其他侧面了解到在民航服务中，语言表达与沟通的重要意义。此外，按照中国人生活中待人接物的传统理念来看，你敬人一尺，人敬你一丈，这是天经地义的，所以才有旅客陈先生感动后的那封来信，一定要把他内心的谢意送到乘机的航空公司。

2. 尊重旅客需求

在体察关怀的服务环节当中，有几个方面的相关内容：一是当陈先生登机后，刚一落座，乘务员马上将一杯苏打水和几份报纸递到了他的手上，这是对旅客饮用习惯长期观察的结果；二是当乘务长看到站在过道上的年轻乘务员因为不熟悉常旅客的情况还在不停地察看时，马上给予提醒；三是通过对本案例的内容叙述，我们还可以知道，坐在陈先生旁边的是一位带着孩子的年轻妈妈，当乘务长观察到这一情况时，一边耐心地为小宝宝系上了安全带，一边做出询问是否给孩子冲奶粉等一些关怀孩子乘机的事情。从这些服务语言和做法中，足见本次航班乘务组服务的卓越性。

3. 注重肢体语言

在接下来的案例发展中，我们看到了乘务长在帮助乘务员进行客舱内的各种服务时，每一次经过经济舱的第一排，都会用温柔的目光关注一下坐在陈先生旁边的小宝宝，同时还不忘给那位年轻的妈妈一些适当的语言关怀和建议。

实际上，案例中 VVIP 旅客陈先生的来信，不仅是对该航班乘务长给予自己尊重与关怀服务的感谢，更是出于对乘务员为旅客提供的体察关怀和周到服务的肯定与赞赏。乘务长在工作中用心的语言服务、对年轻母亲表达出的关心和体贴之举、对小旅客给予的乘机安全体贴与照顾，这背后彰显出的就是乘务职业应有的言语亲和力和服务爱心，是对乘务工作的无限热情，更是一颗无私奉献的民航之心，是民航服务精神的具体体现。

二、案例：暖言服务，打动小旅客

在某驻外航线至北京的航程中，一位 6 岁德国小旅客 Lucas 第一次独自乘机，面对陌生的环境，他不免有些紧张，无精打采地在座位上一动不动，神情里似乎充满了忧虑。乘务员及时观察到这一情况后，开始用温暖和鼓励的语言与小 Lucas 一次又一次地沟通，"Lucas 是个勇敢的小男子汉，真棒啊！""我们的小男子汉，开始笑了，阿姨好高兴啊！"……经过多次的观察和沟通，乘务员发现小 Lucas 的性格有些内向，会说几句简单的中文。在接下来的航程中，乘务员更加关注小 Lucas，与他用心沟通，逐渐让小 Lucas 消除了最初的紧张情绪，小 Lucas 看起来精神了许多，乘务员这才放下了一颗悬着的心。

航班落地后，旅客下机完毕，却迟迟不见地面服务人员来交接，疲劳的航程、陌生的环境及不熟悉的面孔让独自坐在座位上的小旅客 Lucas 紧张的情绪再次爆发，他一下子哭了起来，满眼泪水。乘务员走过去轻声地询问道："Lucas，怎么哭了？你不是最勇敢的男子汉吗？"过了许久，小 Lucas 开口说道："为什么这么久还没有人来接我？我的妈妈在哪儿？""不要害怕，Lucas。阿姨不会让你一个人在飞机上等，阿姨带你去找妈妈，好吗？"看着乘务员诚恳的表情，小 Lucas 点了点头，用小手紧紧地抓住了乘务员的衣角。就这样，乘务员拉着小旅客的手下了飞机。在候机楼中，乘务员耐心地给他介绍北京的历史和名胜古迹，小 Lucas 非常开心。在看到来机场接他的妈妈后，小 Lucas 蹦跳了起来，挥手与乘务组告别，一声声地喊着"再见，妈妈！"乘务员微笑着目送小 Lucas 和妈妈远去，心头激荡起一阵又一阵惊喜和安慰的涟漪。

案例分析

在航班服务中，我们经常会碰到无人陪伴的小旅客，由于各种原因，大人不能护送孩子出行。面对这样的小旅客，必然需要乘务员在语言沟通与交流方面多下功夫。一是要用积极、鼓励的语言提升孩子内心对自我能力的肯定，从而缓和无人陪伴时的紧张情绪；二是要与孩子之间建立起信任，用温暖、友好的话语排除他们心理上的不安全因素。

不难知道，独自乘机的这些孩子，平时都是处在大人的关怀与呵护中，没有过多的社会阅历和独处体验。他们的心灵是稚嫩的，有时可能因为旁人的一句话、一个眼神或一个动作而黯然神伤、丢失信心，也可能因为大人的一声鼓励而奋发向上，使自己勇敢起来。另外，孩子的各方面能力尚处于发展与提升阶段，他们对周围环境中的人和事物的认知还不够，所以时时需要大人们给予肯定和赞赏。

乘务员在机上服务中，当发现小旅客出现不同的困惑时，要将个人的身份摆在与孩子平等的位置上，从理解角度出发，使用动之以情、晓之以理的沟通方式去感化他们，并主动地为他们营造轻松舒适、平等关爱的环境氛围。

此外，当面对小旅客时，乘务员应马上进入角色，把自己转换成小旅客的亲人，很多对孩子服务中的问题也就迎刃而解。哪怕是航班落地、出现服务链断接，也应该从大局出发，有服务意识和服务担当，以一个民航人的身份，完成好服务中的对接工作。就像对待本案例中的小旅客 Lucas 那样，乘务员最终惊喜地收到了"妈妈"这个尊称。这一声声"再见，妈妈！"必定会永久地定格在乘务员的心中，成为她在乘务工作中永久的激励……

三、案例：对比鲜明的话语

一位旅客看到舱内的乘务员走了过来，马上对她说道："服务员，我已经要了两次水了，怎么还不给送啊？"这名乘务员听到旅客的服务需求后，就不耐烦地回应说："一会儿就加水了。"旅客接着又说道："刚才也说一会儿加水，现在又说一会儿加水，到底什么时候能把水送给我啊？"乘务员听到旅客这样带着些怨气的话，看都不再看旅客一眼，也不给予回应，转身就走了。后来，在乘务员经过这排座椅时，旅客故意地拍了一下小桌板，表示不满。

乘务长刚好经过，就看到了舱内的此情此景，她赶忙上前，给那位需要服务的旅客送上了一杯温开水，并微笑着说道："先生，让您久等了，请问您还需要点什么？"虽然这位旅客对之前乘务员的服务态度和应付语言产生了不满，但看到笑容满面的乘务长和双手递过来的一杯水时，心中的怨气顿时就消减了不少，说道："没事，不用了。"乘务长又说："一会儿需要什么，您随时按呼唤铃。"旅客很平和地说了声"谢谢！"就开始喝杯子里的水。

> **案例分析**

对比案例前后，从服务语言中流露出的语气、回应内容及说话态度等语言表达方式中，我们可以感受到十分明显的差别。前面的乘务员对旅客的要求敷衍了事，甚至抱有不予理睬的应付态度，连最基本的为旅客提供服务的意愿都没有，何谈完成有效的对客服务，这是严重违背民航服务精神的行为。如果不是乘务长在现场赶来解围，很难说不会再出现旅客对不满意服务的继续质问，或者也很有可能导致服务矛盾的产生，引发问题的实质性变化。到那时，事情处理起来就会比较困难了。

同时，从本案例中也可以看到，乘务长给那位提出服务需求旅客的语言尊称："先生，让您久等了……"对客服务中的尊重与否，实际就藏在你对旅客说出的每一句话中，镶嵌在语言表达出来的口气中。采取什么样的对客沟通态度，就会引发什么样的沟通结果，这是必然的。在任何时候、任何情况下，都不可忽略服务语言沟通中的尊重表达。

　　首先，尊重旅客及尊重对旅客服务的需求，是做好服务的前提基础；其次，为旅客提供良好且周到的乘机服务是我们的工作本职，只有旅客对服务满意，才是检验服务合格的唯一标准；最后，服务是以被服务者的需求为原则的，这不是愿不愿意提供服务的问题，而是提供什么样的服务能够让旅客满意的问题。

　　另外，从某种程度上讲，服务是以点带面的，要关注旅客最细微的感受。旅客需要一杯水，乘务员只需回到厨房倒一杯送来即可，并没有任何烦琐或复杂的操作程序。如果乘务员的服务意识欠缺，仍然停留在被动服务的认知层面上，不去自觉地转变，不能从我做起、从细微做起、细化标准及量化动作，就不能体现出服务的专业素质。

四、案例：出言不逊的结果

　　在航班行程中，一位老年旅客想去机尾处的卫生间，由于气流颠簸，老人就暂时坐在了最后一排的座位上，想等飞机平稳下来再起身。就在这时，一名乘务员看到后，立即要求这位老人回自己的座位上，但当时有位外籍旅客也临时坐在了最后一排的座位上。在这种情形下，老人就不解地质问乘务员："我等一下要去卫生间，先在这儿坐一会儿，怎么外国人能坐，中国人就不能坐吗？"

　　这名乘务员生硬地对老人说："我就看见你坐了。"老人又问："这儿是不能坐吗？你给我个解释。"乘务员用略带威胁的口吻说："你坐一个试试！"老人又问："你还能把我从飞机上扔出去？"乘务员接着说："那不能，但你坐一个试试，有本事你试试！"

　　乘务员的说话方式和口气都让老人十分气愤，实在忍无可忍，就将前面的问题反馈给了机上的乘务长。乘务长在了解具体的情况后，及时向老人及其家人致歉，并告之一定会认真地处理好此事。乘务长表示自己会将其意见及时反馈给该乘务员管理部的领导，老人及其家人的心情才略有好转，接受了乘务长的意见，不再与那名乘务员计较。

案例分析

　　这个案例给了我们很多思考与启示。带着阅读案例后的诸多不平静与难耐之情，我们不禁要问：乘务员应该如何执行好对旅客的服务工作？什么才是正确对待老年旅客的服务用语？乘务员需要怎样的服务举止？如何在服务中体现中华民族的传统理念和应有美德？

　　（1）生活中，人们常说，善待老人，就是善待明天的自己。依照自然界生命的运行规律，每一个人都会有慢慢变老的那一天。如果看到老年旅客后，对他们不尊重、不礼貌、不待见，甚至是恶语相向，但凡有一点爱心的人都是不赞同的。

　　（2）在《孟子·梁惠王上》中，有这样的一段话：老吾老，以及人之老；幼吾幼，以及人之幼。大概的意思就是说，对待其他的老人就要像对待自己家里的长辈一样；对待其他的小孩也要像对待自己的小孩那样。尊老、孝老、敬老，不仅是对自己的长辈，呵护孩子也不仅仅是对自己孩子的关爱。乘务员对于所有的老年旅客都应该做到不能有区别对待之心，更不可出现厌恶反感的言行举止。

　　（3）尊老为德，敬老为善，助老为乐，爱老为美，关心帮助老年人是全社会共同的责任，这是中华民族五千年的文明积淀和历史承载下来的传统美德，每一位炎黄子孙都有将其传承下去并发扬光大的义务和责任,代表航班窗口形象的乘务员更应如此。

(4)案例中那名乘务员出言不逊的结果,无疑就是给自己和他人找不痛快,找不必要的烦恼。旅客通过我们说什么、怎么说、做什么来判断我们的航班服务水准,体验客舱服务的好坏。旅客良好的感受往往离不开优质的服务言行,乘务员要接受这道硬坎的考验。

五、案例:用沟通做好满意服务

当航班乘务组得知有要客乘机时,乘务长在航前做好了充分的服务准备,包括座位的整洁、书报杂志的码放等。

在要客上机后,乘务长立即找到要客的随行人员沟通服务需求:"请问您,领导在餐饮上有什么忌口吗?喜欢喝什么呀?"

要客随从人员回答说:"领导平时喝茶,我这带杯子了,里面也放好了茶叶。饮食方面没什么忌口的,清淡些就行。"

随后,乘务长给要客端来了冲泡好的茶水,轻轻地放下,并尊重地询问道:"知道您喜欢清淡的饮食,我们今天准备了香煎鳕鱼、海鲜四宝,还有各类时令蔬菜,您看您喜欢什么?水果,您是餐后用,还是先小睡一会儿,起来再用?"

这时,要客微笑了起来:"让你费心了。"

案例分析

在一线的飞行中,我们在对旅客服务,特别是对要客的服务上,还普遍存在一些欠缺,仍然有需要改进和提升服务的空间,而此案例中的乘务长恰好就给我们做了一个表率。大家都清楚服务无止境、服务无小事,但学习服务也永无止境,也不能当小事来看待。透过故事情节与内容表达,我们可以从中体会到这则要客服务案例中的一些亮点。

一是乘务长在得知航班上有要客乘坐后,提前做好要客服务的准备工作,并且做得很充分;

二是乘务长进行了服务前的沟通与需求确认工作,找到要客的随行人员,了解要客的餐饮习惯;

三是乘务长及时征求要客意见,询问餐食需要,乘务长的服务得到了要客的肯定。

在这里我们不妨给大家讲个小故事:有位猎手到处寻找名师,一天,他路过一个村庄,看见了一家院墙上画了圆圈,正中都有打过的弹孔。他怀着敬畏的心情找到这位神枪手,想知道怎样才能像他这样百发百中,可神枪手却对他说:"这很容易,先打枪,后画圈。"

虽然这只是一则笑话式的小故事,却告诉我们这样一个道理:事在人为。有些事不是做不到,而是没有考虑过如何做到。乘务长对要客的服务,也会让我们对服务增添更深的认识,我们要针对客人的个性特点和特殊要求,主动而积极地为其提供服务,用心地进行服务需求的询问及相关表达,学会量体裁衣,让旅客明白"我们关注您的感受"!

 案例链接之三

语言艺术

依据航空公司制定的客舱管理要求,乘务员在对客服务中一定要使用礼貌用语,在语言表达时还要有亲切感，让旅客乐意接受你的语言艺术，获得满足心理，其实做到这一点并不容易，必须掌握好言语使用的轻重缓急，不该说的话一定要慎用，说出不当的话要及时挽救，说话时要关注旅客的当下需要和内心反应，充分地把握好语言的艺术性表达以及在对客服务中的使用分寸，用好礼貌用语。

（1）使用规范性的职业化称呼。对男女旅客使用"先生""女士"，对年轻女旅客称呼"小姐"，对年长一些的男女旅客称呼"大爷""大妈"，对婴儿及小孩称呼"小宝贝""小朋友"等，在统一的称谓上使用"您"来尊称对方。使用规范性的职业化称呼有四点含义：

① 是乘务工作的职业化需要；
② 是对外交流时的通用称呼语言；
③ 让对方感受到尊重；
④ 增强对客的服务意识。

因此，在民航运输的对客服务中，良好的职业形象建立是从语言形象开始的，掌握与使用好规范性的职业化交往尊称，是打开乘务员与旅客之间沟通的第一道心灵闸门。

（2）使用规范性的问候语言。在迎送旅客服务及飞行途中的对客服务时，要使用规范性的问候语言，例如，您好、欢迎登机、早上好、再见、欢迎再次乘坐本次航班……在使用问候言语时，一定要注意以下几点。

① 在语言表达时流露出的诚恳和谦逊的态度；
② 语言中带有让人有亲切感的元素；
③ 问候时不能用"硬邦邦"的说词；
④ 问候语在表达时要带有微笑的面部表情。

如果问候语言不是带着温度从心底说出来的，旅客是感受不到你的友好和真诚的。

（3）使用礼貌性的服务语言。在客机上的航程服务中，乘务员需要根据现场的实际情况，给旅客提供及时周到的各项服务，那么在提供服务时的礼貌用语的运用也非常重要。

应做到："请"字当先，"您"字在前，迎客"您好"，送别"再见"，"谢谢"常用，失礼道歉"对不起"。例如，对不起；请您稍候；让您久等了；很抱歉，现在没有多余的毛毯了；请问，我能为您提供什么帮助呢；对不起，是我送错餐食了，我马上给您调换一份；请问，您需要喝点什么饮料吗；您好女士，这是您点的××咖啡……

（4）特殊情况下的服务语言使用。当航班遇到延误、颠簸、起飞、下降等特殊情况时，对客服务中的语言运用就应更加用心。例如，非常抱歉，航班由于气候原因延误了，请您耐心等候，我们会及时提供航班的最新消息；对不起，飞机遇到气流影响正在颠簸中，厕所暂时停止使用；对不起，飞机马上就要下降了，请您收起小桌板；您好，飞机很快就要起飞了，请您系好安全带；对不起先生，客舱中严禁使用电子设备……

（5）对疾病旅客的特别服务用语。遇到疾病中的旅客或旅客在途中突发疾病的状况，特别要注意现场语言的恰当使用。例如，您哪里不舒服呢；喝杯热水，您现在感觉好点了吗；您还有什么需要的吗；您是在什么时候感觉到不舒服的呢；我帮您调整下座椅好吗，这样也许会好点；我们已经做好了急救准备工作，请您不要太紧张；机长已决定航班备降××机场，请您配合我们的救助工作，不要大喊大叫；请您一定要坚持住，飞机很快就要着陆了……

另外，乘务员对靠窗位置的旅客说话时，只能站在过道一侧而不能越过别的客人，也不能较长时间地停留在过道中间的位置，以免影响其他的旅客通行，否则就是一种失礼的行为，这是服务中的禁忌。

此外，乘务员还应掌握好语言服务禁忌。

（1）严禁使用指责性语言服务。例如，你怎么这样啊；你怎么搞的；真不懂规矩……

（2）严禁使用随意性语言服务。例如，我就是这样的；有本事，你告去好了；没有了就是没有了；就是办不了了；现在没空，一会儿再说；你问我，我问谁啊……

（3）严禁使用不礼貌性的语言服务。例如，你等会儿；你没听见我说的话吗；这样不行；把你的安全带系上；把你的小桌板收起来……

（4）严禁使用带有质疑性的语言服务。例如，你刚才不是说……；不是你那是谁；明明听见你说过；告诉你几遍了，怎么还听不明白呢……

（5）严禁使用带有情绪性的语言服务。例如，面无表情，没有温度，尽管使用礼貌用语但口气生硬，旅客一问三不答，连声"谢谢""您好"都不愿说。

（6）严禁使用土语、俚语服务。例如，使用网络语言、难懂的土语，以及讽刺性语言。

（7）严禁使用带有歧视性的语言服务。例如，种族歧视言语、宗教禁忌用语。

（8）严禁使用歪曲事实的语言服务。例如，怕麻烦，不想提供服务，有意回避旅客。

（9）严禁使用隐瞒真相的语言服务。例如，掩盖当下航班上的真实状况，搪塞旅客。

（10）严禁使用伤害性质的语言服务。例如，在航班起飞、下降、颠簸的情况下，粗暴地使用"没听到广播吗""真是不要命了……"等恐吓的言语。这时，应该细心地安慰旅客系好安全带、收起小桌板、在座位上坐好，防止危险状况发生，不应使用伤害性的语言，否则会严重地伤害旅客的情感，使旅客在心理上产生本能的抗拒，轻者会发生言语争执，重者还有可能收到旅客的投诉。

第二节　恰当沟通，消除航班隐患

完美的"沟通艺术"不仅是做好对客服务的条件要素，而且在保障航班飞行安全中也必不可少。航班飞行安全离不开乘务员与旅客间的语言沟通，乘务员应通过语言的表达技巧，解决好航班上出现的各种人为状况，消除航班上的安全隐患，为航班的正常飞行提供保障。

一、案例：对占座者的劝说

某航班乘务员正在执行旅客的登机服务，正好今天航班赶上了一个考察团人员出行，所以在本次航班的旅客登机后，客舱内的氛围一下子就热闹了起来。随后，考察团内的团员们未和乘务员打招呼，便开始自行调换起座位来。其中，就有好几位团员旅客，看见舱内后排有一些空着的座位，还没等舱门关闭，便"占领"了一整排。

这时，乘务员见状，就来到他们中间，细心地对他们说："我们的舱门还没有关闭，为了您和他人的安全，请大家按登机牌的号码入座。等飞机平飞后，再调整座位。"

有一位考察团的团员回应道："反正都空了这么多座位，空着也是空着，今天除我们一个团外，其他也没多少人坐飞机的，干脆让我们一人一排睡觉得了。"

民航客舱服务艺术案例分析

乘务员微笑着且非常认真地对他说:"先生您好,地面工作人员是根据飞机的配平原理来安排座位的,如果大家在地面随意调换座位,会直接影响飞机在起飞过程中的平衡,这样做是十分危险的。因此,为了机上乘员的安全,请大家都要按照登机牌号码入座。"

听到乘务员这么一说,有几位旅客回到了原来的座位上,可仍然有一名旅客还在后排坐着不动,他不但不听从乘务员的耐心劝说,还反驳道:"就你们飞机的事多,我以前也不是没有换过座位,不也没事儿吗?""我们团有这么多人坐你们的飞机,还不给点特殊照顾,你们的服务太古板了。""真是的,又不是第一次在飞机上换座位了……"

乘务员并没有被眼前这名旅客的话惹恼,而是冷静和坚定地对他说道:"先生,飞行安全需要我们机组人员的努力,更需要每一位旅客的大力支持。回到座位是为了大家的安全,我代表乘务组感谢您的配合,还请您理解我的工作,谢谢了。"这时,周围的其他旅客也投来了好奇的目光,在乘务员的细心劝说和众人的目光下,在后排坐着不动的这名旅客,终于起身回到了自己原先的座位上。尽管他开始有些不理解,但在乘务员的理性态度与冷静语言的劝说中,他也不得不考虑前面言行的不妥了。

案例分析

对于民航运输服务而言,安全永远是第一位的,乘务工作是在安全条件保障下的对客服务,服务不能越过安全线。任何一次疏忽和侥幸都可能酿成事故。在安全隐患面前,每一名乘务员都必须严格地纠正旅客的不安全行为,对违反客舱安全管理规定的错误做法坚决制止。在这个案例中,乘务员用自己良好的安全意识、安全职责担当、有效的安全语言劝导,成功地说服了擅自调换座位的一行旅客回到自己的座位上,在这里,我们也向案例中耐心细致的乘务员给予点赞支持!正是由于航班上许许多多有安全职责意识的乘务员的守护,才有每一架航班的安全飞行,才使得客舱内的安全秩序得到保障。

可以通过下面的相关分析和具体解读,对航班安全进行进一步的理解与认知。

(1)根据航空公司制定的管理要求,每一名乘务员都必须严格执行安全规章制度,确保安全执行的一致性和严肃性,对于客舱安全不得有任何麻痹大意。乘务工作的安全职责,就是对旅客生命的尊重、对运输工作的安全保障、对公司发展的岗位贡献。当客舱内出现了不安全的因素时,当有旅客出现了影响飞行安全的举止行为时,乘务员必须立刻劝阻或解决,在特殊飞行阶段(起飞、下降等)以及紧急情况(气候影响、突发事件等)下要有冷静思维和理智态度,当面对一些扰乱客舱安全服务的大小事件时应及时地做出反应,通过有效语言表达完善处理的方式,用恰当的服务语言沟通,制止旅客的错误做法。

(2)1999年,国际民航组织将使用的术语"客舱乘务员"修改为"客舱乘务组",民航业内也使用"飞行乘务员"的称呼,我们从国际民航组织对于乘务员这一称呼的变化上,可以明显地看出国际民航组织赋予客舱乘务员的职业担当与岗位安全职责的明确定位,这也表明了乘务员是以客舱内的安全管理为首要职责的。换言之,乘务组人员在执行高空飞行工作任务时,会受到各种各样的气候原因、环境条件与客舱内人为扰乱等不利于安全的因素影响,必须时刻持有一颗保安全、敢担当的岗位责任心。乘务工作的内核是服务,更离不开安全。

(3)当前国际国内的形势都处在一个快速变革与新旧交替的转型关键阶段,且随着中国改革开放的不断深入,国门已全方位打开,中国航班实际上就等于世界航班,复杂的旅客群体必然带来复杂的心理状态。一些安全观念淡泊的人员、个别挑拨闹事的人员、一些素质低劣的人员等，可能给航班带来各种问题，相应地必然要求全体机组人员严格履行飞行安全职责。只有随时观察，发现各种可能带来不安全的因素，妥善消除，并注重乘务员个人与全体机组、地面人员间的协调及配合，才能够安全顺畅地把机上全体旅客送达目的地。

二、案例：妙言应对紧急出口处的旅客

登机后，座位号在紧急出口旁边的张先生落座了。乘务员来到张先生的面前，微微欠身，微笑着对他说："先生，您好！我是本区域的乘务员。"张先生答道："你好。"乘务员继续说："今天，您坐的是紧急出口的位置……"张先生打断了乘务员的话，接着说道："我老坐这个座位，你不用说了。"

这时，乘务员并没有马上回应张先生的话，而是给予了他一个更加灿烂的笑容，然后说："非常高兴听您说常坐这个座位，这让我觉得非常踏实。因为您坐的这个座位对于我们整架飞机来说，是一个非常重要的位置，所以我们乘务员也总是在复习对这个门区设备的掌握。"

乘务员对张先生说过这番话后，停顿了片刻，一直微笑地看着张先生。张先生听罢，抬头认真地看了一眼面前的乘务员，并没有再说话。而这时，乘务员却双手拿着《紧急出口须知卡》，端正地呈现在张先生的面前，继续说道："这是我们的《紧急出口须知卡》，那就请您今天再温故而知新一次吧。有任何想了解的问题，您都可以随时问我们的乘务员。您知道，在整个航班中，不能触碰这个舱门把手，那也同样请您帮助我们监控一下，不要让其他的旅客来触碰舱门把手。前方区域也不能存放任何物品，如果我们在工作中有监控不到位的时候，请您同样提醒我们，谢谢您。"

听乘务员说了这么一大串的话，张先生接过了《紧急出口须知卡》，开始认真阅读起来。

案例分析

在这个案例所叙述的情节里，乘务员利用巧妙的服务语言，引导坐在紧急出口处的张先生注意安全。从案例中所展示的语言引导过程可以看出，乘务员并非直接地劝说，而是运用了一些语言技巧和话语艺术，层层推进，进而引发张先生对安全出口的安全意识与自觉关注。从刚开始对乘务员的安全提醒有些反感的说话态度，到后来的接过乘务员手中的《紧急出口须知卡》认真阅读，这样前后的明显变化让我们了解到语言的神奇力量，以及语言可以成就良好服务的巨大力量。

另外，还值得我们关注的一点是乘务员的微笑。在对张先生的安全服务提醒与安全关注引导的过程中，乘务员始终保持灿烂、亲和的笑容。乘务员先把自己对安全出口的重视说给张先生听，进一步引起张先生对自己这个座位的慎重心理，使他不再像先前那样轻视与应付乘务员了，因而张先生对乘务员的态度，也来了个积极的转变。

在乘务工作中，紧急出口的确认工作十分重要。有旅客常坐该位置而不愿听乘务员"赘述"，因此乘务员在重复该项工作时，要适当地利用一些工作方法与语言技巧。首先，要有乘务职业形象的呈现，其中包括严谨的工作态度、规范的站姿、标准的手势、适中的语速、清晰的吐字；其次，经过观察对常坐该座位的旅客给予肯定和信任，若不具备相应行为能力

的旅客，要及时告知和报告；最后，突出该位置的重要性，赋予该座位旅客适当的"职责"，让他意识到自己的重要作用，体现他的负责精神和安全价值，充分用好语言表达艺术。

三、案例：用心沟通，消除旅客的恐惧感

在飞往上海的一架航班上，舱门关闭后，乘务员开始进行客舱巡查，此时坐在客舱后部的一位老年女性旅客，大声地喊叫了起来："服务员，服务员，我要下飞机。"区域乘务员听到老人喊话的声音，很快来到年长旅客的座位旁边，乘务员对老人说："阿姨，机舱已经关门了，下不去。"乘务员还看到，这位年长旅客手中还紧紧地拿着自己的两件行李，不肯松手放到行李架上，就又对她说："我把您的行李放到行李架上吧。""不放，我就拿着。姑娘，你别说这么多了，让我下飞机吧。我心里一直在闹腾……"老人说着就想从座位上站起来，乘务员立刻把老人扶着坐了下来。

乘务长走过来后，蹲下身来，微笑着对老人说："阿姨您好，您这是去上海走亲戚还是旅游啊？""去闺女家。"乘务长又接着询问道："阿姨，家人怎么没有陪着您老去上海？""老伴在家带孙子。""阿姨，您孙子今年多大了？""五岁了。"说到孙子，乘务长看见老人的表情有了一些明显的变化。"一看就知道，您老是个有福之人。"老人的眼睛里一下了明亮了起来："有什么福啊，尽操心。"乘务长紧接着说道："本次航班上有一位经验十分丰富的机长，受到公司的多次表扬和嘉奖，还有好几位乐意为您提供服务的乘务员，您老就放心地乘坐吧。我保证把您安全地送到上海。"

经过沟通，乘务长了解到这位老年旅客是第一次乘坐飞机，一开始心中就对坐飞机有一种恐惧和害怕的心理，不愿意坐飞机去上海，是上海的大女儿给她订的机票，好不容易才把老人劝上飞机。在乘务长与老人的一番沟通和交流后，老人的情绪也平缓了下来，面部的表情也柔和了许多。看到老人的情绪好转，乘务长又安慰道："阿姨，第一次坐飞机很多人都和您一样，多少有些担心，但是经常坐飞机，慢慢您就会习惯了。我把您的行李放到行李架上好吗？下飞机时，我再帮您取下来。"老人把手中的行李递给了乘务长。

案例分析

案例中的这名老年女性旅客，因为是第一次乘坐飞机出行，产生了不安全感，引发了本人极大的情绪波动，紧张到手里一直抓着自己的行李不愿放下，也不愿将行李放置在行李架上。她眼看飞机就要起飞了，担心和害怕促使她提出"要下飞机"的想法。其实这并非什么让人难以理解的要求，站在旅客的角度我们应该给予理解，毕竟老人年纪大了，心理承受力有些脆弱，而且又是第一次坐飞机，还是在大女儿的劝说下才勉强上了飞机。面对老人乘机时出现的这些情绪反应，乘务长很好地运用了一系列的尊重服务与沟通技巧，把语言艺术发挥到极致，通过关心询问和让老人产生好感的话语，及时地转移老人的注意力，达到消除其紧张情绪的目的，并告知老人机长经验丰富、受到过很多嘉奖，暗示她不会出现她想象中的不安全情况，消除了老人的乘机顾虑，还为老人放置好手中的行李。

这个案例的情节叙述，可以把我们的思维带回民航客机的运输历史中去。19世纪初，美国的莱特兄弟制造的"飞行者一号"飞行器（飞机）在美国北卡罗来纳州基蒂·霍克镇的瑟瑟寒风中腾空而起，接下来法国人路易·布莱里奥驾驶自己研发的"布莱里奥11号"飞机成

功地飞越了英吉利海峡，成为驾机飞越英吉利海峡的第一人而被载入航空史册，由此飞机开始进入人们的视线，这也开辟了人类航空史上一个新的纪元。

随后，欧洲一些国家开始尝试利用飞机的高效运行能力，从空中运载旅客中赚钱。运营商为了安抚旅客不在飞机上产生恐惧感，特意招了几名有医学背景和护士经历的服务人员，上机为旅客提供安抚工作，也由此诞生了世界上第一位空姐——美国艾奥瓦州的注册护士艾伦·丘奇小姐，从此拉开了乘务工作的职业序幕。因此，对于机上个别旅客在第一次乘机时产生不安全感，导致其对乘机安全过度担心，乘务员要给予及时的关注，并使用得体恰当的语言艺术进行沟通和安抚，保证旅客安稳乘坐飞机，有一个愉快的航程。

第三节 欠缺沟通艺术，招致旅客投诉

实际上，沟通艺术是一项十分重要的语言表达艺术，因对客服务中言语表达的方式不同，会出现差异性的服务效果。而不同方式的语言表达，同样也会直接影响旅客的内心感受，进而导致"满意"或"不满意"的服务体验，往往乘务员会因为欠缺沟通艺术的语言表达而招致旅客的投诉。由此可知，在客舱服务中，沟通艺术的地位举足轻重。

一、案例：道歉，不是简单地说一句"对不起"

在航班飞行过程中，乘务员在为公务舱的一位旅客服务时，不小心踩到一位外籍旅客的脚。此时，被踩到的外籍旅客望着乘务员，希望能让她关注此事。然而，乘务员却没有意识到，还在继续为其他旅客进行服务，这时外籍旅客不得不对她说："您踩到我的脚了！"乘务员这才把一只脚挪开，过了一会儿说："噢，对不起。"然后，转身离去。外籍旅客有些生气，因为他在乘务员眼中和语气里没有感到一丝歉意。

在乘务员转身离去后，外籍旅客就将此事反映给了当班乘务长，乘务长随即向他表示了真诚的歉意。旅客对乘务长的专业态度和服务精神表示认可，内心也略感安慰。然而，刚才那位踩了旅客一脚的乘务员，却在一旁向乘务长解释自己行为过失的原因，说自己不是故意踩到旅客的，还说这位旅客有点小题大做。

这名乘务员不仅没有认识到自己在服务中出现的过错，还没有及时关注旅客给予的提示，又不虚心接受旅客反映的事实问题，一再地为自己的失雅行为辩解，再次引发外籍旅客的不满，最终导致该旅客向航空公司投诉。

案例分析

读完本案例会让我们产生几分心痛的感觉，心痛的原因来自案例中的当值乘务员。她这样的服务水准，真是难以达到民航应有的服务标准，也不符合航空公司对乘务员管理规定中的原则要求。下面，我们介绍案例中服务的几个差错节点。

首先，关注度不够。动作操作不规范，抓东丢西，没有关注个人的整体形象举止，也没有关注旅客的感受。

其次，反应不灵敏。对旅客给出的肢体语言提示，乘务员一点反应也没有；对旅客的直接语言提示，乘务员的反应依然很冷淡。

民航客舱服务艺术案例分析

再次，应对力不强。乘务员在个人服务中出现失雅行为时，没有采取有效的处理方式，而是采取一走了之的回避态度，并且在乘务长向旅客道歉时，还在对自己的过失与不当进行苍白的解释，可以被认为是在无理辩解。

最后，非常重要的一点，就是沟通缺失。一是乘务员未能把握时机，及时向旅客表达真诚的致歉；二是乘务员未能使用得体的对客语言，缺乏亲和力；三是乘务员致歉不够诚恳，不走心，流于形式。

很显然，乘务员的工作内容就是要服务好旅客、服务好客舱内的所有旅客。由此可知，案例中的乘务员在服务认知上还存在一定的偏差，服务意识不健全。另外，在航班上的对客服务中，当旅客对服务提出质疑时，乘务员不要急于解释，要耐心地听取旅客的意见，及时给予安慰，不能认为只是简单地说一句"对不起"就是完整的服务了。

乘务沟通忠告：

没有真诚的道歉，没有良好的沟通艺术，就不可能赢得旅客的尊重。进一步说，没有真诚的服务之举，就不会取得旅客的服务信任。任何人都可能犯错，但是要知错认错，有了错误要勇敢地面对，虚心地请教，真诚地向旅客道歉。如果案例中的乘务员能主动地向旅客承认错误，采取坦诚与和蔼的沟通方式，其实这个投诉是可以避免的。

二、案例："你先回去，一会儿再上"

在执飞的航班上，乘务员正准备从B738飞机的后厨房推出小卖部的车，向机上旅客出售免税品。恰巧，就在这时，一位旅客从座椅上站起身来，准备去客舱后面的洗手间，刚好这位旅客的动作被经过身边的推车乘务员看到了。为了不让旅客影响自己推车通过客舱内的过道，乘务员马上未加思索且面带不快地对这位旅客说道："你先回去，一会儿再上！"

谁知，乘务员随口而出的一句话，让这位旅客的心情很不好，因为他经常乘机旅行，当时在旁边有许多他的同事，这让他感觉很没面子，也很尴尬。这位旅客生气地看了一下乘务员，没有应声，随后便向乘务组投诉，要求乘务员当面赔礼道歉。

案例分析

在这个案例中，当值乘务员的不妥行为表现在如下几个方面。
（1）乘务员不够注重语言艺术与表达技巧，未使用尊重的称呼；
（2）在客舱中，当乘务员与旅客相遇时，乘务员未做到礼让客人；
（3）同时，乘务员没有体会到旅客的不良感受，也没有察觉到旅客的不快表情；
（4）当不得体的话说出口时，乘务员也未采取任何补救措施，最终招致旅客投诉。

乘务沟通切记：

（1）乘务员在服务中，要牢固树立"旅客至上"的思维，急旅客之所急，想旅客之所想，为旅客提供方便，而不是让旅客迁就乘务员。

（2）如果是因为乘务员的工作给旅客带来不便，乘务员要诚恳致歉，积极取得旅客的谅解。

（3）乘务员平时要注意个人职业形象的塑造，不能把平时不经意的表情、动作和语言带到工作中去，否则会导致旅客误会，甚至会造成进一步的矛盾激化，出现严重的后果。

三、案例：一件行李引发的风波

在旅客登机期间，一位女士一只手拉着一个大箱子，一只手在打着电话。她站在客舱内的过道上挡着别人通行，还要求乘务员为其安放行李，"空姐，帮我放一下行李。"乘务员对面前这位旅客的行为与要求有些看不惯，就故意说："你的箱子太重了，一个人举不起来。"乘务员请旅客一同安放行李，旅客没有任何动作，乘务员就告诉旅客："航空公司也没有任何要求，让乘务员必须为每位旅客安放行李。"

旅客听到乘务员的答复后十分不满。在接下来的空中服务中，这位女士一直在看该乘务员的服务牌，乘务员就摘下服务牌在旅客眼前晃动了几下，还不以为然地说："这是我的名字。"这位女性旅客本来就对乘务员不给自己安放行李有些不满意，又看到乘务员以这样的语气和态度对待自己，很是惊讶，飞机落地后旅客就投诉至其所在公司。

案例分析

乘务员需要用一颗真诚的心去体会顾客的需求，处处让顾客感觉舒心，自然就能找到服务沟通的方法和技巧。同时在服务中，不能戴着有色眼镜看旅客。大千世界，物有千态，人有万姿，可能每个旅客的素质与文化背景不尽相同，不可能使用民航服务的高标准来要求旅客的乘机表现。

乘务沟通领悟：

人们常说："看人看面，听人听声。"微笑的亲和面容、悦耳动听的细腻话语是打动心灵的良方妙法。"和"能成事，"敬"能安人，当问题发生在认知态度上一定要讲究"和""敬"两个字。当旅客提出不满时，乘务员应用好"忍"和"耐"二法，先同旅客说对不起。真情服务是做好乘务工作的先决条件，用真诚态度积极地为旅客解决好服务中的各种需求。

民航服务更离不开"尊重"与"包容"两条真理。乘务员和旅客之间是一种带有互动性质的双向沟通，尊重是必需的，包容则可以避免与减少不必要的服务矛盾。"镜子原理"就可以很好地说明顾客与服务人员之间的互动关系：你对镜子笑，镜中人就会笑；你对镜子哭，镜中人就会哭；你伸手打人，镜中人也伸手打人。在服务现场，双方争执不下，只会加重事态的恶化；如果表现得理性大度，谦和有加，旅客就会平心静气，事态也会发生好的转变。

四、案例：惹麻烦的机组座位

申女士在登机时，询问一名乘务员："我可以换到机组座位吗？"乘务员回答："不可以。"申女士原位就座。在接下来的行程中，申女士在用餐时，害怕餐食会污染到自己的外套，就随手将外套放在了机组人员的座位上，被乘务员发现后，乘务员要求申女士把自己的衣服拿开，"衣服不能放在这个座位上，拿开。""这是机组人员的座位，不能放旅客的衣服。""不能占机组人员的座位。"……其间，多位乘务员要求申女士将自己的衣服拿开。

而申女士看到在后面的行程中，另一位旅客直接就坐到了机组人员的座位上，乘务员却没有及时提出让旅客回到原先的座位上。在二餐时，一位外籍旅客坐在机组人员的座位上用餐，直到航班落地，也并未有乘务员给予任何提示。这种情况让申女士心中有些不解，她认为乘务员对旅客存在不公平的行为，对机上的服务不满意，投诉乘务员的区别对待。

案例分析

这个案例是一则多环节的问题反应：乘务员对旅客的服务语言欠缺艺术性，体现不出服务的魅力，旅客对服务的接受是被动的，没有愉悦成分；处理问题时的语言技巧不到位，没有表现出良好的尊重态度；前后的服务表现不一致，存在随意性，让旅客不满意。

乘务沟通要领：

（1）管理一致：乘务员回复话术应统一，态度应一致。

（2）责任到人：区域管控责任到人，出现旅客自主调换座位时，责任乘务员负责落实解释工作，其他乘务员在处置前需与责任人沟通。

（3）关注感受：迎客是关键时刻，一定要建立好第一印象，使旅客感受美好，为后续服务做好铺垫。

（4）有效沟通：乘务员与旅客之间、乘务员之间、乘务员与乘务长之间必须沟通到位，在服务提示单上注明，互相提醒避免引起旅客不满。

（5）切勿区别对待：不同旅客的区别对待、不同时间段的区别对待是引发旅客不满的源头。

总之，乘务工作不是简单化的劳动，也不能被当作简单化的操作，更不是指手画脚的命令与随意传达，而是要时时关注与体察客舱中出现的形态，统一服务标准，避免缺憾服务。

五、案例：如此拦客很滑稽

飞往南京的航班落地后，旅客已全部从座位上起身，准备下飞机。可正当后面的旅客排队向前走时，前面的上舱乘务员却将经济舱的旅客拦在身后，让公务舱的旅客先下飞机，当公务舱旅客下完一部分时，客舱通道上出现了一个空档，身后的经济舱旅客看到后，就有些着急地问："还等啊？"哪知，这名乘务员未加思索随口应答道："当然了，楼上的旅客很危险！"后面的旅客只好继续等，当公务舱的旅客下完后，经济舱旅客才陆续下机。

可是，经济舱的一位旅客下机后，仔细地思考了很久，就是想不明白为什么"楼上的旅客很危险"，认为等待下机是可以理解的，但楼上的旅客比我们危险在哪里？后来，这位经济舱的旅客就投诉了，他认为乘务员的服务态度及服务语言有问题，语言表达不清楚，也不理智，并且存在恐吓旅客的嫌疑。

案例分析

阅读案例描述的情节和内容让人产生了笑意，笑点源自那名乘务员给旅客的理由，其语言使用不当，沟通不畅，带有滑稽的因素，让旅客不解。

（1）乘务员没有用规定的服务标准执行旅客的下机工作；

（2）乘务员语言表达不具职业化，服务态度不够友善；

（3）乘务员欠缺对旅客的心理体验，构造虚假的现场实感。

乘务沟通认知：

出现此类服务问题的根源，不在于航空公司出台的两舱优先服务的制度，而在于乘务员怎样具体执行并让旅客接受。经济舱旅客也是旅客，消费者人人平等。只有把握好制度，有效地掌握住分寸，方可体现出我们的服务能力。在这个时候说一句"对不起，请您稍等一下"，用不同的语气、不同的眼神，甚至不同的姿势表达出来，都会起到不一样的效果。

六、案例："你投吧"

飞机落地前，后舱的一位旅客向正在后厨房工作的乘务员提出："空姐，能给我一杯水吗？"恰在此时，飞机遇有轻微的颠簸，这名乘务员没有给旅客任何的语言回复，把手中的一个杯子往旅客的小桌上一扔，就近坐下了。旅客马上就对乘务员的服务态度提出了质疑："你是这是什么服务态度啊？""怎么了，看不见飞机正在颠簸吗？还要水喝。"

就这样，因为一杯水的服务，乘务员与这位旅客发生了激烈的争执，两人互不相让。后来，旅客干脆地说："不和你讲理了，我要投诉你！"乘务员也语气强硬地回应说："你投吧，反正我也不想干了！"面对乘务员过激的言行举止，旅客十分愤怒。下机后，他即刻打电话向这家航空公司就该名乘务员的言行态度问题提出投诉。

案例分析

这个案例中的乘务员是否有些"好心办坏事"？假如当乘务员听到旅客的服务请求时，只是回复"飞机正在颠簸，请您稍等"，等到飞行平稳后再提供服务，很可能就不会出现后面一连串的争执了，乘务员也就不会收到旅客的投诉了。因此，乘务员在服务现场，面对旅客提出的一些服务需求时，用怎样的处理方式去对待，着实需要认真思考。

（1）当旅客提出需求时，乘务员没有及时回复旅客，恰在此时飞机遇有颠簸，便将手中的杯子向旅客的小桌子上一扔，就近坐下。给旅客的第一感觉，就是乘务员对他提出的服务需求有情绪，拒绝提供服务，态度无礼。

（2）当旅客对乘务员的态度提出质疑时，乘务员未及时致歉，而是态度蛮横，与旅客发生争执，并且使用不恰当的语言，表现出不尊重旅客的举止行为，直接导致了矛盾的激化。

（3）再者，乘务员缺失正常的工作理智，丢失根本的沟通方式，难言有服务技巧。

乘务沟通方略：

一是迅速回应旅客的需求，并及时提供有效的服务；二是如遇颠簸及其他原因，应及时告知旅客需等待片刻，随后提供服务；三是当旅客对服务问题提出质疑时，应有效解释和沟通，让旅客理解，避免不必要的冲突；四是严禁顶撞旅客，避免发生不必要的争吵和造成恶劣影响；五是尽快向乘务长汇报，乘务长要及时代表乘务组向旅客致歉，寻求补偿办法，必要时将被投诉乘务员的工作位置进行调整；六是强化职业规范，强调使用职业服务用语，维护公司应有的整体形象及良好的客舱氛围；七是及时解决好旅客可能产生的异议。

七、案例：一个烧饼"引"投诉

西安飞往北京的航班由于空中管制，推迟一小时起飞，起飞时间为 17 时 25 分。在等候的过程中，乘务员正给客舱内的旅客发餐食烧饼，就听到有一位老人对乘务员说："姑娘，能多

民航客舱服务艺术案例分析

给一个吗？"乘务员回答："烧饼是按人头分配的，如果有谁不吃再给你。"这时老人后两排座位上的一位女士也想多要一个烧饼，就说："服务员同志，我也想再要一个。"乘务员同样回答是按人头分配的，有不吃剩余的"再给你"。这一切看起来似乎很寻常，就是飞行等候中的发餐服务与回复而已。可是当这位要求再加一个烧饼的女士，向乘务员提出要茶水时，这名乘务员却给了她一杯矿泉水。虽然后来，这名乘务员在女士的桌子上，又放了一个烧饼，但是却没有给旅客任何供餐用语和服务表达。

由于乘务员的服务方式不妥，欠缺最基本的语言表达与沟通艺术，这位女士拒绝接受与食用乘务员发放的烧饼。乘务员看到旅客的表现时不管不问，而是将烧饼扔给了水车对面的乘务员。航班上出现了这样的服务情况，乘务员非但没有及时进行语言沟通，反而又做出了不正确的服务举止，可想而知这位旅客当时的心理感受，她随即向机组提出了投诉。

案例分析

乘务员的言行举止不仅代表了个人形象，而且代表了公司和民航业的整体形象。因此，凡事不能从狭隘的个人观点出发，当航班遇到一些突发状况或延误问题时，要先站在公司利益的角度上去思考该如何做好对客的亲和服务。做好让旅客满意的服务，让旅客满意了才能让公司满意，然后才可能让自己有满意的服务结果。而不能像案例中发烧饼的那名乘务员那样，带着片面的心理认知进行服务，进行的是没有服务言语的服务以及让旅客产生怨气的服务，这样是很难做好航班上的对客服务工作的，也是不应该出现的职业态度。

在本案例中，乘务员服务欠缺，其原因就在于以下几个方面。

（1）服务态度不够端正。当旅客提出多要一个烧饼时，可以想象，乘务员当时嫌麻烦的眼神和表情，会立刻暴露在旅客面前。这种无声的不友好行为，是造成旅客投诉的主要原因之一。

（2）沟通时缺乏语言技巧。"烧饼是按人头分配的，如果有谁不吃再给你。"这样不职业的回答，是会让旅客听起来不舒服的，从而也会使乘务员后续的服务陷入困境，这是原因之二。

（3）缺乏必要的同理心。由于航班延误一小时，正值晚餐时刻，旅客多要一个烧饼，是可以理解的。这时乘务员应换位思考，用友好的服务态度为旅客提供服务。

（4）考虑问题不周。航班出现了长时间的飞行推迟，本来旅客就有些心情不安，特别是对机上那些有后续工作计划或需要转机的旅客来讲，他们心里更是着急和无奈，乘务员应对这种情况下旅客的心理有所了解，站在旅客的角度上满足旅客的服务需求，平和旅客的不安情绪。

（5）状态不稳定。在航班受到空中管制而推迟一小时飞行的情况下，乘务员更应当保持理性的服务状态，不应被客舱内旅客的不安情绪左右，而应尽力地安抚旅客，做好服务。

乘务沟通确认：

实际上，为旅客提供热情周到的服务，是乘务员最基本的职业能力。友善、真诚的态度更能取得旅客的理解与支持，当不能确定餐食有无富余时，可以告诉旅客："我先去确认一下，有富余的马上给您送来。"此时乘务员语言表达艺术要到位，态度要真诚，不能带有不屑、厌烦的神情，也必不能缺失服务用语。当航班延误时，乘务员应提前沟通，确认飞机上的餐食总数，做到心中有数。当无法满足旅客的服务需求时，应尽快回馈旅客信息，积极提供替代品，急旅客之所急，把旅客当成尊贵的客人一样看待，给予足够的重视。

案例链接之四

尊重服务

常言道："商家以客为先。"意思就是说经营商贸事业或活动，都应当先考虑客人一方的实际需要，在判断客人需求的基础上，提供切实有效的服务，让客人满意才是维持经营的原则。商家必须尊重买家，还要尊重买家的切实需求，货销对路。将这个道理运用到民航运输服务中也一样。如何才能把对客服务工作做好，做到一视同仁，让旅客感受到服务尊重，让旅客满意，这其中有许多值得我们慎重思考的环节。下面，我们通过三个不同的服务形式来说明这个问题。

A. 乘务员在为公司要客提供机上服务时，关注周围旅客的感受；为要客提供矿泉水时注意周围旅客的反应，主动询问并给予矿泉水。

B. 航班出现多名要客座位排在一起，乘务长安排乘务员全程关注，乘务员对两名要客进行不一样的服务，导致另外一名要客（卡旅客）产生不好的心理感受，招来投诉。

C. 航空公司卡旅客旁边就坐着普通旅客，乘务员根据公司服务程序，只跟卡旅客打招呼，送上报纸和小瓶装矿泉水。旁边普通旅客向乘务员索取小瓶装矿泉水时，乘务员拒绝道："先生，因为X先生是我们的白金卡旅客，所以他有小瓶装矿泉水，你没有。"虽然旅客当时没说话，但落地以后就拨打了投诉电话，理由是觉得自尊心受到伤害，乘务员受到处罚。

情况透视

（1）依据C中发生的事情，才有了A中乘务员优势的体现。

（2）B中的乘务员对服务程序不熟练，业务不好，同时忽略旁边卡旅客的感受，乘务长也没有全程关注和服务卡旅客，应该在航前跟卡旅客有一定的寒暄，方便之后的话题切入，更容易与卡旅客沟通及为其服务。

（3）C中的乘务员本无错，只是不注意语言艺术。乘务员可以在拒绝的时候说："抱歉，先生，要不我稍后给你倒杯热水好吗？因为矿泉水是我们特意为X先生留的，数量有限，所以我们没有富余的可以提供。"首先，对没有提供旅客期望的服务致歉，好为以后的服务打下基础。其次，提出替代方案，并不是直接拒绝，而是根据实际情况用征求的语气跟旅客说话，征求旅客的同意。最后，加上微笑与柔和的表情，旅客也知道乘务员不能提供的原因，同时乘务员提出替代方案解决他的需求（需要喝水）避免了投诉。这也让旁边的卡旅客感觉自己是因为航空公司的卡旅客，得到了不同于普通旅客的待遇，物超所值；同时又能不落普通旅客的面子，让服务工作有效开展下去。

针对C中的情况，其实航空公司也应审视一下自身的奖惩制度，对客服务不能采取简单的"一刀切"方式。乘务员根据公司流程只给卡旅客服务，而无直接证据表明她需要给隔壁旅客提供同等的服务，乘务员没有做错。但这个投诉，以后会增加乘务员的工作量，影响乘务员的判断（究竟是否应该给卡旅客旁的普通非随行旅客提供矿泉水？），同时服务运作成本会相应增加。此外，这也会给乘务员造成一种错觉：只要旅客不投诉，可以更改公司制定的规则和服务流程。长此以往，公司管理层会失去公信力和权威性。

情况总结

（1）航空公司卡旅客多为商务旅客，同时拥有一定的经济能力和地位，经常坐飞机，所以服务流程他们都很清楚。

（2）乘务员根据公司流程进行服务，但是因为没有根据服务对象的不同分别进行沟通交流，引致投诉，所以投诉成立。

（3）旅客认为大家都是旅客，既然可以为别的旅客提供小瓶装矿泉，为什么不能为自己提供。乘务员在有小瓶装矿泉水的情况下，拒绝为旅客提供，所以投诉有效。

第四节 民航客舱服务沟通

客舱中的服务必然离不开语言沟通这一重要的载体。从民航服务的本质上讲，它实际上是一个人际沟通的过程。通过语言交流的互动形式，达成服务意向，化解服务隔阂，建立服务信任，找到服务者与被服务者之间心灵的交汇，不断提升服务质量，完善服务艺术。

一、客舱服务沟通的体现

在民航对客服务中的登机迎客、航程服务（安全演示、信息告知、餐饮提供等）、落地送客的服务全过程中，乘务员应使用得体周到的沟通语言，为航班的乘机秩序"保驾护航"。客舱服务沟通可以具体地体现在如下六个方面。

（1）乘务员通过服务中的沟通，可以及时地了解旅客的服务需求、乘机的帮助需要，为旅客提供有针对性的、个性化需求的服务。

（2）通过沟通，能够让旅客感受到乘务员的诚意和热情，为乘务员后续的服务做铺垫。

（3）在航班运输过程中，乘务员通过与旅客之间的沟通交流，体察不同情景下旅客服务的需求，做好重点旅客的服务保障工作，为机上的特殊旅客提供特别的服务。

（4）良好、有效的沟通，不仅可以为旅客营造一个温暖、友善、和谐的客舱氛围，让旅客的身心都沉浸在无比快乐的飞行感受中，同时也可以让对客服务变得更加轻松和有序。

（5）有效的服务沟通，可以让乘务员省时、省力地处理好客舱中复杂多变的各种情况和突发事件，维护好客舱中的乘机秩序，避免或减少因服务中意外摩擦引发的冲突事件的发生。

（6）客舱服务中的妥善沟通可以维护好乘务职业形象，也是维护公司声誉和形象的必然要求。客舱服务中的有效沟通是做好民航运输的保障条件。

二、客舱服务有效沟通的要点

在大众出行的新时代背景下，客舱中旅客的结构变得十分复杂，而且在不断的变化中。旅客存在年龄不同、文化差异、素质差别、国家及地域不同、风俗习惯各异、家庭与生存环境影响不同等，因此，在与各种背景下的旅客打交道时，要确保沟通的有效性。另外，从减少沟通障碍的角度出发，应遵循如下要点：

（1）培养良好的服务态度，保持好的对客服务心态。
（2）了解沟通的对象，明确旅客的真实需求。
（3）掌握必要的专业知识，具备良好的知识素养。
（4）熟练掌握语言的表达技巧，正确使用肢体语言艺术。
（5）学会倾听，学会体察，建立同理心。
（6）积极反馈情况，迅速地处理好各种问题。

自地面迎客时起，旅客渐渐进入乘务员的视野，与客机越来越近，就是乘务服务的开始。乘务员应该本着真诚的态度，用主动关怀意识，用亲切的语言营造出亲切、温暖的乘机氛围，这种乘务职业形象更容易拉近乘务员与旅客间的距离，给旅客留下美好的服务印象。同时，这也会使得服务的过程更加轻松自如，服务表现更加有序，服务水平也能得到最大限度的发挥。因此，在活动区域内，乘务员是否用心地使用好沟通艺术就显得非常重要了。

三、客舱服务沟通的语言表达技巧

1. 注重语言的关怀情感

语言表达离不开情感的核心支撑，而带有情感的语言才具有较强的感染力与鼓动力。赋予了情感的语言表达，能够极大地提升沟通的实际效力。当看到老年旅客在登机时，不仅要有微笑礼仪，而且要主动地用标准的职业语言对他说："您好，欢迎登机。"此外，还要主动上前，帮老人拿行李，并用体贴关怀式的语言告诉他："不要着急，小心台阶。"当看到孕妇旅客走进客舱时，要及时关心地问她是否需要靠枕。如果关注到有旅客在说话时声音沙哑，有可能是其不太舒服，则要用关怀的语气问旅客是否需要喝水。看到飞机上有儿童穿得很少，要关切地问小旅客需不需要一条毛毯。

即使旅客不需要帮助，带有关怀语气的问候也可以很好地拉近乘务员与旅客间的距离。关怀的情感表达，可以为服务开道，以情动人，有利于进一步沟通。给予旅客亲人般的关怀，这是乘务员在飞行服务中不变的初心。

2. 讲求语言的精准表达

无论是在迎客、送客阶段，还是在飞行途中，与旅客的服务沟通，都要讲求语言的条理清晰、逻辑严谨、精准表达，要把话说好、说到位，否则很可能会引起对方的异议。通常业内会对很多名词进行简称，比如无成人陪伴儿童，有些乘务员会说成无人陪，引发旅客投诉。因此，在传递信息时，语言表达要注意严谨性，以免造成歧义，从而可能伤害旅客的自尊心。少说模棱两可的话，多讲语意明确的话。

在与旅客进行语言的沟通与交流时，首先要从旅客的利益角度找到切入点，因为旅客的需求存在差异性，所以面对不同的旅客，沟通表达的内容也需要因人而异。因客致语，往往更容易获得沟通的成功，旅客只关注和他们相关的事。其次还需因时、因地、因事、因人调整语言结构，以及语言表达时的语气、语速。最后必须考虑场合、时机等客观因素。因此，语言表达要考虑针对性、适合性及准确性，只有适合旅客当下需求的表达内容，才能引发共鸣，才可能被旅客接受，否则，很有可能会产生负面效果。

3. 关注语言的灵活运用

在客舱服务的沟通中，要关注语言的灵活运用，发挥好语言的艺术效应。同是一句话，使用不同的表达方式，会给旅客带来不同的心理感受，因而同样的意思，不同的表达，结果可能就完全不一样。乘务员要学会说讨巧的话，说好听的话，说让旅客更能接受的话。

例如，客舱内有位旅客还没有吃饱，向乘务员提出再要一份餐食，如果乘务员回应说："不好意思，先生，今天经济舱没有备份的餐食了，正好头等舱还剩一份，请您慢用。"旅客就会有不好的感觉，乘务员让自己吃别人剩下的饭。假如这样说："真对不起，先生，让您久等了，这是我们头等舱的餐食，您看是否合口味。"旅客就会觉得很高兴，自己得到了超值的餐食享受。同样是一份餐食，不同的语言表达，确实带来了不同的服务效果。

在对客服务的过程中，乘务员应学会多使用委婉的词语进行沟通。在表达同样的意思时，稍微转个弯，把话说得柔和一些、委婉一些，这样会让旅客更容易接受。

4. 语言表达恰当得体

在客舱服务的沟通中，除上述的语言表达技巧外，乘务员还要学会表达内容的恰当与得体，把握好说话的尺度，保证表达内容的正向性，不能带有负面因素。

一是会有个别旅客因为不了解相关情况对服务挑三拣四，提出各种各样的意见，甚至还会话中带刺、伤人心，但作为一名乘务员，要时刻保持理智，使用得体、恰当的语言与旅客进行沟通。

二是乘务员在处理各种问题的方式上要得当、合理，表达语言要有温度，不能使用对立的语言，不能针尖对麦芒；要充分地沟通，把话说明白、说清楚，语言表达不能过于简单和冷淡，这样不仅不能让旅客满意，甚至还会引发不必要的冲突和矛盾。

三是语言表达要关注旅客的真实感受，从旅客的角度出发，体会旅客的感受，掌握好语言的表达艺术，把握语言的细节处，不给沟通留遗憾。

如果在客舱中，没有进行任何有效沟通就拒绝旅客，这显然不是应有的服务宗旨。恰当、得体、正确的充分表达可以避免沟通中的摩擦，确保沟通的有效性。另外，在对客服务的沟通中，要注意使用服务敬语，让旅客感受到尊重。

四、客舱服务沟通的表达形式

1. 沟通的表达形式

沟通的表达形式可以分为语言沟通和非语言沟通，语言沟通是直接表达的沟通形式，非语言沟通是肢体语言的间接表达形式。在客舱服务的过程中，除使用直接的语言表达与旅客进行交流沟通外，也可以使用肢体语言的表达形式，达到致美服务的沟通目的。例如，乘务员的面部表情、手势及目光接触等，这些非语言沟通可以及时地与语言沟通配合，更充分地表现出服务的亲和力和柔和度。

在日常的交往活动中，人们往往对一个人的评价，就是通过对其言行举止方面的观察给出的。"言行举止"这四个字，体现了一个人的言语、行为、姿态和礼仪，也正是对乘务员会表现出的服务形象的概括。

首先，其中的"言"是说话的态度和方式，就是与旅客沟通时的语言表达，在交往交际中处于第一位。

其次，"行"就是动作，是服务执行和操作，也是十分重要的环节。

最后，"举止"中的姿态呈现及礼仪展示则是构成肢体语言的两项条件，是非语言沟通的间接表达形式，也是服务中不可或缺的组成要素。

透过一个人的言行举止，可以看出其本身的素养如何。从乘务工作角度出发，乘务员的言行举止最终决定了服务质量和服务满意度。在沟通表达中，有效地把直接表达与间接表达完美结合，可以使我们的服务更有效、更能打动旅客。

2．客舱服务常用语

客舱服务常用语有如下这些。

（1）欢迎您登机。
（2）请您系好安全带。
（3）您需要用餐的时候，请您按下呼唤铃，我将随时为您服务。
（4）我们的客舱温度有点低，是否需要帮您拿条毛毯呢？
（5）这是您的苹果汁，请慢用。
（6）对不起，这里是紧急出口，我帮您把包放行李架上好吗？
（7）感谢您的理解和支持。
（8）请您稍等，我马上为您提供点心。
（9）飞机已经开始下降，请您收起小桌板。
（10）感谢您乘坐本次航班，下次旅途再会。

3．客舱服务语言表达的转换

乘务员要特别注重表达艺术，因为在对客服务的语言表达中包含对旅客的尊重与礼貌、谦让与客气，所以要谈吐文雅，展现出谦和包容的风度和魅力，营造出与旅客间的和谐融洽氛围。我们通过下面的表2-1，诠释对客服务语言表达及转换后的表达艺术。

表2-1　客舱服务语言转换

沟通场景	语言表达	转换后的表达艺术
客舱呼唤铃响了	"您有事吗？"	"我可以为您做什么？"
航班中进行餐饮服务时，乘务员向旅客介绍餐食	"我们有牛肉饭、鸡肉饭，您要什么？"	"先生，您好，今天我们为您准备了牛肉饭、鸡肉饭，您喜欢什么？"
多位旅客同时要求服务时	"等一下。"	"好的，马上来。"
旅客将行李放在通往安全出口的过道上，你想从安全角度说服旅客	"女士，按照安全规定，请把行李放在行李架上。"	"女士，我帮您把东西放在行李架上好吗？"

良好优雅的职业素养、主动热情的服务意识、周到细腻的关怀意愿、谦逊有礼的服务态度、精心勤恳的工作作风，不仅体现在为服务对象的服务中，而且体现在对客服务的一言一语中，更体现在旅客对我们服务后的回应中。用心做服务，做让旅客有好的感受和温暖体验的服务，要时时处处关注沟通的技巧，学会使用有沟通艺术的语言表达。

思考案例及练习题

一、思考案例

在正准备起飞的一架航班上,一位旅客误将紧急逃生门当成厕所门打开,致使飞机滑梯释放,飞机不能正常起飞。第一次坐飞机跟丈夫出游的刘女士,不知道厕所在哪,走了一遍都没有找到,其丈夫告诉她一直往后面走就对了,她走到了客舱的尾部还是没有找到厕所。这时,她看见了客舱中的两名空姐,便上前询问:"厕所在哪里?"对方告诉她,"往右走,扭开门就对了。"随后,她走到一扇门前,将门上的一个红色把手扭开了。这时,突然传来了"砰"一声巨响,紧急出口被打开了,应急滑梯释放。

1. 在该事件中,你认为谁应该承担主要责任?为什么?
2. 通过对这个案例的阅读,你可以从中吸取怎样的教训?
3. 你对该事例中的乘务员的服务表现有何看法?为什么?

二、练习题

1. 在旅客登机过程中,如何使用有沟通艺术的语言表达赢得旅客的好感?
2. 如何做好对旅客的尊重服务?在旅客生气的情况下,如何有效沟通以安抚旅客情绪?
3. 当航班遇到旅客行李放置问题时,应该怎么进行沟通解决?
4. 有小旅客乘机时,怎样使用好恰当的沟通方式安慰小旅客?

第三章 民航服务关怀艺术案例分析

章前提要

乘务员要充分利用时情、时机等因素，积极主动地、想方设法地为旅客提供关怀式服务，做好有针对性的创新性服务和细节服务，最大化地温暖和感动旅客的心，给他们留下永久的印象与记忆，从而收到以小博大的实际效果。另外，关怀式服务体现的是站在旅客的角度上思考，把服务做得更加细化、人性化，突出对客服务的及时性和有效性。例如，对特殊旅客中的老人及无成人陪伴儿童的关爱服务；对孕妇、病残人士的体贴服务；对国际航班旅客的帮助服务；突发事件等特殊情况下的服务等。把天时、地利、人和有机地结合起来，放大服务思维，体现乘务员对旅客的关怀。

本章重点阐述航班上对客服务的关怀行为、关爱服务、细节服务等方面的案例，以及对特殊旅客的乘机服务、国际航班上的关怀帮助服务等具体内容，通过对一系列相关案例的分析与解读，透视乘务工作需要的人文关怀理念，彰显民航服务的关怀艺术。

问题导入

1. 你认为民航服务中的关怀意识重要吗？
2. 怎样建立起自己对客服务的关怀心理？
3. 你希望从案例中学到哪些细节服务的技巧？
4. 你打算如何做好对特殊旅客的帮助服务？
5. 国际航班上的服务有哪些需要关注的事项？

第一节 创造关爱服务，收获更多满意

航班服务不是单一的或固定的给到式服务。在更多情况下，要依据旅客在客舱内的各种情形提供服务，不仅要关注与体察旅客的服务需求，更需要

关怀服务的具体细节

乘务员发挥创意，有具体的关心表达，给旅客制造服务惊喜，营造服务氛围，力所能及地为旅客提供有形的服务帮助和无形的心理安慰。在本节案例和分析中，我们向大家展示关爱服务的情景。

一、案例：创造惊喜，迎来谢意

在登机期间，旅客中的一家三口引起了乘务员的特别注意，因为他们在不停地互相抱怨，妈妈在抱怨航班延误，爸爸在抱怨为什么选乘这次的航班，儿子在抱怨为什么爸爸妈妈没完没了地争执……他们一家人越说越生气，声音还越来越高，指责声不断。

为了不影响其他登机的旅客、不破坏客舱内的友好气氛，乘务员当即把观察到的这件事通知了乘务长和区域其他乘务员，大家开始对这一家三口予以关注。乘务员通过用心了解，得知了这一家三口出行人员的一些信息：儿子今天过生日，妈妈为儿子安排好的落地庆生环节因为航班延误的事情都给耽误了。

了解到这些情况，在客舱服务流程结束后，乘务长立即和乘务员一起商量，并当场制定出一个惊喜服务的环节，希望能够给这一家三口弥补因航班延误造成的生日遗憾，用心制造出航班上的庆祝仪式感。乘务组人员悄悄地走到一家三口面前，打开平板电脑播放生日快乐歌和生日蜡烛图像，把准备好的小蛋糕、写满全部机组祝福的生日卡送给过生日的小旅客。一家人激动不已，特别是为儿子庆生精心准备的妈妈已泪流满面，爸爸对乘务员不停地表达着谢意，儿子咧开嘴开心地笑着。

案例分析

这则案例的情节描述，让我们有一种经历"雨过天晴"的感觉，乘务组的关怀艺术与创造性的服务能力着实令人感动，不仅改变了客舱内的乘机氛围，也改变了事态的本质。这其中，旅客由负面情绪转变为正面情绪的真实原因，可以归结为如下五点。

1. 观察与发现问题

乘务员"特别注意"到一家三口登机时的不正常表现，他们在"没完没了地争执"，并将此事报告给了航班"乘务长及区域其他乘务员"。

2. 关注与了解情况

乘务员持续关注一家三口的现场情况，并用心了解一家三口之间"争执"不下的具体原因，弄清楚引发他们互相争执背后的一系列因素。

3. 商量与解决问题

当乘务组得知问题背后的确切原因是一家三口之中的儿子当天过生日，但是因为出现了航班的延误，生日计划被"耽误了"。为了更好地解决与处理好因航班延误的事实所导致的一家三口心情不愉快问题，乘务长和乘务员一起商量，制订出了最终的解决方案。

4. 惊喜与感动服务

乘务组为当天过生日的"儿子"旅客，在优雅的"生日快乐歌"中送上了生日"小蛋糕"，很用心地给一家三口创造出不一样的带有"仪式感"的惊喜场景。让那位为儿子精心准备生日庆祝活动的母亲"泪流满面"，让那位父亲对乘务员连声"感谢"，让"儿子"旅客十分高兴。

5. 思考与斟酌服务

在本案例中，在乘务长的带领下，乘务组想旅客之所想，急旅客之所急，针对旅客的实际需求及现场情况，做出及时而准确的关怀行动，诠释美好的对客服务中的关怀艺术。在整个服务流程中，乘务组没有出现任何责备旅客的言语，而是不动声色地用心观察、了解与妥善地创造服务需求，打动旅客之心。

这个案例中的乘务员的做法是有亮点和值得称道的地方的：细致入微的观察与关怀从旅客登机时就开始了；体察到航班延误旅客不快的具体原因，真正从旅客的角度出发；为了转变旅客的不良情绪，乘务组精心地准备了生日仪式，让旅客既惊喜又开心，也为本次航班乘务员的服务赢得了赞许。

二、案例：一份祝福带来的暖意

适逢春节将至，大雪纷纷而下，造成航班长时间延误，也因此打乱了很多旅客的出行计划，导致旅客接二连三地开始抱怨。等到雪停了下来，旅客开始登机时，一位旅客就向乘务员雪燕抱怨说："我都转签三次了，至今人还停留在机场，未能出发。"只见雪燕带着亲和的微笑回应道："非常抱歉，让您久等了。"旅客十分清楚航班延误的原因，所以在听到乘务员的亲切歉意声时，也不好再说什么了。这种因天气原因导致的航班延误带来的一些旅客的抱怨，并没有让乘务员雪燕感到麻木，也没有让她产生一丝一毫的服务懈怠，而是让她更加细心地关注面前陆续登机的每一位旅客。雪燕主动地帮助大家安置行李并笑容满面、亲切问候，一口一个"您好""大爷""大妈"地称呼着上机的旅客。

登机空隙，雪燕又为刚才向她抱怨的那位旅客送来了一杯热水，并告知旅客最新掌握的起飞时间，见旅客还是比较烦闷就没有再打扰他，并通知其他乘务员一起关注这位旅客。飞机起飞后，在顺利进行并完成空中服务后，雪燕通过主动地沟通和交流，得知旅客有二十年没在国内过年了，立刻就想到了要用一种特别的服务方式，给旅客制造一个感受春节的美好氛围。她用橙汁和香槟调制了饮料寓意"心想事成（橙）"赠送给旅客，并提前给旅客送上新春祝福。雪燕的服务让这位看上去有些闷闷不乐的旅客感受到了浓浓的暖意。

案例分析

在航班长时间的延误后，旅客产生抱怨情绪是在所难免的，因为旅客出发时的心情都一样，都想快点走，准时到达目的地，不愿意在机场多停留，更不希望遇到航班延误的情况。因此在这时，乘务员面对旅客的种种不解或抱怨，则需要比平时有更加理性与冷静的态度。面对有抱怨的旅客，应及时向旅客道歉，化解旅客的不良情绪，减少语言方面的摩擦，避免个别情绪激动的旅客做出不理智的行为。案例中的乘务员雪燕对旅客的关注意识、亲和举止以及创新的暖意服务，值得我们称赞和学习。

尽管受天气因素的影响，乘务员也应该理解旅客的焦急心情，不可忽视航班延误后可能出现的各种情况或事态，给予现场旅客及时的安慰和关注。

一是关注航班延误时的重点人群（老人、小孩、孕妇、其他特殊旅客等）；

二是倾听旅客反馈问题的心声，听他们心中想说的话很重要；

三是听完了旅客的话迅速反应，反应时的真诚态度也很重要；

四是利用现有资源进行"巧心思"服务，在服务的同时说旅客想听的话。

予人玫瑰，手有余香。相信乘务员为旅客送去的每一份特别的爱心和体贴，都会成为一颗友好的种子，在彼此的心中发芽、生根和开花，收获满意的笑容。将心比心的暖意服务，会带来双赢的服务结果，让旅客感到暖意也是对乘务工作者最好的激励。

三、案例：灵活变通，满足需求

"乘务员，把衣服给我挂起来。"一位坐在经济舱的男乘客向乘务员发出服务请求。"好的，先生。我现在就去前面头等舱确认一下，今天的波音 737 飞机的头等舱衣帽间很小，如果还有空间我就为您挂起来，请您稍等片刻。"乘务员听后，微笑着对旅客说。

很快乘务员手里拿着一个干净透明的塑料袋回到经济舱，对那名先生说："先生，非常抱歉，我刚才去确认了，今天航班头等舱旅客全满，衣帽间已经挂满了衣服，空间不够。不如让我帮您把外套叠起来装在这个塑料袋里，放在行李架上，可以吗？""那样我的衣服会起褶的，我还怎么穿呀？"旅客有些不悦地说。

"先生，我用我的办法帮您叠起来，会比一般的叠法平整一些。您不妨试一下，好吗？"说完，乘务员认真地将旅客的外套抚平对折起来，放在干净的大塑料袋中，在衣服的对折处隔着塑料袋垫了一条包装完好的机上毛毯，然后一丝不苟地将衣服平放在那名旅客头顶上方的行李架的最上面。归置好旅客的衣物后，乘务员又微笑着对那位男旅客说："先生，我这个叠衣服的方法很好用，你下飞机前可以'审查'一下。"看着诚恳而认真的乘务员，这名旅客变得和颜悦色了许多，对自己衣服的那份担心似乎也消除了。

案例分析

在航班中，旅客会提出各种各样的服务需求，乘务员要责无旁贷地去满足他们的合理需求。而对于一些因为客观原因而无法满足的需求，旅客也自然会有或多或少的不满想法。作为乘务员，你又该如何处理与应对不同的服务需求，让旅客感受到关爱？

首先，要以真诚、主动、尽力而为的工作态度，去赢得旅客的信任和理解。

其次，创造关爱服务，还需要采用变通、灵活的方法，帮助旅客解决他们的实际困难，这样就会在旅客理解的基础上，赢得他们对服务的认同。

再次，良好的沟通方式和语言技巧，可以进一步拉近乘务员与旅客之间的距离。旅客在硬件条件不能满足需求的情况下，仍然可以感动于航空公司提供的"舒心"的软实力服务。

最后，在案例中，乘务员的确认工作法是值得肯定的。明知做不到，也不要一口回绝，而是给旅客一个接受的缓冲过程，再通过其他的变换方式来解决。还要注意的是，千万不可出现损伤旅客自尊心的言行，或让旅客感到乘务员的服务有分别之心，不能一视同仁。

四、案例：精湛的业务技能

客舱内，一位旅客问乘务员："有什么喝的吗？"

乘务员微笑着回答说："王女士，这是茶饮单，我也可以为您介绍。我们有果汁、中国茶、红酒和各种餐后酒。"

旅客皱了皱眉头，然后说道："这些我都不想喝。"

观察到旅客的反应，乘务员当即对她说："那您就尝尝我们的 5100 矿泉水吧？您别看它只是一瓶水，它的锂高出国家标准 10 倍，锂对人的神经系统很好，里面的偏硅酸促进吸收，还富含胶原蛋白呢！女士常喝是可以美容的。"

旅客王女士听到乘务员的这番介绍，心中顿升一阵喜悦，非常高兴地说："真没想到，一瓶水还有这么大的学问，那我试一试吧。"

案例分析

这个案例的情节虽然并不复杂，但是其中暗含的服务道理并不简单。不要小看服务中的那一次次周而复始的饮料提供，即便那几乎是重复性的服务动作，更不能小看乘务员为旅客奉上的那一杯杯咖啡、一瓶瓶矿泉水、一杯杯茶水，还有那一句句的服务问候与一个个亲和的笑容……这些都是需要乘务员付出努力和心思的。在上述案例中，乘务员用自己的积极态度、娴熟的专业技能赢得了旅客的赞同，最大化地满足了旅客的实际需求，还带给旅客超越价值的服务享受，让其感受到来自乘务员的关爱。

乘务员在为旅客推荐饮料的服务中，有对旅客提出服务需求的及时回应，有主动为旅客服务的意愿，还有更进一步的对客服务，把服务内涵做到了极致。在航空公司的运输经营中，管理层一再强调服务质量的提高，显然高质量的服务就一定要先为旅客着想。乘务服务不能满足于"旅客的需求是什么""我们能为旅客做什么"，要想更快地提升服务效果和服务的满足感、产生超越服务需求的品质效应，离不开每一位支持我们乘务工作的广大旅客。反过来，这又不断地促使我们对服务的探索与思考，问一问自己："我们还能为旅客做些什么？"用我们的专业知识、良好的服务技能去赢得旅客的信任。

五、案例：灾难无情，服务有情

国航北京客舱服务部乘务组正执行由北京飞往成都的 CA1425 航班。上客时，乘务长注意到搭乘本次航班的有中国红十字会副会长一行人、各新闻媒体人士，还有四川雅安地震的遇难者家属。乘务长立即组织乘务员制订了细致周到的服务计划。通过航程中简短的交流，乘务长了解到，这是一支赶往四川地震灾区进行救援、采访和寻亲的队伍，下飞机后将立即奔赴地震灾区雅安。想到这支队伍前往雅安路途遥远，救灾人员和遇难者家属不知道要经历多少困难、受多少苦，看着眼前这些抢险救灾的战士和遇难者家属，乘务组从心里对他们感到深深的敬佩。

落地后，细心的乘务员注意到他们每人只带了一个小的行军包，不知道他们带的食物和水够不够。这时，乘务长提议说："我们飞机上有富余的面包和饮料，都给他们，让他们带在路上以备不时之需。"这个想法立即得到了全组人的赞同。于是大家把包装完好的面包拿出来，并拿出很多矿泉水、杯子，乘务员还拿出了自己机组餐的牛奶和水果，将这些充满爱心和真情的食物送到了救援、采访的人员和遇难者家属手里。乘务长说："飞机上的配备有限，我们尽最大努力收集了一些干净的食物和饮料，虽然数量不多，但是我们的一片心意。如果你们用不上，可以带给灾区的人民，让他们多一点儿食物和水。"

旅客接过食物的手微微有些颤抖，哽咽地说："你们的关心让我看到了，我们中国人无论在哪儿，都是心连着心的。你们让我们很意外，很感动，谢谢你们！"乘务长说道："这都是我们应该做的，希望你们一路平安！家人平安！"仅仅是落地后微不足道的一些举动，让乘务组与即将奔赴灾区的战士们和遇难者家属结下了深厚的友谊，也让整个客舱充满了无限的感动，充满了关爱与牵挂的温暖阳光。

案例分析

这是一个具有特别意义的案例，其中的人和事都会给大家留下特别的感动。人们常说灾难无情人有情。试想一下，当面对向地震受灾人民伸出大爱援手的人员、各新闻媒体人士以及地震中遇难者的家属时，我们的乘务员也是感同身受的。一边是亲属在地震中遭受痛苦，一边是政府和各行各业的人士对灾区人民的问候及援助，同于客舱一处，乘务组既有同情也有感动。多一份支持，就会多一份力量，多一份生命的希望。正是在这些同为中国人的爱心面前，乘务组尽自己最大的努力，为机上旅客提供周全的服务。他们不仅制订详细的航班服务计划，而且在飞机落地后，把仅有的面包和饮料都给了大家，希望把自己的一片爱心通过他们传递给灾区人民，奉献一份爱的力量，为旅客提供特别的关心。

此外，我们在针对不同旅客进行服务时，应提供个性化的关爱服务。这具体就落实在乘务员的服务过程中，乘务员应该时时站在旅客的角度，想旅客之所想，急旅客之所急，自觉淡化自我而强化服务意识，从而毫不迟疑地站在旅客的立场上进行思考。面对不同时间、不同场合发生的瞬息万变的情况，可以因时、因地、因主客观条件，细心地观察旅客的言行举止，掌握每个旅客的特殊性，采取灵活、恰当的服务艺术提供有针对性的服务内容。尽管案例中乘务员的所作所为并不是服务规范中所规定的，但是他们善于将心比心，在力所能及的范围内主动为旅客排忧解难，收到了十分理想的服务效果。

其实，创造让旅客感受得到关爱的服务，有很多灵活性因素，不需要有多么高超的技能。然而，要求虽然不高，却不可预测，依靠的是乘务员的悟性与爱心。因此，这要求乘务员具有积极主动为旅客着想的服务意识，做到心诚、眼尖、口灵、脚勤、手快。中国有句古话叫作"处处留心皆学问"，乘务工作的完美都在我们对客舱中旅客服务的一言一行中。从点点滴滴中见真情，学会用周到、高效的超值服务去满足旅客，在对的时间里，做好对的服务，成就一定会加倍到来。

第二节 真诚体贴服务，赢得旅客赞誉

航班服务还要体现乘务员的真诚之心和体贴之举，对客服务不是表面上的机械化操作，更不是一种浅层次意义上的服务提供，而是从对旅客尊重的角度出发，通过体贴周到的服务，给旅客提供各种形式的必要帮助，进行呵护式服务，给旅客带来身心上的温暖和感动。本节中的几个服务案例可以很好地诠释这方面的服务情景。

一、案例："四声'谢谢'"

南京至北京的一架航班由于航路管制,将在地面等待 1 个小时左右。乘务组立即将航班空管的消息广播通知旅客。广播刚刚结束,坐在经济舱第二排的一名外国老太太突然放声大哭起来,乘务员立即上前询问情况:"老奶奶,您怎么了?"老太太说:"我要在北京首都国际机场转机前往澳门,如果延误,就赶不上去澳门的飞机了。"由于这位外国老太太是独自一人出行,在中国也没有任何朋友,身上所有的钱也都花光了,无力支付转签其他航班前往澳门的费用,老太太焦急万分,于是忍不住痛哭出声。乘务长立即与机组协调,请求机组帮助其与北京地面进行联系,并将老太太前往澳门的航班号以及她自身的相关情况告诉地面人员,希望到达北京后有地面服务人员帮助老太太转乘飞机。

在乘务长协调老人的转乘事宜时,乘务员安慰这位外国老太太说:"您放心吧,我们乘务组会尽最大努力帮助您顺利转机的。"看到乘务组为自己所做的努力,老太太的情绪逐渐平稳下来,停止了哭泣。乘务长对老太太说:"飞机到达北京管制区域我们会与机组协调,通过机组请求地面安排一个滑行时间最短的停机位,保证您能第一个下飞机。"老太太满眼泪水地点了点头。飞机落地后,舱门外并无地面人员等待给予老太太帮助,见此情况,老太太又忍不住痛哭起来。乘务长说:"您先别着急,为了减少您与地面人员沟通的时间,我用信纸把您的相关情况写下来了,这样可以争取更多的时间。"老太太流露出对乘务长的感激,然后乘务员立即带领老人下机寻求地面人员的帮助。

走过几个廊桥口后,乘务员终于找到一位地面人员,并把这位外籍老太太托付给这位工作人员,千叮万嘱请求他先带老太太去快速通关,然后一定帮助老太太转机。"谢谢你们,谢谢机长,谢谢乘务组,谢谢!"坐在老太太前一排的 VIP 旅客目睹了整件事情的经过,下机时向乘务组人员竖起了大拇指。面对旅客的赞誉,乘务组人员的心中十分欣慰。

案例分析

在这个案例中,那位外籍老太太给乘务组的四声真挚的"谢谢",不仅道出了她内心的感激之情,也道出了她对机组服务工作的肯定之意。本案例的叙述情节让我们不禁对乘务组体贴周到的服务由衷赞叹。在身处异乡的老人面前,乘务组展示了中国民航人的职业风采,可以通过以下五个方面具体阐述。

(1)信息送达:及时把目前航路管制的相关信息送达客舱内的旅客,让大家知晓飞机不能按时起飞的原因,安抚旅客在机上耐心等待。

(2)转乘帮助:对于外籍老太太表现出的不正常情况,给予及时关注,了解情况后当即与到达机场的地面人员协调,帮助老人在北京机场实现有序转乘。

(3)语言安慰:乘务组一边帮助老人协调转乘事宜,一边给予她温暖的语言安慰,平和老人因转机带来的心理不安,打消老人"赶不上去澳门的飞机"的顾虑。

(4)落实到位:在帮助外国老太太的过程中,我们可以看到乘务员的务实精神。为了节省转机流程中的时间,乘务长特意把外籍老太太的乘机信息写在"信纸上";下机后,乘务员立即带领老人"寻求地面人员的帮助"而不是只管机上的服务,不管机下。

（5）得到安慰：乘务组对旅客的无私帮助行为，在很多时候是超越职业本身的爱心体现，是中国人仁爱精神的延续，在帮助他人的过程中，得到自我心灵的安慰。

其实，给予与被给予、帮助与被帮助是有机的转换过程，往往得到与被得到是相辅相成的，乘务工作亦不例外。一方面，乘务员在与旅客的互动中，可以很好地改善服务状态，通过体察、关注、关心、体贴及帮助旅客提升服务技能；另一方面，旅客对乘务工作的满意与赞许也是对乘务员的鼓励与支持，这种良好的互动与回馈，可以成就服务的正能量积累，更是乘务员本身在工作中不可缺少的内心安慰和自我肯定。

因此，乘务员要能根据现场旅客的情景转换身份，把自己的真情投入服务工作中，急旅客之所急，才能达到服务的至高境界。乘务工作是民航运输服务链中最关键也最突显的一环。旅客登上航班到达目的地，与其接触最多的就是乘务员，而机上的乘务服务也是最能让旅客感受到航空公司企业文化精髓的。让乘客满意的乘务服务，才能赢得旅客的信赖。

我们在这里要强调航班信息及时送达旅客的重要性，比如案例中把空管情况广播告知旅客，这样做，一是让旅客知晓飞行情况，避免因长时间推迟飞行产生摩擦；二是为了让机上的旅客安心等待；三是可以为有特别需求的旅客提供有针对性的帮助服务。

二、案例：雨中的呵护

西安至广州航班的旅客正在下机，广州白云国际机场上空突然电闪雷鸣，大雨倾盆而下，由于该航班停靠的是远机位，旅客从飞机上下来还需搭乘摆渡车前往候机楼，突如其来的大雨把大家淋了个措手不及。应对这样的情况，乘务组在乘务长的带领下，相互协作，各司其职。乘务员撑起自己箱包中携带的雨伞，对旅客说："先生，现在外面雨下得很大，我帮您打伞，给您送到摆渡车上，以免淋湿您的衣物。"旅客非常感激地点了点头，说："谢谢你，姑娘。"这时，一位年迈的老人站在舱门前，乘务员看到后说："大爷，您稍等会儿，我再帮您拿报纸遮住衣服，要不然雨水打湿衣服，您容易着凉。"

就这样，乘务组想尽办法，护送起雨中的旅客。对于一些老幼旅客或者需要特别照顾的旅客，一把雨伞不够，乘务员帮其用报纸遮雨，就是为了避免淋到雨水后导致旅客身体着凉而感冒。原本只需要10分钟左右的下客时间也因此而延长到40多分钟。在此期间，为了护送航班上的旅客下机，乘务员只能冒雨前行，但没有人因此而抱怨。等到把旅客们都护送上了摆渡车，乘务员的衣服和鞋子也被一直下着的大雨给淋湿了。

案例分析

本案例告诉我们几条民航服务的真理。

（1）乘务员不仅仅在空中为旅客营造轻松舒适的客舱氛围，当航班落地后服务链断开或者受机场硬件条件限制时，又或者是遇到恶劣的气候环境等其他客观因素时，还应该有大局观和利他意识，想方设法地解决旅客的实际需要。

（2）乘务员要站在旅客的角度上去思考他们需要什么，如何才能更好地帮助旅客，为旅客出点子、想办法，还要随时根据环境的变换，把自己的真情实意投入服务工作当中，用真诚的服务尽可能地化解危机。

第三章　民航服务关怀艺术案例分析

（3）服务不要仅仅局限在客舱小小的范围内，应尽可能地放大服务的概念，深化对服务的理解，对服务链上某个点的缺失进行有效的弥补，让旅客感受到整个民航企业的人文关怀、感受到民航文化的精髓、感受到乘务职业的非凡风貌，切实树立好窗口形象。

正是这种无微不至的关怀行为、博大的服务胸怀与服务精神，温暖着每位旅客的心，才使得我们的乘务工作在前辈们的有序传承中不断向前，推动民航事业快速发展。

三、案例：乘务员像妈妈

在米兰飞往北京的航班上，乘务员在夜航值班期间，发现一位小女孩（无成人陪伴儿童）流鼻血了，出血量还较大，乘务员立即对小女孩进行了擦洗、止血等应急处置措施。鼻血止住后，小女孩漂亮的连衣裙上留下了大片血迹，乘务员联想到，小女孩的奶奶在接孙女时看到满身的血迹会很担心，就想让小女孩换上一套干净衣服，可小女孩却说已经没有干净衣服了，早上在候机楼就流了一次鼻血，衣服都弄脏了。乘务员找到一件稍微干净一些的衣服，帮小女孩换下染有血渍的连衣裙，拿到洗手间进行清洗。然而，平常家中都有很容易处理掉血迹的洗涤用品，可飞机上只有洗手液可以利用，清洗起来很费力，烘干只能利用烤炉的热风。两名乘务员延展衣裙，打开烤炉门烘干。热风吹在脸上很是燥热，但为了孩子和接她的奶奶，乘务员丝毫不在意。

换上干净的连衣裙，小女孩非常高兴，又兴奋地对乘务员说她喜欢泡脚，泡脚可以睡得更好，乘务员马上拿来装满有温热水的塑料袋，半跪在地上帮她泡脚、揉脚，之后小女孩沉沉地睡了很久，睡得很香。等到客舱内二次供餐的时候，乘务员发现小女孩又开始流鼻血了，刚刚洗干净的连衣裙上又是大片血渍，乘务员开始重复前面的换衣、洗衣动作，当即给小女孩洗干净了裙子、烘干并穿在了她的身上，这位小旅客笑得无比灿烂。此时，坐在小女孩周围的旅客们纷纷对乘务员表示赞许，表扬其对小女孩付出的爱心和耐心。

下机时，乘务员又给小女孩梳好漂亮的两根辫子，装上一包纸巾，带上一瓶矿泉水，整理好随身的物品，还写了一封信给接她的奶奶，信中详细地说明了孩子流鼻血较严重而且频发的情况，建议家人带其去做进一步检查，并和接机的地面服务人员详细说明孩子的情况。就在乘务员把小女孩交给地面服务人员时，小女孩突然抱住了乘务员，小声地说："阿姨，你像我妈妈一样对我好，以后我想每次回中国都坐你们的飞机好吗？"

案例分析

在对本案例进行分析之前，我们先来了解一下，民航运输过程中的无成人陪伴儿童是指年龄满5周岁但不满12周岁、乘坐飞机时无成人（年满18周岁且有民事行为能力的人）陪伴同行的儿童。孩子乘机时应按照航空公司规定的时间提前购票，并填写《无成人陪伴儿童运输申请书》，提供相关文件和证件办理无成人陪伴儿童的乘机与交接服务手续。

本案例也让我们清楚地看到了乘务员对航班无成人陪伴小旅客的体贴服务情景。她给予小女孩妈妈般的照顾，不仅为其洗衣和换衣，还为其泡脚，而且不厌其烦。更加让我们印象深刻的是，乘务员还在下机时特意为小女孩的奶奶写了一封信，告知小女孩的身体情况。乘

民航客舱服务艺术案例分析

务工作虽然看起来有些烦琐，但乘务员没有因为日复一日、年复一年的细微服务而改变初心。乘务工作可以平淡无奇，但也可以于平凡中见精彩。旅客的眼睛是雪亮的，乘务员的真诚付出、对旅客体贴入微的照顾，旅客会看在眼里、记在心里、表扬于口中。

同时，乘务员对于无成人陪伴小旅客的关心与呵护，既可以让小旅客本人念念不忘，又会让身边的旅客今后更加放心地把需要独行的孩子托付给航空公司。而且，乘务员辛苦付出的同时，不仅能够获得旅客的一致赞扬，也会激励自己把今后的工作做得更好。

四、案例：失而复得的十周年纪念婚戒

在航班飞行中，坐在公务舱的一位女士焦急地找到乘务长，"这下完了，我老公刚给我买的结婚十周年的纪念婚戒不知道掉到哪儿了。"乘务长听后，让旅客先别着急，并询问道："您仔细想想有没有去过哪里。什么时候发现婚戒不见的？戒指的样式是什么样的？有没有摘掉过戒指？"女士急忙说："飞机下降前我去过一次洗手间，洗手时好像把戒指摘掉过。"乘务长马上叫来组员对女士用过的洗手间仔细查找，但并没有找到。此时，这位女士更加急切地说："这是老公刚刚给我买的钻戒，对我来说意义很大……"乘务长给旅客倒了一杯水，安慰她说："女士，您先别着急，也可能是落在了别的地方，我们马上帮您找。"说着便带领其他组员帮助旅客在座位附近寻找。听到这里，女士紧锁的眉头稍稍松开了一些，乘务长说："330飞机的公务舱座椅下经常有旅客落下的小件物品，我们帮您一起找。"

此时，乘务长一边调换好周边旅客的座位，一边耐心地在女士的座位处检查。座椅被放倒、调直、不断变换位置，以便乘务员能够查找座椅上下的每一处地方，不留任何死角。乘务员还拿来了手电筒仔细查找。功夫不负有心人，当掀开座椅垫的时候，乘务员终于透过座椅钢架结构上的小孔发现座椅下有一颗亮晶晶的钻戒。"看到了，看到了！"大家都激动不已。

女士终于松了一口气。乘务员跪在地上，俯下身，用力地向座椅底下摸索着。当钻戒被拿出来时，女士的眉头彻底松开了，当乘务员把钻戒交到女士手上时，大家发现她纤细的手臂上多了不少划痕。女士激动地说："谢谢！谢谢！感谢你们不怕麻烦帮我找回了这么重要的东西！"乘务长说："这是我们应该做的，祝您和先生结婚十周年愉快！"

> **案例分析**
>
> 根据案例的情节描述可以梳理清楚航班乘务组（包括乘务长及乘务员）为旅客寻找戒指的整个过程与寻找步骤，以及体贴安慰旅客的现场情景。
>
> （1）在客舱内寻找纪念婚戒的那位女士，当时的心情是很焦急的，因为戒指对她来说意义非同寻常，是老公在他们结婚十周年时送给她的，而且她是在寻找未果的情况下，才求助于乘务长的。对于旅客求助时的心情，乘务长心里是非常明白的，所以她先安慰旅客"别着急"，紧接着便开始向旅客了解戒指丢失的情况。
>
> （2）听旅客说去过洗手间，乘务长就和乘务员展开对洗手间的"仔细查找"。当旅客看到自己丢失的戒指并没有出现在洗手间，刚刚缓和一点的心情就又紧张起来。乘务长马上给旅客"倒了一杯水"，再次安慰她"别着急"，紧接着就"带领组员"在客舱内寻找戒指。

（3）为了进一步安慰旅客，乘务长还协调周围的旅客换座位，细致地变换座椅的位置，不放过"每一处"，耐心地为旅客寻找。乘务员跪在地上，为旅客取出戒指。旅客看见失而复得的纪念戒指，激动地说出了内心的"感谢"。

上述每一个节点都充满了乘务组对旅客真诚和体贴的举止，让我们在阅读案例的同时，心中升起对航班乘务长及所有组员的敬意。为了旅客的一枚纪念戒指，乘务组人员在乘务长的带领之下，可谓"兴师动众"，把旅客的真实需求当作神圣的工作职责，把旅客的满意当作对自己的激励与追求。其实，优质的服务有时候真的很简单，就是"急旅客之所急，想旅客之所想"，甚至一句话、一个动作和一个眼神就能够完成。然而，提供优质的服务有时候却真的很难，每天面对上百位旅客，既要高效无差错地完成航班任务，又要随时微笑着贴心服务，对每位乘务员来说都是一个很大的挑战。然而，只要让旅客感受到了我们的尊重和专业，体现出客舱服务的真正价值，一切就都是值得的。

五、案例：调换座位，传递关爱

宽体客机中间有四个座位，但 34 排中间只有两位客人，一位女孩坐 34D，一位中年男士坐 34H，而 35 排安排了四位旅客，其中包括一位先生和他满头白发的母亲坐在 35D 和 35E。

乘务员看到这些，很希望能帮助老人，让她在航班中舒适一些。

于是，乘务员微笑着对 34D 的女孩说："您好小姐，在您的身后，有一位先生和他的母亲，老人年纪比较大了。我们要飞行 10 个小时，担心老人身体吃不消，不知您是否愿意和他们换一下座位，这样，那位先生既可以照顾他母亲，又可以让老人旁边有空座位，稍微宽敞一点。"

女孩转头看见了老人和他的儿子，听见乘务员这样说，非常干脆地同意了。乘务员便对 35 排那位先生说："先生，这位小姐愿意与你们换一下座位。"母子俩非常感动，向乘务员连声称谢，乘务员微笑回答："您不必谢我，应该谢谢这位小姐。"

案例分析

在乘务工作中不仅要善于发现问题和解决好问题，还应该处处留心和关注客舱内的现场情况，注意有各种实际需求的旅客，为他们提供真诚和体贴的关爱服务。例如，案例中的乘务员，当她看到客舱座位上有老年旅客时，就自然而然地想到老人需要特别的照顾；同时，当乘务员关注到老人前排的座位比较空余一些，有利于老年旅客旅途休息，马上与前排座位上的女孩协商，帮助调换前后排的座位。乘务员的爱心和暖意服务，也得到了前排座位上一位女孩的同意与支持，达成了关怀服务的实施。

在航班的运行过程中，有很多需要乘务员特别关注和照顾的客人，乘务员只要多一些细心和用心，就可以为他们提供最需要的真诚服务，便可以真正地打动人心。乘务员发自内心的关爱与真诚，是乘务工作不可缺乏的动力源泉，也是致美服务经久不衰的关键所在。同时，乘务员得到旅客的帮助，要将这种温暖和善良传递出去，让施与受的双方都能感知彼此的友善，这样的客舱氛围会更加融洽。就像案例中的那位温柔和善良的女孩旅客一样，她释放出爱的暖意，皆大欢喜。

民航客舱服务艺术案例分析

六、案例：暖人的便条

据新华网2021年4月16日消息，有位女士在微博上发文，要对国航CA8647上的空姐朱旭表示感谢，原因是这名女士在乘坐飞机时，旁边的一位老大爷总是把胳膊支在她的腿上睡觉，甚至还把手放在她的腿上，她在感谢信中称："我多次推开他根本推不动，他看似瘦弱但是力气很大，他年龄大了我也不能与他争执冲撞，而与他语言交流他都好像听不懂普通话，他说方言我也听不懂，我闭上眼他还会把我拍醒和我说一些我听不懂的东西。"这样的情况给这位女士造成了很大的困扰。她又说："这位空姐在熄灯后这么暗的环境中竟然注意到我的不适，多次试图帮助我。第一次她大声询问老大爷是不是身体不舒服，原来他是能听懂普通话的，把胳膊从我腿上拿开，但还是挤着我。"空姐朱旭见状后，就写了张便条递给靠窗边的这位女士，上面写道："女士您好，中间的爷爷年纪大了，是否给您造成不便？需要调换座位吗？"

得到这位女士的点头同意后，朱旭就协助她从里面的座位出来，并安排她坐在机舱后面的空位上。发感谢信的女士在最后说："她告诉我疫情期间原则上不能换座位……真的非常非常感动！朱旭，感谢你今天对我的帮助，作为一名乘客，作为一名女性，我都非常感谢你！"网友对此纷纷点赞，表示空姐朱旭的做法既贴心又解决了问题，纸条上的文字太暖人了。新华网也对国航空姐朱旭给予称赞，并表示："一张便条，温暖了很多人……"

案例分析

从上述这个案例中，我们感受到了无声语言的超强魅力。一张小小的便条，成就了一段服务佳话，在温暖客心的同时，也温暖着广大网友的心。有时候，客舱中呈现给大家的服务艺术就是一种无声的默契，也正是这样一种细微之处的体贴与关怀服务，如同流水一般细涓无声，但却感人至深，带来非同寻常的服务效果。

实际上，本案例中乘务员的暖心做法，可以起到"一箭三雕"的服务效果。

一是从旅客的角度上看，这样做不会伤害老年旅客的自尊心；不会把现场情况扩大化，影响周围的旅客；妥善地帮助案例中的女士摆脱了航程中的烦恼。

二是从乘务员的角度上看，乘务员采用最直接简便的书写方式，有效地处理好机上旅客间的乘机矛盾，阻断事态可能出现的后续发展，不给自己找麻烦，不给工作找难题。

三是从具体做法看，乘务员把服务中观察到的现场情况，还有需要提供的帮助服务，用无声的字条代替有声的语言沟通，此时无声胜有声，直观明了地切入问题点，妥善处理矛盾，既能帮助旅客调换座位，也不会打扰其他的人。

国航乘务员朱旭给旅客的感动服务，就是运用民航服务艺术的杰作之一。她在博大精深的民航服务内涵中，全方位地施展好服务技能，延续与彰显民航服务的艺术风范。就像新华网评论的那样："一张便条，温暖了很多人"，乘务员的用心，会给旅客带来永久的感动。

在这里，我们把宋代诗人杨万里的一首诗《小池》送给朱旭和所有的乘务工作者：

小池

（宋·杨万里）

泉眼无声惜细流，树阴照水爱晴柔。

小荷才露尖尖角，早有蜻蜓立上头。

真心地祝愿所有的乘务工作者，细腻如水，柔情似荷，温暖予人，始终保持一颗关爱与体贴之心，用真诚演绎出乘务职业绚丽的风景线，让客舱充满和谐美好之韵。

第三节 注重细节服务，更让旅客感动

常言道"细节决定成败"，航班上的对客服务更需要我们关注服务细节，为旅客提供细腻的、精细化的周到服务，打动旅客的心，赢得旅客的赞誉。我们通过对本节中的几个案例的展示和分析，让大家能够从中体会细节服务的重要性，早日建立起细节服务的意识。

一、案例：甜入心底的巧克力

有一架北京到深圳的航班，在迎客时，乘务员紫萱（化名）看到一位中年旅客脸色苍白、面容痛苦，当即迎了上去，关切地询问道："先生，您是生病了吗？身体哪儿不舒服？"旅客坦言："我有低血糖病史，一整天没有吃东西了，感觉很不好受。"乘务员立即引导这位旅客入座，并协助他安放好行李，然后回厨房倒好一杯温糖水，还拿了一份水果送到旅客面前，旅客喝了一杯糖水，又吃了几块水果，感觉好多了，对乘务员连声道谢。刚刚平飞，紫萱又及时送来餐点和一杯温水并关心地询问："先生，您感觉好些了吗？"旅客回答："谢谢你，我现在感觉很好。"服务程序完成后，紫萱再次来到这位旅客的身边与他交谈，一番交流后得知他还要继续转机，担心旅客的身体会再次出现登机时的情况，紫萱就把自己背包里带的一块巧克力塞到旅客手里，还不忘叮嘱他："旅途劳顿，您千万要注意身体。"

在关怀体贴的乘务员紫萱面前，这位有低血糖病史的中年旅客，竟一时激动得说不出话来，只是默默地点头。下机时，旅客两次转过身来，向紫萱挥手告别。未过几日，旅客就给航空公司寄来了一封感谢信。信中写道，他工作忙碌，经常乘坐飞机，这次乘务员耐心细致的服务，让他第一次在航班上有了家的感觉，并称赞乘务员的敬业精神。

案例分析

当案例中的乘务员紫萱发现身体不适的旅客时，她及时地给予关怀、协助，针对旅客"低血糖"的身体情况提供"糖水"和"水果"，把乘务工作做到旅客的心坎上，体现乘务员的"热心"；平飞后及时提供餐点，雪中送炭，体现乘务员的"走心"；服务中及时跟进旅客反馈，体现乘务员的"关心"；得知旅客还要转机，又送上自己带的巧克力，让旅客为之深深"动心"。

对旅客给予家人般的关心，就体现在航班服务中的每一个细节处，用好我们的一双慧眼、一张好嘴、一双巧手、两条勤腿、一个善于思考的头脑，还有一股不轻言放弃的坚韧毅力，以及可以利用的机上物品，把对客服务做好、做优，做到让旅客满意。就像本案例中的乘务员紫萱那样，她发现旅客有异常的情况，立即了解与沟通，然后做好个性化的细节服务，使得服务有根本，言语有温度，行动有落脚点，把握好对客服务的细节关怀，让旅客为之感动。

乘务工作的细节之美，就是要落实在对客服务时的细心、热心、走心和暖心的方方面面，把服务化作家人般的殷切关怀和细腻叮嘱；这不是服务中的客套话，也不是服务中的规定执行，更不是硬性的服务操作；这不是乘务员一定要有的付出，也不是命令，而是宁愿让自己受苦受累，也要让旅客安心和放心的服务行为，真正地诠释好服务中的关怀艺术。

二、案例：细节之美，打动人心

在北京飞往上海的窄体客机上，国航会员非常多。开始迎客时，乘务员发现持终身白金卡的张先生有点儿不高兴，表情严肃，没有一点儿悦容，就把这一情况反映给了区域乘务长。在飞机起飞后，区域乘务长在客舱服务中特别留意张先生的举动，发现张先生一直在忙着写东西，就特意关注他，不仅把张先生用餐后的餐盘及时收取，而且还记录下了张先生喜欢喝花茶的习惯，及时将该情况反馈给了带班乘务长。

由于张先生的座位离头等舱很近，带班乘务长就安排头等舱的乘务员予以关注，但不要主动打扰忙碌中的张先生。落地前40分钟，张先生结束了一直在忙着的工作，带班乘务长及时送去温度适口的花茶，并用简短的问候语与他沟通。张先生表示，本来旅客很多，座椅间距较小，加之繁重的工作，都使他心情不太好，但是整个乘务组的细心和关注，即使他在忙碌之中都深深地感受到了，乘务组的服务真是太贴心和温暖了。

案例分析

实际上，这是一则接力式的服务场景，通过对本案例情节的阅读与了解，我们可知，机上服务体现了层层推进的细节之美，具体表现在如下几个方面。

一是乘务员细心地体察旅客，关注到客舱内旅客的表情，马上反映给区域乘务长，也为后续做好细节服务提供了必要的前提和基础。

二是当区域乘务长从乘务员那里得知这一情况后，并没有刻意地打乱张先生的思绪，而是继续用心关注，做好及时服务，并记录下张先生的饮水习惯，把现场情况反映给上层。

三是带班乘务长更加用心和细致，不仅自己关注，而且安排头等舱的乘务员细心关注。此外，根据区域乘务长记录下的张先生爱"喝花茶"的习惯，在落地前，乘务员把一杯"温度适口的花茶"送到张先生面前，还不忘给予恰当的问候。

四是我们从本案例中了解到，张先生因为工作及乘机环境的叠加原因，导致自己的情绪有些低落，但最终还是在乘务员、区域乘务长、带班乘务长接力式的升级服务中深受感动，并称赞乘务工作的细致和体贴。

在航班中注重观察、及时发现旅客需求是优质服务的切入点；乘务组员间的无缝沟通与默契配合是优质服务的根基；乘务长对客舱服务的重视、对旅客感受的关注、明确分工、落实管控是优质服务最终得以实施的关键。优秀的服务不仅在于高质量地完成程序化的服务，更在于及时关注旅客的个性化需求，用心服务，于细微处见精神。

三、案例：又爱又恨的毛毯

旅客陈先生购买了从广州白云国际机场到海口美兰国际机场的航班。陈先生称，航班时间较早，自己上机后就有些发困，还感觉到客舱内有些冷，就想让乘务员拿条毛毯过来，可是按铃许久，也未见有人过来。当时，飞机上没有播报说飞机在颠簸中，也没有让旅客不要走动，陈先生因看不到乘务员送毛毯过来，便往客舱前方走，想找人要毛毯，这时还有一位男士在其前面想用洗手间，乘务员以为陈先生也是要用洗手间，便大声地告知他：

"洗手间不能用！"陈先生说自己是想要毛毯不是想用洗手间后，乘务员又马上大声地让他先回去。

后来，陈先生回到座位上按铃，乘务员走过来送毛毯，但一句话没有说就把手里抱着的毛毯扔到了陈先生身上。此外，航班上乘务员在广播时讲话也不流畅，让人觉得整个飞机上的乘务员好像都是新来的，陈先生不满航班服务进行投诉。乘务员没有关注到客舱内旅客的情况，也没有倾听旅客的服务需求，在旅客不满时也没有及时发现与补救，造成旅客不好的乘机体验，对待旅客的服务态度存在明显的不妥，所以投诉有效。

案例分析

基于毛毯引发的投诉问题，我们在航班服务中会经常遇到，尤其是夏天毛毯用量比较大的时候，常常会因为毛毯的分配与使用问题，导致旅客有意见。关于毛毯的投诉，起因有多种。

首先说说毛毯不干净的问题。毛毯除在一些特殊航线或者国际转国内航班上外，大多是一天一洗的，因为航空公司要控制成本，所以前段航班旅客使用不当，就会弄脏毛毯，导致往后航段的旅客投诉。不过一般定义这类投诉有效与否，主要看旅客是否较真。航空公司最多的做法就是要求乘务员在提供毛毯给旅客之前一定要先检查一下，这也是服务细节的一个方面。

其次是旅客没有得到毛毯的问题。比如本案例中的旅客，他感觉客舱内温度有些低，希望乘务员给送一条毛毯。如果机上有多余的毛毯，可以提供给有需要的旅客，假如机上毛毯已经发完了，就无法提供，就可能会有旅客较真儿，甚至投诉。

最后，还有因为索要毛毯的过程投诉。本案例中旅客需要毛毯，按呼唤铃，乘务员也没有回应。无奈的他到前舱找乘务员要一条毛毯，但是当时飞机有些颠簸，旅客在不知情的情况下，受到乘务员的指责。旅客回到座位上继续按铃，乘务员走过来把毛毯扔到旅客身上。这分明就不是因为要不到毛毯而投诉了，而是由于乘务员的服务态度以及没有关注服务的细节。

我们从这个案例中了解到，广州至海口的航班，时间比较早，加之飞行时间短，旅客随身携带的行李多，乘务员的工作量很大，很容易让乘务员产生一种心理上的负面影响。因此，这相应地要求乘务长对航班乘务组有一个服务态度上的管控，尤其要注意乘务员的情绪化，还要懂得去分辨和引导乘务员的情绪，让其服务态度朝着积极化的方向发展。

另外，对于旅客来说，他们往往会忽略航班上的温差情况，大多都不会自备衣物，可能认为机上会提供保暖物品，也很可能会觉得花了钱就应该享受机上服务，而航空公司为了节约成本，是不太可能给每一位旅客提供毛毯服务的。因此在这里我们建议：机上最好配备足量的毛毯，而且最好留上一两条备用的毛毯。一旦旅客出现因为没有毛毯而投诉的倾向时，就可以化解危机，不再有本案例中的情况出现。

四、案例：丢失细节，招来投诉

在一架飞往齐齐哈尔的航班上，由于头等舱客满，乘务长只好将一位 VIP 的女性旅客安排到后舱位置，这位女士还带有一名未满周岁的孩子，乘务长吩咐一名区域乘务员照顾好这位带小孩的 VIP 旅客。在接下来的航程中，当后舱座位上的 VIP 旅客向另一名不知情的乘务员

民航客舱服务艺术案例分析

询问"机上有正餐供应吗？"时，乘务员回答道："这位女士，本次航班只提供水和点心。"于是就送来了一杯水和两包小点心，VIP旅客并没有说什么。

可是，在后来的行程中，当这位VIP旅客看到这名乘务员给另外一名旅客送来了米饭时，就有些不太高兴，有气没地方出，就使劲地拍打了孩子两下，哪知孩子当时就大哭了起来。当乘务员走过来时，这位VIP旅客马上气愤地说道："别哭了！别人能吃米饭，为什么我们VIP就不能吃？"这名乘务员立即解释说："对不起女士，我马上送一份机组餐给您和孩子吃。"原来乘务员给另外一名旅客送来的米饭是上一段航程多出来的，并非有意不给VIP旅客提供。然而，无论乘务员如何向她解释，这名VIP旅客还是在机上对她进行了投诉。

事后就这起VIP旅客机上投诉事件，乘务长专门召开了一次乘务小组会议，自己也在会上进行了事件分析，检讨服务中的脱节和失误问题，完善和改进了服务细节，做好衔接工作。

案例分析

这个案例中出现的投诉结果，很大程度上是由于区域乘务员在服务中粗枝大叶、不够细致造成的，她没有关注到机上的VIP旅客，忽略了航空公司对此类客户的服务管理规定。乘务长交代给这名乘务员的对VIP旅客的服务职责，在后来的服务过程中被其完全丢弃。她的粗心大意直接导致后面的一位乘务员的服务出现失误，再想弥补也来不及了。

乘务工作过程中的衔接问题、对客服务中的细节、语言表达的方式等，都是所有乘务员在服务中必然要关注到的，往往会因为一个环节的脱失，造成旅客对整体服务的否定。有些服务的失误是可以弥补的，但也有无法弥补的事态出现，就像本案例中对VIP旅客的服务失误那样，只能将其当作一次服务中的教训，以此激励自己力求完善以后的服务工作。

五、案例：一碗中式云吞面

客舱内，乘务员蹲下身来，微笑着轻声地向旅客询问："王先生您好，今天我们的飞行时间是10个小时，全程为您提供两顿正餐，请问您需要我现在为您订餐吗？"

旅客满脸倦意地回应："我出差好几天了，倒时差，开会，累得不想说话，想休息一会，你看着办吧。"

乘务员接着说："王先生，您出差在外，西餐一定吃不惯吧？那我给您推荐中式云吞面，您看行吗？"

这时，旅客看了看乘务员说："我本来觉得挺累的，你的服务让我顿时轻松了很多。好，你说什么好，我就吃什么，谢谢。"

案例分析

在上述事例中，乘务员的工作充分体现了"以旅客需求为中心"的服务理念，提供了及时到位的带有细节的个性服务。俗语说，出门看天气，进门看脸色。乘务员要想使自己的服务满足旅客所需，让旅客愉快地接受，就不能丢失服务应有的细节。一是要贴近旅客需要，二是要符合航班现有情况，三是要尽可能地把服务做细，四是要争取做到尽善尽美。

让旅客满意是乘务工作的终极目标，也是指导我们做好每一项工作的基本点。航班中乘务员要用细节服务打动旅客，用真挚的情感与责任心去赢得旅客的信任，处处为旅客着想，用心服务，使旅客在航程中感到愉悦。

六、案例：微笑是待客之本

在一架飞往南方的航班上，出现了下面的一幕。

旅客突然说："乘务员，这饭是凉的，能换个热的吗？"

乘务员面无表情地回应："凉的？对不起，我给您换一份。"

几分钟后，乘务员又端来一份热气腾腾的主食放在旅客的桌子上："给您换了份新的，实在抱歉。"

刚转过身去，乘务员就又听到旅客对她说："这饭是凉的。"

听到这样的话，乘务员感到很是惊讶，顺手摸了摸饭盒："这是刚烤出来的。"

旅客笑着说："看着你，觉得什么都是凉的。"

这时，乘务员才意识到自己一直没有笑容，赶忙微笑着对旅客说："我尽力，不对的地方您多多批评我，您先用餐吧。"

旅客轻轻地对乘务员点了点头。

案例分析

就细节服务而言，乘务员不仅要为旅客提供方方面面的有形服务，而且自身还要关注服务形象的细节，讲求服务形象带给旅客的美感享受，这其中就包括言行举止和面部表情。案例中的乘务员恰恰忽略了微笑的细节元素，造成了服务的不完整，留下了不好的印象，让旅客无法接受。

微笑是通用的交流语言，更易让人感觉亲近，所谓"伸手不打笑脸之人"说的就是这个道理。案例中，乘务员一副冰冷的面孔，虽然服务态度端正，但旅客仍感到不悦，可见微笑服务是多么重要。虽然微笑是一种体态语言，但能起到无声胜有声的作用，甚至有时比说话更能完成对客友好的目的表达。面对乘务员自然而然的一张张笑脸，旅客会感到一种人格上的尊重及发自内心的欢迎，而这在无形中就缩短了彼此间的距离。我们怎样对待别人，别人就会怎样对待我们，尤其是在乘务工作中，旅客的满意是我们最大的荣幸。因此，乘务员要经常问一问自己：今天对客人微笑了吗？

案例链接之五

细节服务

一、关注服务细节

① 鞠躬致意：在迎、送旅客登机或下机、表达致意或道歉时，要使用弯腰鞠躬礼。身体弯腰的角度标准是：迎客15°、致谢30°、道歉45°；

② 后退转身：向旅客点头示意，后退两步，转身离开；

③ 沟通姿态：两舱服务沟通超过三分钟使用蹲姿，普通沟通使用基本站姿，沟通时眼神

亲切，平视旅客，使用弯腰姿态；

④ 沟通方式：自然微笑，语量、语速适中，语气柔和，保持与旅客的目光接触，眼神中流露出亲切和温暖；

⑤ 广播方式：机上广播要使用暖心暖语，声音清晰，广播的内容要点明白，在夜间航班上、午间或餐后旅客休息时，广播的声音要调小，使用轻柔的广播语言；

⑥ 灯光调节：旅客休息时或夜间，要帮助调节灯光；

⑦ 托盘使用：空托盘要放在体侧，保持手中的托盘始终位于过道处，如果托盘上有物品，要注意高低摆放整齐，易倒、易洒的物品放在托盘的中间部位，行走时注意过道两侧人员；

⑧ 巡舱检查：进行安全带系扣提醒，行李安全放置提醒，座椅调节提醒，小孩、老人关爱、问候服务，其他特殊旅客的暖语问候服务等。

二、关注重点事项

① 航班上有旅客预定的特殊餐食（宗教餐、营养餐、儿童餐）；
② 机上餐食无选择；
③ 本次航班上有旅客预定轮椅、婴儿摇篮；
④ 航程中出现的医疗事件；
⑤ 有旅客临时终止乘机行程；
⑥ 旅客在航班飞行中提出投诉。

三、关注重点旅客

① VIP 旅客；
② 超级精英及会员旅客；
③ 无成人陪伴儿童、老人；
④ 婴儿；
⑤ 情绪不好的旅客；
⑥ 身体不适的旅客；
⑦ 有过投诉史的旅客。

第四节 特殊旅客服务，彰显大爱精神

民航运输服务是一种彰显大爱的服务，应对机上的特殊旅客给予亲人般的关怀和照顾。在这一节中，我们通过对下述相关案例的阅读、分析和理解，从中体会乘务员对特殊旅客的关怀与周到服务以及其所展现出来的职责担当。

如何做好特殊旅客的服务

一、案例：母子三人的跨洋飞行

一位年轻的妈妈满头大汗，肩上挎着出门必备的"妈咪包"，单手抱着九个月大的小儿子，另一只手拖着行李箱，喘着粗气不时招呼前面四岁左右的大儿子。空姐上前一步，说道："女士，我来帮您安放行李吧，请您告诉我您的座椅号码，我带你们过去。"年轻的妈妈递过行李箱和"妈咪包"，如释重负，笑着回答道："谢谢你，我坐在 43E，特意挑了有婴儿摇

篮的座位。"

此时，空姐早已注意到，这位妈妈怀里的宝宝壮得像只小牛犊，估计已经超过了婴儿摇篮的限重。43排座椅扶手是不能抬起来的。空姐决定想办法帮助母子三人在11个小时的航程中睡个好觉。"女士，小宝宝真可爱，胖嘟嘟的小脚丫还蛮有劲儿的。他现在有多重了呀？"空姐询问道。"他都有大概24斤重了，我一个人抱着他真的是蛮吃力的。"年轻的妈妈回答。

"宝宝长得好结实，您一个人带着两个孩子坐飞机不容易，有任何需要，我和我的同事都会随时帮助您。嗯，现在有一个问题，机上婴儿摇篮只能承受18磅以内的婴儿，您的宝宝已经超过限重了，为了宝宝的安全，他不能够睡在摇篮里了，您坐的这一排座椅扶手也是不能抬起来的……"听完空姐的话，年轻的妈妈面露难色，十分失望。

"不过没有关系，如果您愿意，我试着给您找一排空闲的座椅，休息时宝宝可以躺在两个座椅上，您也不会太辛苦。您看行吗？"听到这里，年轻的妈妈转忧为喜。

待登机的旅客上齐，空姐调换了整排座椅给母子三人。安顿好他们，空姐拍拍四岁小哥哥的肩膀，说："小伙子，你可要照顾好弟弟和妈妈哟，你肯定行的，是不是啊？"小朋友骄傲地点了点头，年轻妈妈抬头看着空姐，满眼尽是感激。

> 案例分析

在现在的客机上，年轻的妈妈带着孩子乘机的现象十分普遍，但是一个妈妈带着两个孩子长途飞行的情况并不多见。本案例是一个极具代表性的带孩子乘机的事例，我们可以从中学习到在这种情况下的服务形态，以便日后做好相关的服务工作。

（1）对年轻的妈妈来说，带小孩出门是一项费神劳心的工程，尤其是在长线航行中，更何况是带着两个孩子出行，其中一个还是不满周岁的婴儿。看管和照顾好孩子不是一件轻松的事，不仅需要妈妈付出极大的耐心，而且要关注两个孩子是否安稳相处、不打闹、不出现意外。对于这一点，乘务员要给予更多的理解、更体贴的关爱。

（2）对于乘务员来说，如何帮助年轻的妈妈照顾和安抚好旅途中的孩子，不仅需要服务技能上的灵活变通、细心关照和周全思考，还需要心理上的沉着应对，不能有急躁情绪。此外，乘务员应对其提供比对一般旅客更多的服务，想办法为母子营造一种轻松愉快的乘机氛围。

（3）根据客机上提供的服务用品，以及现场的实际情况，乘务员应主动热情地迎接乘机的母子、妥当安置、帮助放置随身行李、协调好周边座位及旅客关系、时时关注大人和孩子的反应、细致地照顾好航程中的饮食、安慰好母子的情绪、防止意外事件的发生。

长途飞行不仅是对小朋友的考验，更是对父母的挑战，为他们提供服务，需要更多的细心和热情，案例中的乘务员真诚地帮助跨洋飞行母子三人就是如此。在对客服务中，乘务员要做好对旅客情况的关注，及时给予帮助，安排行李，提供婴儿安全带，安放婴儿摇篮，还要注意语言技巧等服务要点，不仅要伸手去做，更要用心去体察。要做到严格遵守安全规定，遵循机上设备的使用规范，这是保障旅客安全和舒适的基础；还要调动机上可支配的资源，尽可能为有需要的旅客提供方便，这是打开"感激"服务大门的良性开端。

另外，现在人们口中的"熊孩子"比较多，有些家长的教育方式也存在一些问题。假如在飞机上遇到哭闹不停的小旅客，乘务员在处理不可控的服务对象时，建议秉承如下原则。

（1）利用游戏互动和小零食，给哭闹的小旅客制造一些小惊喜。尽量提供机上物品，避

民航客舱服务艺术案例分析

免提供自己带上机的食物给小旅客,同时还要考虑小旅客对食物的过敏问题。

(2)提出补救措施,做服务工作。例如,给周边的旅客发放耳塞,帮助受影响较大的旅客调整座位等,同时对旅客做好解释和安抚工作。

二、案例:耄耋老人的空中之旅

肖先生和太太已年过八旬了,老两口准备去韩国旅行,由于老太太腿脚不太利索,所以在登机的时候,刚走到客舱第二排,在他们身后就已经堵上了七八名旅客,老人有些过意不去。乘务员微笑着迎面走来:"叔叔阿姨,请出示一下你们的登机牌,我领你们过去,你们别着急。"乘务员说罢,便对着老人身后的旅客,微笑着点了一下头,示意前面有老人,让他们耐心一些。本来有些着急的旅客,收起了一脸的不耐烦,很耐心地跟在老人的身后往前走。

老人落座后,乘务员安放好行李,拿来毛毯搭在老人的腿上,伸手调小了通风口的出风量。"卫生间在客舱的后部,航行中你们需要用卫生间的时候,要注意安全,特别是有颠簸的时候,你们就稍微等一下,不要着急。安全带需要我帮你们现在系上吗?"老人回答说:"不用了,我们自己来吧,谢谢你啊,姑娘。"

"不用谢,这都是我们应该做的。阿姨,不如落地前,我帮您申请一个轮椅,坐着轮椅您不会太累。另外,我们会有地面工作人员带着你们去办理韩国入境手续。"听乘务员这么说,老人很惊喜,欣然接受。"那好,那就请您在落地时在座位上多等一会儿,最后再下飞机,轮椅到了我们会来叫您。"此时,乘务员看着两位开心的老人,自己的心中也充满喜悦。

案例分析

首先,要做到尊老爱幼。此案例中的乘务员为我们树立了一个很好的"尊老"榜样,值得大家学习。当这位乘务员在客舱中发现,年过八旬的肖先生和太太身后有旅客等候的情况时,并没有出现任何不耐烦的言行举止,而是转换思路想办法,用良好周到的服务帮助他们解决问题,对过道上等待的旅客进行妥善疏通,既不伤害两位老年旅客的自尊心,又有效地调节好了现场的登机秩序。

其次,要做好对老年旅客的贴心服务。机上的那位乘务员不仅帮助老年旅客找座位,安放行李,送来毛毯并给老年旅客搭上,而且为其介绍机上卫生间的位置,提醒安全带的使用等。

最后,要给老年旅客提供延伸帮助。乘务员帮腿脚不利索的肖先生的太太申请轮椅服务,协调地面工作人员帮助两位老年旅客办理入境手续。

由此可知,针对老年旅客的服务,需要我们更加用心地给予尊重、关心和帮助。在迎客阶段,乘务员要及时做好过道疏通,同时也要关注老年旅客的内心感受。特别是对于行动不便的老年旅客,应该多给予他们一些关怀和耐心,不可急切地催促他们,而是应当用积极的行动来获得其他旅客的配合,往往就是用一个微笑、一个眼神,便可以传递一份关爱的阳光。

而就老年旅客腿脚不便这一问题,乘务员可以提供不同的服务,如案例中的引导入座、安放行李、调小出风量、给予安全提示、提供保暖服务、防范颠簸、提供轮椅、协助通关等。

另外在航班上,对一些老年旅客的服务,我们还要关注如下几点:

(1)要耐心。当发现旅客点选餐食或需要饮品的时候,乘务员可能听得不清楚时,就要耐心地多问几遍，避免大声询问而引起年长旅客和旁边旅客的不满。

（2）要细心。有的老年旅客腿脚不方便，耳朵也不太好使。在没有同行人员的情况下，乘务长先看到后，就要安排另外一名乘务员带领老年旅客上机，细心地引导其到座位上。

（3）要用心。对于老年旅客的服务，乘务员还需要用心，比如细致地讲解机上设备和服务组件。如果发现老年旅客只是"嗯嗯"地回应，就要想到老年旅客的耳朵可能不太好使，可以告知邻座的旅客，假如老年旅客有需求时，请帮忙按呼唤铃通知乘务员。

（4）要暖心。在飞行全程中，行动不便的老年旅客要去洗手间，要关心地给予帮忙搀扶；在老年旅客用餐时，帮其把刀叉包拿出来，把锡纸盖打开；给病残老年旅客喂饭；下机的时候，帮老年旅客拿行李，送老年旅客上摆渡车等。

现在的大多数乘务员都比较年轻，性格偏向冲动，恐怕也不了解老年旅客的真实想法，往往在面对老年旅客时显得有些不耐烦。例如，有的老年旅客第一次坐飞机，不知道客舱内的服务情况，怕餐食要收费，怕给别人添麻烦，所以对乘务员的服务问询，不知如何回应。因此，乘务员在服务中应该友善地对旅客，特别是对老年旅客给予格外的关怀和照顾。

三、案例：乘机出行的"准妈妈"

在航班旅客登机时，乘务员注意到孙女士是一位孕妇，行动小心翼翼。孙女士坐在客舱前部，而她的先生却被安排在了客舱的后部，此时的孙女士显得有些紧张不安。

乘务员发现这一情况后，马上关心地询问道："女士，您好，您怀孕几周了呀？"

"我已经怀孕27周了，我感到特别紧张。"孙女士对乘务员说。

"不用紧张，有很多准妈妈都坐过我们的飞机。您放松了，肚子里的宝宝才会感觉到很安心哦。稍后，等您旁边的客人登机了，我会协助您征求一下旁边座位旅客的意见，看是否能将您先生换至您旁边。"乘务员细心地对孙女士说。

孙女士回应道："如果能换那就太好了，我先生在我身边，我就会踏实很多。"

"我会尽力帮助您的，放心吧。我为您拿来两个靠枕，一个您可以靠在背后，另一个垫在您的身体和安全带之间。这是加长安全带，我帮您安装在原有的安全带上。卫生间就在客舱中间的位置，前面的清洁袋我也为您打开了，您就不用弯腰去够了。"

乘务员的关心和体贴，让有身孕的孙女士感到了些许安慰。等到旅客们上齐后，在乘务员的帮助下，孙女士的先生更换到了前排的座位，怀孕的孙女士一直紧张的情绪开始放松下来，她流露出轻松和愉悦的表情。

> **案例分析**
>
> 由于各种原因，很多孕妇不得不开启一段空中旅行，就像本案例中的这位孙女士一样。此类情况下的孕妇旅客，尽管其当前的身体条件是允许乘机的，也是比较安全的，但是"准妈妈"的心中还会有一些顾虑，各种担心凝聚在心头，不能立即消除。在这个时候，就需要乘务员给予她们更多关怀和细致的帮助。
>
> 一是用话语安慰。通过亲和的沟通，询问和了解孕妇目前的怀孕情况，帮助她们减轻或

消除心中的不安情绪和过多的顾虑。

二是做好相应的孕妇乘机服务。例如，本案例中的乘务员给怀孕的孙女士送枕头、加长安全带、打开清洁袋的帮助等。

三是帮助协调。如果有家人坐在孕妇身边的话，应当给予家人安全提醒并告知其他注意事项；假如家人不坐在孕妇身边，应帮助家人调换座位，尽可能地让家人坐在孕妇的身边，这样能够方便旅途中的及时照顾，消除孕妇的紧张情绪。

另外，乘务员要关注客舱内孕妇的乘机现状，给予她们适当的暖言安慰和细节服务。孕妇乘机时通常都会带有一些紧张心理，所以在为她们提供服务时，不仅要介绍加长安全带的使用方法，还要提供柔软靠垫，让她们更加舒适地乘坐，以此缓解她们在旅程中的紧张情绪，消除她们的心理负担。

案例链接之六

孕妇乘机注意事项

一、孕妇乘机服务注意事项

（1）语言关怀。主动与机上孕妇打招呼，比如"女士您好，看起来您的气色很好。""怀孕几周了？""您不用太紧张，以前也有准妈妈乘坐过我们的航班。"等；或者孕妇有家人陪伴时，也可以通过与其家人进行言语交流，达到安慰孕妇旅客的目的。

（2）行动关怀。如果发现孕妇的家人与孕妇没有坐在一起时，就要想办法把家人调到孕妇的身边来，以便在行程中更好地关心孕妇。

（3）舒适关怀。给孕妇送毛毯，以防空调温度引起其不适；送靠枕，让孕妇旅客感到舒适一些；使用加长安全带，帮助其安装在原有的安全带上。

（4）特别告知。告诉孕妇旅客客舱内洗手间的位置，并不忘安慰说："如果有什么需要，请您随时按呼唤铃，我会马上赶过来。"

（5）消除情绪。孕妇旅客在乘机时，多少都会有一些紧张的情绪，所以在为她们提供机上服务时，比对其他旅客要多一些细致关怀，以缓解其紧张的情绪，减轻心理负荷。

二、关于孕妇乘机的几点要求

（1）孕妇乘机要求。

① 怀孕不足32周的孕妇乘机，按一般旅客运输（除医生诊断不适宜乘机者外）。

② 怀孕超过32周但不满35周的孕妇乘机，应办理乘机医疗许可证，填写免责书。

（2）以下情况，一般不予乘运。

① 有流产、早产先兆者。

② 预产期在4周（含）以内者。

③ 产后不足7天者。

（3）孕妇乘机注意问题。

① 应避免提拿重物。

② 在怀孕早期，如果过量飞行应注意高空缺氧问题，建议旅客出行前咨询医生。
③ 为了腹中婴儿的健康发育，建议孕妇避免长途行程。

四、案例：老人的"女儿"，孩子的"妈妈"

在温哥华飞往北京的航班上，一对年龄比较大的老夫妇带着自己两岁多的小孙女乘机。考虑到两位老人的体力情况，乘务员小陈非常热情，主动帮助两位老人照顾孩子，不仅多次为孩子洗奶瓶、冲奶、温热辅食，还帮助孩子换尿布。由于两岁多的孩子还太小，常常会把客舱的地板弄脏，小陈每次看到都立即打扫，看出两位老人有些不好意思，还微笑着宽慰他们说："没关系，小孩子不都是这样吗？一会儿脏了我再来打扫。"

乘务员小陈亲和的语言、温暖的微笑，让两位老年旅客感到非常暖心。小孙女爱动爱闹，不停地按呼叫铃，两位老人都对此觉得很不好意思，告诉小陈："如果是我们头顶的呼叫铃亮了，你就不用过来啦。"小陈给他们讲解了解除呼叫铃的方法，并亲切地说："您二老自己带孩子出远门很不容易，有事儿随时叫我啊！"

对于在旅途中乘务员小陈给予的各种体贴照顾和服务帮助，两位老年旅客在后来的感谢信中写道："从温哥华回北京，带着小孙女的我们本来会十分辛苦，但本次航班的空姐小陈为我们提供了太多的帮助，给予我们女儿般的关心，也给了小孙女妈妈般的照顾，带给我们太多的温暖和感动，让我们的整个航程倍感轻松……"

案例分析

对特殊旅客提供服务，特别是当机上有"老带小"的情况时，是考验乘务员的服务能力和关怀之心的时候，因为老人本身年龄就大了，受到体力和心力的限制，带一个好动又闲不住的幼小孩子，必定会有诸多不方便之处。正是考虑到这样的不方便之处，在航空公司的服务程序中，就产生了"特殊旅客服务"这一概念，目的就是为了能照顾好机上的归属于"特殊"类别的旅客们，体现出民航运输业对于出行旅客的人文关怀，提倡人类应有的帮扶精神，诠释好民航人的爱心承诺。

关注特殊旅客和弱势群体、为他们提供必要的服务帮助，是我们必须做且必然要做好的乘务工作之一。对于接受服务的旅客来说，没有最好的服务，只有更好的服务。在此案例中，"远程航线+老人+幼儿"的服务场景，是一个十分需要有人帮助的组合场景，乘务员既要关注老人，又要关注孩子，还要关注老人和孩子间出现的各种情景以及安全问题等，耐心地提供服务。就像案例中乘务员小陈那样，她不厌其烦地照顾孩子，为孩子洗奶瓶、冲奶、温热辅食，还帮助孩子换尿布，打扫客舱地板；也就像案例中老人在信中所说的那样，小陈犹如老人的"女儿"和孩子的"妈妈"一般。

五、案例：独自出行的小朋友

机上广播发出通知：因航空管制，该航班大约需要在地面等待40分钟后才能起飞。坐在12J的是一位无成人陪伴的小旅客。在听到客舱延误广播后，五岁的这位小旅客笑笑显然不太懂"航空管制"是什么意思，紧张地看着周围不断抱怨的叔叔阿姨。正在这个时候，乘务长

民航客舱服务艺术案例分析

蹲下来亲切地对笑笑说："笑笑，我们的飞机现在还不能起飞，需要等管制员叔叔阿姨的许可才能起飞，咱们给爸爸妈妈打电话报平安好不好？""嗯，好的。"笑笑很乖地点点头。

拨通了笑笑爸爸的电话，乘务长说："陈先生，您好！我是飞往首尔航班的乘务长陈芳，很抱歉，由于北京机场航空管制，我们需要等待40分钟左右。笑笑在飞机上很乖，也很能干，我们有丰富的照顾无成人陪伴儿童的经验，您不必太过担心，有需要我们会联络您的。好了，让笑笑和您说说话吧。"

听到爸爸的声音，笑笑就不再那么紧张了。一会儿，乘务长阿姨甜美的声音又响起在笑笑的耳畔："笑笑，想喝点什么饮料吗？阿姨这里有苹果汁、橙汁，你喜欢喝什么呀？""我想喝苹果汁。""阿姨现在就去拿拼图给你玩，好不好？""好的，谢谢阿姨！"独自乘机的五岁小朋友笑笑安静地玩起拼图，很快就忘记了刚上飞机时的紧张和害怕。

案例分析

案例中的五岁儿童笑笑，自己一个人乘坐飞机，此时在工作中的爸爸、妈妈，无暇陪伴孩子一起出行。我们在航班上会经常遇到这样的小旅客，要安抚小旅客在乘机时可能会出现的不正常情绪，保持其心情舒畅，乘务员对他们的照顾要格外用心和细致。

此外，无成人陪伴儿童搭乘飞机，最担心的应该是小朋友的家长了，只有收到飞机落地把孩子交给接机亲人的信息时，家长的心才能放下。因此，我们不仅要在乘机过程中为小旅客提供细心的照顾，而且要随时给其家长一个很好的交代。除在无成人陪伴儿童卡片上反映小朋友的乘机情况外，在航班延误的特殊情况下，也要与其家长有一个良好的沟通。比如在本案例中，乘务长及时地向家长通报延误情况和小朋友现在的机上表现，这样可以让家长放心，也让小朋友不至于在陌生的环境中太过紧张。要动脑筋、想办法来安抚孩子的心情，可以采用玩玩具、有目的的聊天、游戏互动、食物关心等方式，消除小旅客的不安心理，让其在接下来的航程中安心舒适。

六、案例：老人与拐杖

乘务员在迎客时，看见一位老人拄着拐杖走进了客舱，待老人坐下以后，乘务员礼貌地对他说："先生，请让我帮您保管您的拐杖吧，落地以后我们会为您送过来的。"

老人不太愿意地说："不用了，我拿着方便。"

看到老人不乐意的表现，乘务员又耐心地说："如果起飞以后需要，只要您按这个呼唤铃，我们就给您送过来。"

老人仍然坚持，不愿意存放拐杖。乘务员又接着对他说："飞机上的座位空间太小了，您放这里会有碍您的舒适度，拐杖在飞机起飞、下降的时候也容易滑至其他地方，妨碍其他客人进出座位。放心吧，我们会妥善为您保管的。"

拿着拐杖的老年旅客依然不肯理会乘务员的热心帮助，乘务员马上又关心地对老人说："先生，北京候机楼比较大，落地前，我们帮您申请一个轮椅吧，您就不用走太远的路了，好吗？"

听到乘务员说要给自己申请一个轮椅，老人这才将拐杖交给了乘务员，并感激地称赞乘务员说："你想得真周到"。

案例分析

对特殊旅客的关心和服务需要从建立服务信任开始，特别是要获得身体有一些缺陷或残疾老年旅客的信任，有时会不太容易，会比较困难一些。针对案例中的老年旅客，他不愿意把自己手中的拐杖交给乘务员保管的原因，我们通过分析可以得到如下几点。

一是在通常情况下，老年人的经历丰富，看到过和经历过的场面也比较多，有防备意识。

二是有些老年人比较固执，习惯了自强不依靠别人，另外他们的自尊心很强。

三是如本案例中行动不方便的老年旅客那样，拐杖就是他行走的依靠，万一丢失了，下机以后就会很不便，所以他不会轻易把拐杖交给他人保管。

四是当乘务员提出更好的替代方案，帮旅客申请一个轮椅时，才打消了这位特殊旅客的担心，并且他愿意把拐杖交给乘务员保管，还对乘务员表示称赞。

对于特殊旅客的乘机帮助与服务提供，必须遵照机上的安全规章制度执行。对不利于飞行安全的行为要给予劝说并帮助其解决问题，加强安全规则的落实到位。针对某些不便直接明说的规则，乘务员应当注意语言技巧，要站在对方的角度上，寻找解决好问题的有效方式，恰当地维护特殊旅客的自尊需求及自强意愿。

七、案例：真心感动轮椅旅客

在执行北京出发的航班前，乘务长接到一份特殊旅客的通知单，本次航班中有一位腿部残疾、行动不能自理的轮椅旅客（代码为：WCHC）。面对这位特殊旅客独自乘机的情况，乘务长在接到通知后，立即安排乘务员提前做好各项准备工作。

乘组在整个航程中对这位特殊的轮椅旅客给予各方面加倍悉心的照顾，使旅客深受感动。飞机落地后，乘务长与地面人员交接才得知，目的地机场设备有限，没有升降梯。而此旅客身形较胖，行动又不能自理，需要人背或抬才能下飞机。一名男乘务员听到后，走到轮椅旅客的面前说："先生，我来背您下飞机吧。"

这位旅客感动地说："实在是不好意思，麻烦你们一路了，最后还得让你们背我下飞机。""没关系，为您服务都是我们应该做的，您用力抱好我就可以了。"男乘务员说道。最终，大家齐心协力将轮椅旅客从飞机上安全地送到了地面。此时，坐在轮椅上的旅客感激地拉着乘务员的手说："谢谢你们，真的谢谢你们了。"

案例分析

乘务员为航班上的特殊旅客提供服务与照顾，在需要服务技能的同时，往往也需要一些出力的硬功夫。例如，不能行走的独自出行的特殊旅客的上下机问题，在机场没有升降梯的情况下，旅客身边没有亲人妥善照顾，就只能由机组来共同想办法给予解决。这时，全体乘务员都要出把力，特别是男乘务员要自告奋勇，提供帮助，一起服务好行走不便的特殊旅客，让其安全而又踏实地上下飞机。

大家都知道一根筷子轻轻地就会被折断，但把更多的筷子放在一起，想要折断是很困难的。乘务工作亦是如此，团结起来力量大。正是有了大家的共同努力，才能让轮椅旅客安全上机，最终安全地下飞机。在航程中的每一个环节，乘务组都发挥着良好的团队作风，产生团队的最大工作效率。对于乘务工作而言，团队协作的本质就是共同奉献，这种共同奉献需要一个切实可行、具有挑战意义且让成员能够信服的前行目标，尽最大可能践行好民航人的大爱精神。只有这样，才能激发团队的工作动力，不分彼此，携手向前，最终为所有的旅客提供优质的服务，让旅客满意。

案例链接之七

关注特殊旅客

一、轮椅旅客

1. 轮椅旅客的三种特殊代码

（1）WCHR——旅客能够自行上下飞机，在客舱内自己能走到座位处。

（2）WCHS——旅客不能自行上下飞机，但在客舱内自己能走到座位处。

（3）WCHC——旅客完全不能走动，需要他人的协助才能进入客舱。

2. 运输条件限定

（1）旅客自用轮椅应放在货舱内运输。

（2）WCHS、WCHC类型的特殊旅客在每一架航班上的每一航段限载两名。

3. 乘机管理事项

（1）在乘机时，轮椅旅客先于其他旅客登机，晚于其他旅客下机，不可被安排在应急出口或机舱门附近的座位上。

（2）为了方便此类型旅客上下飞机，机场地服人员可专门为行动不便的旅客准备轮椅。

（3）此类型旅客到机场办理乘机手续时，可以申请特殊旅客服务，同时把自己的轮椅办理行李托运，地服人员用轮椅把旅客送上飞机。

（4）乘务员在飞机下降前报告机长，与地面联系为此类特殊旅客在到达站申请轮椅服务，飞机落地后，再由到达站地服人员把轮椅旅客接下飞机。

二、担架旅客

担架旅客的代码为：STCR。根据航空运输规则与客舱安全管理要求，无论飞机大小只能安排一名担架旅客（不符合承运担架旅客的机型除外）。担架旅客只能被安排在经济舱的后部，在应急情况下不影响其他旅客的安全。

被运送的担架旅客及护送人员，要在规定的合同上签字，保证在可能发生应急撤离的情况下，担架旅客和障碍性旅客不能先于其他旅客撤离。如果在上述情况中发生意外事件，航空公司均不负责。

担架旅客的安排方向，最好是头部朝向机头方向。在飞机起飞与下降前，乘务员要检查其固定担架的装置安全；提醒陪同者坐好并系好安全带；飞机落地后，等其余旅客下机后再安排担架旅客下飞机。

三、盲人及聋哑人旅客

（1）盲人旅客的代码为：BLND。其包括盲人、无导盲人及有导盲人。

（2）聋哑人旅客的代码为：DEAF。其包括聋人、聋哑人。

（3）盲人旅客的运输条件为：盲人旅客携带导盲犬应具备动物检疫证明；导盲犬需带口套和牵引绳索。

（4）聋哑人旅客如需带助听犬，其运输条件与携带导盲犬旅客的运输条件一致。

第五节 做好国际航班服务，铸造空乘形象

对于乘务员来说，要想做好国际航班上的对客服务其实难度和挑战性更大，因为旅客人群会更加复杂，他们有着不同的面孔、不同的声音、不同的习俗等，所以乘务员要做好对国际旅客的服务就要更加用心。本节中的案例向我们展示了发生在国际航班上的一些感人故事以及亲和的服务场景，让我们从中感受到乘务职业的帮扶精神，并体味其中的动人细节。

一、案例：一个老兵的军礼

一架国际远程航班安全地降落在了北京首都国际机场，航班上搭载着不同肤色和口音、有着不同身份和经历的旅客，这其中就有一位参加过第二次世界大战的老兵。飞机落地后的广播响起，"机舱外的温度为零下18℃，有雪。由于机舱内外温差较大，请各位旅客适当增加衣物……"广播结束后，乘务长观察到老兵没有穿上厚衣物，由于是从温度差别较大的国外飞回来，老兵依旧身着短袖衣服。于是，乘务长来到老兵身边，询问道："大爷，您怎么不换上厚一点的衣服？北京正在下雪，外面很冷。衣服是不是在行李架上的行李里？飞机停稳了我帮您拿出来吧。"老兵说："衣服都在托运行李里，没关系，我身体硬朗得很，拿完行李我再穿上。就这点雪对我来说不算什么。""咱们的飞机停靠在远机位，会经过一段室外的距离才能拿到您的衣服。"老兵再次表示自己的身体很抗寒，没有什么问题，但是这位老兵却是一位轮椅旅客（代码为：WCHC）。乘务长想了又想，又轻声对他说："大爷，我帮您协调了升降车，飞机停稳后，我们会帮您的，您别太担心。"

老兵微笑着回应："谢谢你。"飞机停稳，舱门打开，一股冷空气扑面而来，升降车也在慢慢上升，乘务长平和地就像对待家人一样，对面前的老兵安慰道："大爷，您抱住双臂就好，别着急，我们慢慢帮您坐上轮椅。"老兵到达升降车前一边微笑着，一边全身颤抖着说："谢谢你们，太感谢了。"天很冷，冻得大家根本不想把手伸出来，老兵还在不停地挥手致谢道别，这时，乘务长已将一条厚厚的毛毯披在了老兵身上说："大爷，升降车马上就下降了，到了车上就好些了，您注意身体，到了候机楼快把衣服换上。"老兵坐在轮椅上郑重地向乘务组敬了一个军礼，大家望着升降车缓缓下降，虽然天气很冷，但乘务组心里都是暖暖的。大家都知道一位军人的敬礼意味着什么……

案例分析

细读这个案例中的故事情节，让我们感受到一股股冬日里的暖意。这是这架国际航班上乘务组的温暖服务带来的，特别是那位乘务长对这位老兵给予的体贴服务、关怀语言以及温暖行动。对老人的特殊服务、国际航班的形象建立、中国民航人的服务理念，都充分地体现在了这个案例中。虽然案例中没有交代老兵旅客更多的其他信息，但我们依然能够

从老兵的话语中感受到他坚毅的目光、顽强的内心、无惧严寒的军人意志，厚重而饱经风霜。他用一个实实在在的军礼诠释了军人特有的崇高敬意，这对乘务组来说更是一份无上的荣耀。

或许，这是本次航班上的乘务组遇到的第一位老兵，但对其影响却非同寻常。作为战场上腥风血雨走过来的老兵，他的感受比任何人都深刻，对生活、和平都更心怀珍惜之意。因此，服务并不是单方面的付出，而是互动中的人生修行。

另外，当我们在航班服务中遇到特殊的气候环境影响，或受到机场硬件设施的限制时，应竭尽全力地为旅客想办法解决问题，安慰旅客，为他们提供应有的配套服务，并随时根据情景转换身份。例如，在上述案例中，乘务长俨然把自己变成了旅客的女儿，知冷知热，嘘寒问暖，关怀有序。因此在服务中，只有设身处地地把自己的真情投入乘务工作当中去，才能更多地站在旅客的角度去思考他们需要的是什么，才会用爱心铸造空乘形象。

二、案例：遗失后的感动

在一架欧洲国际航线飞往北京的航班上，随着机上广播响起，飞机平稳地降落在北京首都国际机场，航班上有很多外国旅客来北京观光旅游。旅客们兴高采烈地走出客舱，待旅客全部下机后，负责清舱的乘务员开始巡查客舱。突然，他在飞机中间的靠窗座椅夹缝间发现了一个被遗失的黑色皮包。乘务员赶紧向乘务长汇报情况说："刚刚坐在靠窗的那位头发花白的外籍旅客，遗失了一个黑色皮包。"乘务长说："赶紧打开看看，能不能找到旅客的联系方式。"包里有五张银行卡、一万余元人民币，还有一本护照。了解情况后，乘务长二话没说赶紧冲下飞机，往出关方向跑去。

正在这时，一个熟悉的身影进入他的视线，老人不知所措的样子和无助的眼神告诉乘务长，他肯定是在为丢失的皮包而着急。乘务长加快了脚步，气喘吁吁地跑到老人面前："先生，这是您遗失的皮包吗？"老人似乎一下反应了过来，用充满感激的眼神看着乘务长说："噢，是的，小伙子，你真是太棒了，这是我的皮包。我独自来北京旅游，我这岁数有些大了，总是会丢东西。没想到你们这么快就给我找到了，还送到了我面前。"乘务长赶紧安慰老人说："这是我们应该做的，您丢了东西会很着急，将心比心，我们一切为旅客着想，我们多费点周折，失主就能少走些弯路，少一点烦恼与焦虑。"老人拉着乘务长的手一再感谢说："太好了，非常感谢，你们的服务实在是太令我满意了，这次的北京之行一定会很美好，我很期待。"临走前，老人拍着乘务长的肩膀十分满意地微笑，乘务长也祝愿老人在北京旅游一切顺利，欢迎他再次乘坐其公司的航班。

案例分析

从某种意义上来讲，乘务工作也是一份"乐于助人"的事业，其实除航班上的对客服务外，还蕴含很多延伸服务。这个案例很好地说明了"服务无边界、服务无止境"的道理，乘务组对旅客的服务正是如此。而作为乘务员，我们要知道，做好对客服务就是我们工作中的一切，也是我们的职责所在。此外，服务就是企业的生命，只有用心了才能做好服务。当旅客踏入飞机准备进入国门时，航空公司就必须将最直接和最好的中国形象、民航形象、乘务形象展示给广大的国际旅客朋友们，让他们到中国来的第一站就留下好的印象，把中国的形象符号永久地刻在心中。

然而，更值得我们注意的是，服务中的任何一个失误，都会给旅客和各个环节的工作带来不必要的麻烦。在"用心"服务的过程中，如果把"热心"和"耐心"比作点亮笑容的烛光，那么"细心"和"关心"就是那个默默支撑的烛台。我们要设身处地地为旅客着想，尽可能去帮助他们，用个人的真心付出，证明"用心服务"就是从心底去关爱他人、帮助他人。只有做到案例中乘务长用实际行动诠释的"将心比心"服务，才能得到旅客的信赖；只有本着"一切为旅客着想"的服务理念，用心服务，才能使旅客在享受客舱服务的过程中体验到温馨；也只有让旅客"少一点烦恼与焦虑"，才能使民航业在激烈的竞争中立于不败之地。

三、案例：老人的愿望

在洛杉矶飞往国内的航班上，乘务员在满客的公务舱中穿梭忙碌着。这时，有一位一路上都没怎么吃喝的老人引起了乘务员的注意。"他好像不太高兴？""是不喜欢我们的餐食口味吗？""是不是有什么事情？"几名乘务员开始你一句我一句地讨论。区域乘务长亲自走过去和老人进行了沟通，细心地观察老人的反应，希望进一步了解这位老年旅客的乘机体验，但是，无论区域乘务长如何对其询问，老人还是不愿意多说自己的情况。

下降期间，老人家默默地将4枚25美分的硬币摆在座椅靠背窄窄的平面上，细心的乘务长看在眼里，当时就猜出这种做法可能是在许愿，立即与机长沟通，希望他可以尽可能平稳地着陆，不让硬币落地。飞机平稳着陆了，硬币一个也没有掉在客舱的地板上，老人的眼里噙着泪花。着陆后，乘务长又请一位机长穿好制服，一起走到老人身边，为他送上祝福"希望您的中国之行愉快。"老人终于开口了，说自己得了癌症，忙碌的工作瞬间停摆，一直没有成行的中国游现在终于可以安排了，但病痛又让他寝食难安，摆放的4枚许愿硬币如果不落地，就预示着他回美国后的手术可以一切顺利……在航班机组人员的共同努力下，老人的心愿达成，带着美好祝福的老人，泪中含笑地走下了飞机。

案例分析

把"用心服务，成就美好"这句话用在上述这个案例中再合适不过了。面对机上一位外国老人的不合常理的表现，乘务组人员表现出了足够的细致和用心。然而，老人内心隐藏着悲痛，不愿意说出自己的情况，但乘务长接下来观察到老人不寻常的行为，猜测老人的用心。为了更好地满足老人的美好心愿，整个机组人员全力配合，不动声色地给这位老人意外地送来了仪式般的真诚祝福，从而感动了老人的心，说出实情。

要关注旅客的感受并落在实处。当通过细致入微的观察发现了旅客的服务需求时，乘务组的每一位成员都要全心全意地为旅客服务。民航作为外国友人来华的第一道门，乘务员的一举一动都应表达出祖国和人民的热情与友好。

四、案例：在伦敦—多哈的航班上

记得有一次我在晚上八点的航班上，当时那架飞机差不多满舱，旅客以英国人为主，还有

民航客舱服务艺术案例分析

少数法国、美国和澳大利亚等国籍的旅客。在提供晚餐时，我们通常会先问候旅客一声："Hi, Sir/madam, how is your flying so far？"（您好，先生/女士，旅途飞行舒适吗？）简单闲聊两句便开始供应餐食。通常旅客会在看到餐车临近座位时，迫不及待地打开小桌板，充满期待地等候属于自己的美食和酒水。这时我留意到在客舱中，坐在46C的鲍勃（Bob）先生只是微笑地看着我。当我为他打开小桌板时才知道，这位先生的双手有一些不方便（双手一直微微颤抖也不是很灵活），于是我蹲下身来，为他打开餐食的外包装袋，并且小心翼翼地把餐具放在桌前，小声地问了一句："Hi, Mr Bob, if you need something else or if I can do something to make you feel more comfortable, please feel free to let me know, and please enjoy your roasted chicken and mushed potato."（鲍勃先生，如果有什么我能为您做的，让您的飞行体验更加舒适，请随时让我知道。请享用您的香烤鸡肉配土豆泥。）

旅客鲍勃先生害羞地朝我点点头说："I'm find and thank you！"（我很好，谢谢！）因为在客舱服务中我察觉到他的左右手都使不上劲，所以我就特意去找了一根吸管，为他插在拧开的瓶装矿泉水里。在接下来5个多小时的航程中，我每次会留意他是否需要帮助，询问关心他一下，或者从厨房拿一些点心和果汁给他。尽管我与旅客鲍勃先生的沟通不是很多，但我每次经过，他都会善意地向我点头微笑，让我觉得内心很满足。

下机的时候，我在飞机尾部的工作位置上，没有机会和他告别，为了表达感谢，旅客鲍勃先生特意托我前面的同事转达谢意给我："please help me say THANK YOU to the Chinese girl！"（请代替我和你的那位中国同事说谢谢！）这让我感到有些惊喜。对旅客鲍勃先生的服务，让我更加明白乘务工作的真谛：有时我们并不是要做多么轰轰烈烈的事情来感动旅客，而是在细节上让旅客感受到我们是很在乎他们的、能关心他们的。或许对于旅客们来说这就足够了……

——国际航线乘务员手记

案例分析

这个案例中的情节，是曾在外航国际航班上工作过的乘务员的亲身经历，内容值得我们一读。透过案例本身的描述，也可以让我们从中了解到外航服务的一些情形，发现乘务工作细节处的闪耀亮点。服务无国界，无论是内航服务还是外航服务，其实对于旅客本身来讲，需要的服务理念都是相通的，也都离不开乘务员的自觉服务意识，以及体贴与关爱的服务心理。你给予旅客的服务形式，实际上也会影响旅客给予你的服务评价。就像本案例中在伦敦—多哈的航班上的这位中国乘务员，她用自己的一颗爱心换得了旅客对自己的"惊喜"谢意，也必然会进一步将其转换成工作中的服务能量，在为旅客提供优质良好的服务的同时，成就自己的服务形象和未来事业。

在中国日益强大、改革开放进一步深化、国际影响力不断提升，以及在"一带一路"倡议下中国与周边国家合作不断加强等新的背景下，我们会面对越来越多的国际旅客乘坐中国民航飞机的情况，很有必要在学习、吸收与借鉴不同国家的民航服务艺术的同时，不断提升与构建好我们日后的对客服务能力。本案例中的乘务员，对双手都不灵活的旅客鲍勃先生给予了极好的服务照顾，比如"为他打开小桌板""蹲下身来，为他打开餐食的外包装袋，并且小心翼翼地把餐具放在桌前""特意去找了一根吸管，为他插在拧开的瓶装矿泉水里"等一系列感人情节，并且"小声"地与旅客交流，都体现出了对旅客的必要尊重，能够注意细节和提供关心服务。

五、案例：在多哈—马尔代夫的航班上

通往东南亚的海岛航班，例如去往甲米、普吉岛、巴厘岛、马尔代夫等的航班，都是新婚夫妇或者热恋情侣最常选择的蜜月航班（Honeymoon Flight）。有时，还会有旅客很开心地来厨房找我们聊天，拿一杯咖啡或者拉伸一下肢体。给我印象最深刻的一次，是一位80多岁的芬兰老爷爷，他十分有礼貌地询问我们是否可以提供一些巧克力饼干给他，因为他想要拿去哄他的妻子。老爷爷很健谈，跟我们聊了很多年轻时的故事，从他跟奶奶的相遇到热恋，到成家，再到相互扶持走过60多年。尽管奶奶现在患有阿尔茨海默综合征，她记不起爷爷是谁，也记不起她们的儿女，但爷爷依然觉得奶奶还是他年轻时无比热爱的那个女孩。尽管她有时对他凶，还骂他打他，但他依然每天会做重复的事情，那就是哄她开心。

当时，我与其他同事听完芬兰老爷爷和老奶奶的浪漫故事后，都非常感动，特意跟一位罗马尼亚同事去前舱要了一块巧克力点心，点缀了草莓、蓝莓、芒果等水果，用融化的巧克力在蛋糕旁边画了一个笑脸，偷偷地送给芬兰老爷爷和老奶奶，这就是卡航传统意义上的"魔法时刻"（Magic Moment）。我记得，当我们把这份礼物递给老爷爷的时候，他的眼角湿润了，一直在跟我们说："Thank you, girls！"（谢谢你们，女孩们！）

下机的时候，芬兰老爷爷特意手写了一封感谢信送给乘务组，并表示以后还会乘坐卡航的飞机，信中写道："希望可以再次遇到你们。"有时飞机上的缘分很短，却能给人一辈子的暖意，或许多年之后，我依然不会忘记那位很可爱的爷爷以及他永远的"小公主"。

———国际航线乘务员手记

案例分析

同样，这也是一个国际航线上发生的案例，讲述了一位80多岁芬兰老爷爷感人的爱情故事。抛开故事本身，这也是一个很好的服务案例，更是对乘务员的一份工作激励。试想，我们的乘务工作如果都能像老爷爷对待老奶奶那样，无论遇到什么样的情况，都不离不弃，一直在身边守护着她，那么，这样的职业表现该会是多么美好！我们的乘务员对待旅客也一样，无论在航班上遇到什么样的旅客，孕妇、老人、孩子、病残人员等，都要用同样的一颗真诚的服务之心，为他们提供高质量的民航服务。

此外，更希望通过这个案例的真情描写，以及乘务员在感动后为旅客呈现的"魔法时刻"，在展示芬兰老爷爷美好爱情的同时，也让我们对乘务工作有一个更加美好的期待，坚守岗位，永不言弃。正如芬兰老爷爷亲手写给乘务员的感谢信所表达的那样："希望可以再次遇到你们"，这是本案例的亲历者——那位乘务员收到的来自旅客的"一辈子的暖意"。让我们学会用好乘务职业这座桥梁，珍惜每一段缘分。

六、案例：在雅加达—多哈的航班上

记得我刚飞前舱的第一个月，有幸遇到了印度尼西亚的环球小姐冠军阿育（Ayu）小姐，她

民航客舱服务艺术案例分析

准备前往亚特兰大参加世界环球小姐终选。在登机前，乘务长就提前告知我们，说 3D 座位的旅客是"印度尼西亚小姐"，随后乘务长还告诉我们一些阿育小姐的饮食禁忌以及生活喜好。由于阿育小姐在机上的位置是我的服务区域，所以乘务长特别叮嘱我要高度重视并关心她。

登机的时候，我留意到阿育小姐很喜欢我们航班上的"lemon mint"（一种柠檬薄荷饮料），所以每次路过，只要她的杯中所剩不多了，我都会及时询问她是否需要"top-up"（加满）。在点餐服务中，阿育小姐强调只想吃奇异果，外加一杯气泡水就可以了。因为通常航班上没有特定的某种水果拼盘，都是几种水果搭配的小盘，我就和阿育小姐商量说："Would you mind giving me some time to check the fruit choices? Since sometimes the catering staff didn't load kiwi on the flight."（请给我一点时间去检查一下今天的水果种类，因为有时候配餐人员没有在航班上配奇异果。）我特意返回厨房，并及时地询问厨房的同事，获知当时厨房的水果拼盘里只有少量的奇异果。在征得乘务长的同意之后，我挑选了一些猕猴桃片做成了一个全新的奇异果沙拉，并交代其他同事帮我保留到阿育小姐需要用餐的时刻。当阿育小姐看到我为她精心准备的"奇异果果盘"（Kiwi Plate）时，很吃惊地向我表达了感谢。

因此有时候，当我们在面对餐食不够或者没有旅客需要的品种时，我们一定要学会和乘务组的同事积极沟通，善于运用飞机上的所有餐食酒水，尽力地为旅客制造一个难忘的个性化餐食体验。同时，我们可以备注给下一次航班的同事，提醒他们一些旅客的特定期待及需求。

——国际航线乘务员手记

案例分析

通过这个案例的内容细节，我们对国际航班上的个性化服务，特别是对要客或一些知名人士的服务，有了更深入的认识。下面，我们来一起分析。

首先，个性化的服务提供与个性化的服务需求满足是当下航空公司比较推崇的，同时也是对航班乘务员服务技能的一种挑战。乘务员的机敏智慧、应变能力、表达艺术、设计技巧等，都是做好个性化服务的先决条件和必然基础。

其次，国际航线上的个性化服务还是有一定的难度的，因为旅客群的结构比较复杂。一是要关注旅客的风俗习惯、有无宗教信仰；二是要关注旅客本人的餐饮喜好；三是要充分尊重旅客，使用得体恰当的服务用语，进行积极而主动的服务沟通。

最后，对名人及有地位的要客的个性化服务，要特别用心，许多有一定社会影响力的人士会有一些不同于他人的爱好。例如，本案例中的阿育小姐，这位印度尼西亚小姐，就有着自己的饮食习惯，如果忽略了这一点，很有可能结果是你费尽心思，却事与愿违，达不到理想的效果。

案例中的乘务员在对知名人士的服务上，显然为我们提供了一个是比较成功的榜样。一是细心地观察到印度尼西亚小姐的饮食喜好，特意用她本人喜爱的东西提供个性化的服务；二是用心地了解到她只想吃奇异果的餐食需求，并且不忘在服务之前，先征求印度尼西亚小姐本人的意见，然后和厨房里的同事商量，在征得乘务长的同意后，进行个性化服务的有效实施。

案例链接之八

客舱服务艺术

一、主动服务

航班乘务员迎接旅客的第一步，就是要做到主动服务。不仅要给予旅客热忱的问候，为旅客及时地提供服务，而且要显示出服务热情，以诚待客，才能让旅客对航空公司及乘务员建立良好的服务印象。对客主动服务，先要有对客服务意识，要把大方自然的微笑展现在旅客面前，把乘务工作的温情和关爱传递给旅客。

二、细节服务

细节决定成败，客舱服务也不例外，抓住细节就可以很好地抓住旅客的心。一是乘务员要善于关注旅客，观察其需求，把服务提供在旅客开口之前；二是要从细节入手，让服务满足不同旅客的期望和需求；三是点滴之处虽然看起来不起眼，却能反映出乘务员对旅客的用心程度。当你设身处地地为旅客着想，把旅客当成自家的亲人和朋友，给予无微不至的关怀和照顾，让旅客有宾至如归之感，更有时刻被关注和重视的感觉时，旅客对航班服务的满意度必然就会提升，对乘务工作也会给予充分的肯定。

三、技能服务

客舱服务的特性决定了乘务员必须扮演多重角色，能够很好地应对与满足旅途中的各种服务需求。除正常情况下的服务提供外，在特殊情况下，比如机上有无成人陪伴儿童、老人、生病旅客、孕妇等时，乘务员需要以多变的手法和多种技能，为旅客解决难题和提供帮助；在紧急情况下，乘务员要果敢地挺身而出，实施机上急救，指挥应急撤离，全力保护旅客的生命安全；当机上出现扰乱秩序的情况时，乘务员还要机智灵活地进行问题调解与矛盾处理等。因此，乘务员不仅需要掌握专业知识，还要具备心理常识、急救知识和应急处置措施等多方面的技能。拥有精湛的服务能力，是做好对客服务的必要条件之一。

四、价值服务

要想在航班服务中给旅客留下难忘的记忆与印象，维护好公司的声誉和地位，就必然要在航空业竞争激烈、服务需求不断提升的趋势下，打破常规的服务瓶颈，用价值创造与服务创新，加深旅客对航班服务的印象及认可度。如果旅客实际感受到服务应有的价值所在，那么其享受到的服务待遇等就是令其满意的。价值服务是获得更多忠实旅客、收获旅客信任的法宝，也是应对服务竞争的良药。

五、超值服务

旅客的乘机体验主要来自服务中的体验认可，要想使旅客开启一段难忘的空中之旅，提供超值服务或者深度服务是方法之一。调查资料显示，在对安全、价格、服务等问题关注度的调查中，旅客对服务的关注度占70%，可知旅客选乘飞机时十分看重服务。因此，要在服务中挖掘服务的超值部分，让服务价值和满意度大于旅客的期望值。假如旅客在机上的实际体验超出了乘机前的期望，就会感到惊喜，这份惊喜带来的愉悦可以维持很长一段时间，甚至是终生难忘的。个性化服务、关怀服务、帮助服务等，都是为旅客创造超值服务的源泉，可以最大化旅客对于服务的满意度。

思考案例及练习题

一、思考案例

在航班飞行中,一位旅客用完餐后向乘务员反映:"你们的饭太难吃了。"乘务员见餐盒内的食物都已经用完了,便很随意地脱口而说:"那您还不是都吃了吗?"顿时让这位旅客感到很尴尬,愤怒地叫来了乘务长,并且要求投诉。

1. 如果你就是那名乘务员,在遇到旅客反映餐食问题时,你该怎么做?
2. 从此案例的旅客投诉中,你有怎样的体会?为什么旅客会愤怒?
3. 你从乘务员对旅客反映的餐食问题回应中感受到了什么?有何具体感想?

二、练习题

1. 通过对本章案例的学习,你对关怀服务有何认识和理解?
2. 怎样做好对特殊旅客的尊重服务?要关注哪些细节?
3. 如果航班上有一位孕妇乘机,如何为其提供体贴、周到的服务?
4. 当观察到有行动不便的老年旅客登机时,你会怎么做?
5. 执行国际航班服务应注意什么?如何彰显乘务职业形象?

第四章

民航服务化解艺术案例分析

章前提要

客舱是一个特殊性的公共场所，聚集了来自天南地北的旅客。大家从四面八方奔涌到这个小小的客舱世界里来，身边没有熟悉的人，甚至连说话的语言都不一样，不难想象本身就存在一些陌生感和抗拒因素，还会对他人产生防备心理，因此，出现大大小小的摩擦、矛盾、情绪化问题等是难免的。我们在乘务工作中，如何有效地化解与处理好客舱内的各种冲突现象、矛盾问题、扰乱情况等，除需要应有的服务技能外，还要有冷静的现场态度、灵活的处理方式、机智的应对措施，只有这样才可能把问题快速地解决好。比如餐食提供、宗教服务、航班延误、干扰问题等，乘务员应掌握好处理技巧和方式。

本章着重阐述餐食问题处理、航班延误化解、旅客矛盾平息等一些具体的内容，并通过对案例的分析与解读，学习与掌握问题处理的方式和方法，做好航班的有序服务和安全服务。

问题导入

1. 如果在航班上给旅客送错餐食该如何化解？
2. 遇到航班长时间的延误，应怎样有效弥补？
3. 客舱中出现了干扰和破坏现象时应如何处理？
4. 你知道宗教旅客的餐食禁忌吗？

争执或矛盾问题的化解方法

第一节 恰当处理餐食问题，诠释服务诚意

航班餐食提供是乘务工作的一项重要内容，不同的航空公司提供的餐食不尽相同，但基本都会把机上餐食提供作为吸引旅客和提升服务质量的途径之一。通过本节中几个餐食案例的诠释和解读，在了解航班餐食提供中发生的各种情景的同时，学习与掌握好解决餐食服务问题的

方法和技巧，灵活运用语言艺术，避免问题的发生。

一、案例：一份东方素食餐

在一架飞行着的国际航班上，乘务员来到一位旅客座位旁边，很有礼貌地说："先生，这是您订的西餐素食。"听到乘务员传递过来的餐食信息，旅客似乎有些惊讶，停顿了一下回应说："我订的是东方素食，而且在办理登机牌时，已被告知订餐成功了。"乘务员马上对这位旅客说道："对不起，可能在订餐的过程中出现了一些问题，导致飞机上没有配备东方素食，不过我会尽力为您配一套可口的素餐食。"尽管旅客心中对不能享用到自己预订的东方素食表示遗憾，但他看着眼前微笑中还带有歉意的乘务员，就没再说什么。

乘务员说罢，就转身去了机舱前面的厨房。经过简短的思考，乘务员决定给旅客亲自做一份东方素食，消除旅客心中的不悦。过了一会儿，只见乘务员双手端着托盘，上机摆放了为旅客特制的一份素食餐，有水果和烤热的面包，还有素饺子和蘸料。乘务员再次把素餐送到了旅客面前，并细语轻声地说："先生，由于机上配备有限，不知这些是否符合您的口味。如果您还有什么需要的，请您尽管提出来，我会尽我所能为您服务。"此时，当旅客看到乘务员送来的这些餐食，连忙说："可以了，我已经很感动了，非常感谢。"乘务员看着旅客当着自己的面就大口地吃起了饺子，心中一阵宽慰，又对旅客说了声："您慢用，有事随时叫我。""谢谢你，航班上的东方素食我很喜欢。"

案例分析

在本案例中，虽然没有出现过于激烈的因餐食矛盾而引发的冲突场面，但我们也能从中体会到旅客因错失先前预订的可口素食时的内心反应，还有乘务员对于航班上的餐食配备失误所承受的心理压力。好在案例现场的乘务员反应比较快，马上道歉，并明确告诉旅客"可能在订餐的过程中出现了一些问题"，而不是与旅客辩解，或者找其他理由，让旅客产生反感，并且乘务员的态度一直表现得很谦和，当即决定为旅客解决好东方素食餐的问题。听到乘务员及时表达的歉意，又看到乘务员的诚恳表现，旅客很难产生怨气。

因此，服务工作的好与坏，并不是我们自己来评判的，而是来源于旅客的真实感受。上述事例中，在旅客已经确定订餐成功而飞机上没有配备的情况下，乘务员竭尽所能满足旅客的素食餐需求，最终以恰当的语言与良好的弥补方式，得到了旅客的认可与赞扬。因此，乘务员有责任站在旅客的角度，换位思考，理解旅客。例如，案例中当航班餐食提供出现错误时，乘务员不能急躁，更不能乱了服务分寸，而是要耐心细致地向旅客说明原因，积极主动地进行弥补，安抚旅客，让他们从你的行动中得到讯息：服务是真诚的。

二、案例：烤老的牛排

看到客舱中有乘务员走过来，一位旅客就朝她说道："空姐，这牛排烤得也太老了，都嚼不动。"乘务员立即回应说："对不起，您看您还喜欢哪种主食，我给您调换一下吧。"乘务员说着就把餐谱递给了旅客。接过餐谱，旅客看了又看说："那就龙利鱼吧。"旅客点好了餐食，乘务员就去厨房安排，但在乘务员给旅客呈上龙利鱼时，发现配菜已经焦黄了。看到这种情况，旅客有些生气地摇了摇头："算了，我不吃了。"乘务员只好又把烤制的龙利鱼端回，并把这一情况反映给了当班乘务长。

乘务长来到厨房，看了看烤炉内所有烤制的餐食，未分层次地堆在一起，马上意识到食物烤老的原因，就从最下层拿了一份素食，来到旅客面前："先生，真对不起，是我们乘务员的疏忽，把餐食烘烤过度，造成了现在的局面。我又为您重新烤了一份牛排，这份素菜您请先用，牛排随后就到。"看到诚恳而热情的乘务长，旅客不好的心情也得到了安慰："没事，没事，谢谢你。"处理好旅客的餐食问题，乘务长又来到厨房给乘务员指导烤炉的使用细节。

案例分析

在上述案例中，我们通过详细的阅读和了解，可以得出如下几点分析和认知。

（1）在航班服务中，餐饮的提供与呈现效果是客舱服务链中非常重要的一环，也是对客服务过程中十分必要的供应链，一旦出现了脱节或者不正常的餐食供应现象，就会直接影响旅客对我们服务的认可和满意度，甚至还有可能引发不必要的矛盾。很显然，案例中的乘务员没有掌握好餐食烘烤的技巧，把餐食不分层次地放在一个烤炉里，机械化地转动时间，导致餐食烘烤过度，造成餐食问题的出现。旅客在面对牛排被"烤老"、龙利鱼配菜被烤得"焦黄"的情况下，完全失去了用餐的兴趣和胃口，因为先前的用餐好心情已经被完全破坏掉，所以只能无奈地摇头说"不吃了"。

（2）从案例中，我们还能感觉到：尽管旅客表现得十分有素养，没有对乘务员说难听的话，也没有其他不良的过激反应，但旅客的摇头动作说明他当时很无奈，不赞同乘务员的做法，其实这是对航班餐食服务的不认可。假如不是乘务长的及时处理与细心周到，恐怕给旅客造成的用餐影响会更大，很有可能他下一次就不会再选择乘坐该次航班或该公司的航班了，一疏百漏。

（3）餐食的烘烤每天都在进行着，虽然表面上看起来是小事，却是多年乘务工作的精髓总结和用心表现。烤炉的温度、加温的层次、烘烤的时间等，每个烤炉都有所不同，乘务员应该细心地对各种烤制食物加以区分。对于先前没有使用熟悉的烤炉，在加热的过程中，就要格外地用心观察。在食物烤制时间过半时，可以各取出一份，查验一下烘烤效果，再继续加热，以达到最满意的餐饮呈现效果。航班上虽然有一套基本的厨房工作技巧，但在实际的工作环境和操作中，乘务员不应刻板执行，要用心关注服务中的每一个细节。

（4）透过本案例的内容，我们对乘务员的服务表现有些不理解：如果说第一次牛排烤老了是因为乘务员有些粗心，没有关注到的话，那么第二次在明知"给旅客呈上龙利鱼时，发现配菜也已经焦黄了"的情况下，还依然将餐食送到旅客面前，就有些说不过去了。案例中的情况，不只是没有掌握烤制技巧那么简单了，还存在有明显的服务意识缺失。

三、案例：给错的餐盒

场景一：在一架窄体机机上餐饮服务时，常旅客刘先生休息完毕，按呼唤铃，并对乘务员说，刚刚发餐时没有用餐，现在希望乘务员送一份餐食过来。乘务员随即将餐盒和热食端送给提出餐食要求的旅客刘先生。哪知，当刘先生打开餐盒后，却发现乘务员给自己送来的是别人用过的餐盒，很是扫兴，于是要求乘务员更换，乘务员只好换回餐盒，但没有向白金卡旅客刘先生做任何解释，一直面无表情。飞机落地后，刘先生随即向公司投诉。经了解后，乘务员在送餐前没有确认餐食状态，同时也没有与旅客交流及做出解释和致歉，有失服务形象，给公司造成不好的影响，判定投诉有效。后来，这名乘务员被公司辞退了。

场景二：宽体机上，旅客一家三口，父亲休息刚醒，女儿按起了呼唤铃，这时中舱乘务长巡舱刚好经过，就询问："您好，请问有什么能帮到您？"

女儿说："我父亲刚醒，没有用餐，需要米饭和一杯橙汁，谢谢。"中舱乘务长说："好的，请稍等。"就在转身回去的过程中，有婴儿旅客向中舱乘务长提出帮助冲泡奶粉的需求。乘务长回到服务间，为婴儿冲泡完奶粉后，就用托盘放上"米饭"和橙汁送给希望用餐的旅客。可那位父亲收到餐食后，发现给自己的却是面条，要求更换，中舱乘务长马上致歉并更换；更换后，用餐旅客又对乘务长说餐盒是别人使用过的，乘务长再次致歉并更换，同时提出给旅客添加果汁。看到乘务长在客舱中来来回回的忙碌身影，以及表现出来的和善态度，旅客没有提出异议，接受了乘务长添加果汁的建议。

案例分析

场景一中，客舱中的服务对象是航空公司的常旅客，也就是业内所称的卡旅客。这类旅客中商务人士比较多，他们有一定的社会地位和经济地位，往往自尊心较强，讲求服务品质，所以对航班上的服务要求也很高。案例中的乘务员对于发错餐盒一事的问题处理不妥，一无致歉，二未做好解释工作，三是没有提出任何补救措施，最终招致旅客投诉的结果。其实，如果当时乘务员的表现能够变通一些、态度诚恳一些，对旅客有言语上的尊重和关心，提供不间断的其他补救措施，这类投诉一般是可以避免的。

在场景二中，乘务长虽然服务的是普通旅客，但忙中也会有出错的时候，她在出现了服务差错之后，给予了及时的补救。她主动和旅客做好解释工作，同时提出添加饮料作为弥补服务，安慰旅客，消除或减轻旅客的不满足感。在服务的过程中，虽然乘务长第一次错把"面条"当"米饭"，第二次又用错餐盒，但由于态度诚恳，道歉及时，补救有方，让旅客感受到乘务长并不是故意送错餐盒，而是工作繁忙造成的，虽然在餐食的提供中出现两次错误，但还是得到了旅客的谅解。不过在这里，我们还是建议：尽量不要用"弥补措施"当作服务的后盾，应当提升一次服务的质量。况且案例中的服务者还是一名中舱的责任人，当旅客提出要求时，起码应该习惯性地拿出便签本去记录旅客的服务要求，避免出现差错。

在上述案例中，前后两名乘务员所犯的错误都是送餐前没有确认餐食的状况，但是后面的中舱乘务长能够和旅客进行有效的沟通交流，及时致歉并做出后续合理的弥补工作，而场景一中的乘务员却没有这样做。因此，同样是送错餐盒，而旅客对服务表现的认可是不同的。在处理这类的餐食矛盾或问题时，乘务员要灵活地把握现场情况，采用恰当合理的处理方式，消除给旅客带来的不良情绪，决不能像场景一中的乘务员那样，被动地招致旅客的投诉。

四、案例：如此冷漠的收餐服务

乘务员在收餐时，因为手没有拿平稳，就将靠窗旅客递过来的餐盘里的饭菜残渣全部洒在了中间旅客的身上，靠窗的旅客掏出纸巾给中间旅客，说了声"对不起"。但出现了这种服失误，乘务员的表现却难以让人接受，不仅没有及时地向旅客道歉，还责怪靠窗旅客："我还没拿稳，你怎么就松手了呀？"靠窗旅客说："是递到你手里，我才松开的。"乘务员没好气地看了一眼靠窗旅客。

中间旅客全身都是残余饭菜的油渍，乘务员却轻松地对他说："没事，回家洗洗就行了。"说着转身就走了。乘务员态度如此冷漠，让旅客感到无法接受，招致机上投诉。

> **案例分析**
>
> 通过下面对此案例的分析，我们可以看到案例中乘务员常态化服务的缺失了。
>
> 一是从案例可以看出，那名收餐乘务员严重缺乏应有的对客服务理念，没有把旅客放在主要的地位，没有把旅客当成服务关注的第一要素。
>
> 二是乘务员没有关注到旅客的感受，没有换位思考问题，缺失对客服务中必要的同理心。那位乘务员只想到了自己，只关心自己的利益，强调自己并无过失，才没有顾忌到靠窗旅客的感受。
>
> 三是乘务员连最起码的同情心都没有，不仅对靠窗座位上的旅客失礼责怪，更是对中间被餐食洒身的旅客漠不关心，采取极为冷漠又故意回避的方式对待他，所以导致投诉的后果。
>
> 此外，我们从社会交往中出现问题的处理角度上来看，无论我们在日常生活还是工作中遇到某种失序的状态，不管我们受到何种误解，只要双方能够做到及时相互沟通，任何问题都是可以迎刃而解的。由此也可以得知，案例中的乘务员没有摆正与旅客之间的服务心态，缺失沟通艺术，认为是旅客没拿稳餐盘导致打翻。即便事实真是如此，如果乘务员能说声"对不起"，反而会让旅客感到内疚；还有乘务员对待中间旅客的孤傲态度，着实让旅客难以接受。出现了问题并不可怕，可怕的是不能正视问题，也不能处理好问题，采取简单粗暴的处理方式，是难以解决好任何问题的。应以真诚的道歉、热情的服务举止、坦诚的服务态度去赢得旅客的理解和谅解，即使出现问题，也不至于造成投诉。

五、案例：不同的可乐

在航班起飞，客舱内的灯熄灭后，经济舱的一名乘务员按照服务程序走出客舱，想起有一位旅客登机时向自己提出需要一听可乐。乘务员走到这位要可乐的旅客身边，说："是不同的可乐。"旅客反问道："有还是没有听装的可乐？"乘务员又说："如果你要，我这就去拿。"随后，乘务员就递给旅客一听低糖可乐。

旅客接过乘务员送来的低糖可乐，脸上露出了不悦的神色，说自己想要的不是这种可乐。随同航班餐车一起走过来的乘务长发现后马上回应："先生，我们提供的正常可乐都是大桶的，实在没有听装的，小听的可乐都是低糖的，如果您喝不惯，我就多倒几杯大桶的给您，您看行吗？"听到乘务长这么一说，旅客转换了表情："没事，这小听的就挺好，谢谢你。"

> **案例分析**
>
> 首先，我们要强调语言表达与沟通艺术的重要性，特别是在对客服务上。例如，在上述例子中，乘务员对有可乐需求的旅客的言语表达就不清楚，没有告知旅客经济舱机上所配正

常可乐均为大瓶，小听装的是低糖可乐，没有询问旅客是否需要低糖可乐，就我行我素地强行给旅客提供不愿意接受的服务。没有给出原因的替换服务，旅客肯定是不能接受和认可的。

其次，我们还要强调的是，在服务语言表达中要有亲和度和温度，不能只有生硬的服务信息发出，要让旅客接收到你的内心关怀和体贴服务。生硬、冷淡的言语必然会引起旅客的反感。

最后，作为一名乘务员，其最基本的沟通技巧是必需的，而沟通是否有效，最终还取决于旅客接受时的内心感觉程度，所以你就必须关注和使用好沟通艺术。这并不是不明不白的一句"是不同的可乐"而已，所以它会招来旅客的不解和反问；更不是没有把话说清楚，就提供意想的服务，它当然不能赢得旅客的服务赞同了，还会因此导致旅客的不悦。

本案例中的旅客并不知道飞机上只有低糖可乐是小听的，乘务员只需简单一句话解释即可，可她就是没有拿捏好讲话的分寸。尽管在短暂的航程中，我们与旅客的沟通也仅仅是只言片语，但主动地与旅客交流会缩短航空公司和旅客之间的距离，使旅客对我们的服务产生亲切感。要学习案例中乘务长的言语表达及实效沟通方式，自己说得清楚，旅客才能听得明白，进而减少不必要的问题与矛盾，做好高质量的对客服务。我们也可以把旅客的评价当作一面镜子，看到自身的不足，扬长避短，及时地对服务进行修复和改进。

案例链接之九

特殊餐食

一、宗教餐（非素食）

（1）印度教餐（代码为：HNML）：根据印度人的宗教信仰及饮食习惯制作的非素食餐，不包括牛肉或猪肉，但包括羊肉、家禽、其他肉类、鱼和乳制品。

（2）犹太教餐（代码为：KSML）：按照犹太人的宗教律法和饮食习惯制作的餐食，并购自有犹太餐制作资质及信誉认证的制造商。其中包含分蹄和反刍类动物肉，或带有鳍和鳞的鱼类。

（3）穆斯林餐（代码为：MOML）：也就是清真餐，根据穆斯林的宗教律法和饮食习惯制作的餐食。其中不含猪肉、熏肉、火腿、肠类、动物油脂或酒精以及无鳞鱼类和鳗鱼、甲鱼，可食用的家禽和动物在被宰杀和烹饪时需要按照伊斯兰教的有关规定操作。

（4）耆那教餐（代码为：VJML）：专为耆那教徒提供的严格素餐，无任何根茎类植物，如大蒜、姜、洋葱、胡萝卜等，无任何动物制品。

二、素食餐

（1）亚洲素餐（代码为：AVML）：通常由来自亚洲次大陆的旅客选定，口味通常辛辣，无肉类、海鲜及鸡蛋类食材，可能包含少量乳制品。

（2）西式素食（代码为：VLML）：餐食不包括肉类、海鲜及其制品，但包括日常的黄油、奶酪、牛奶和鸡蛋。

（3）东方素食（代码为：VOML）：东方素餐是按中式或东方的烹饪方法制作的。其中不含肉、鱼或野味、奶制品或者任何生长在地下的根茎类植物，如生姜、大蒜、洋葱等食材。

（4）纯素餐（代码为：VGML）：纯素餐也被称为"Vegan Meal"。餐食中不能含有任何动物或动物制品，比如肉、鱼或奶制品，无鸡蛋、奶酪、蜂蜜等材料及相关制品，可以使用人造黄油。

三、儿童餐

（1）婴儿餐（代码为：BBML）：适用于2周岁以下的婴儿，含肉类、蔬菜或水果类，可以制作成方便婴儿食用的果泥、肉泥、菜泥、甜品等。

（2）儿童餐（代码为：CHML）：餐食中含有儿童喜欢的食物，不含腌制食物，在制作过程中避免口味过咸或过甜，适用于12周岁以下、2周岁以上的儿童。

四、保健餐

（1）清淡餐（代码为：BLML）：餐食为软质，低脂肪、低纤维，不含刺激性食材。避免油炸食物、黑胡椒、芥末、咸菜、大蒜、坚果等以及含咖啡因或酒精的饮料。一般比较适合有胃肠疾病的旅客食用。

（2）糖尿病餐（代码为：DBML）：低糖类食物，适合糖尿病人食用的餐食。

（3）无麸质餐（代码为：GFML）：不含任何形式麸质的餐食，为麸质过敏和不耐的客人准备。麸质是存在于小麦、大麦、燕麦、黑麦等中的蛋白质。在制作无麸质餐的面包、汁类、奶油、蛋羹、蛋糕、巧克力、饼干中，谷物及其制品被严禁使用。

（4）低卡餐（代码为：LCML）：也就是低卡路里餐。餐食中包括瘦肉、低脂肪奶制品和高纤维食物，糖、奶油、汁类、蛋黄酱、油炸类、脂肪食品被禁止使用。适用于控制卡路里摄入量的旅客。

（5）海鲜餐（代码为：SFML）：专为喜欢海鲜的旅客定制，餐食中包括一种或多种海鲜，不含其他肉类制品。

（6）低盐餐（代码为：LSML）：餐食中的盐有一定的控制量，不使用高盐分材料，如咸菜腌菜类、罐头类食品，低盐餐适用于高血压等需要控制食盐摄入量的旅客。

（7）低乳糖餐（代码为：NLML）：餐食中不包括乳糖及奶类制品，限制使用含有任何乳类及乳类制品的相关食材。不含奶酪、奶制品、酸奶、黄油、人造肉制品、蛋糕及饼干、奶油类甜品及布丁、土豆泥、太妃糖、巧克力等。适用于对乳糖过敏的旅客。

（8）低脂低胆固醇餐（代码为：LFML）：餐食使用低胆固醇、高纤维的材料，无红肉，无内脏、海鲜、蛋黄、油炸及其他高脂肪类食材。适用于需要控制脂肪、胆固醇摄入量的旅客。

（9）水果餐（代码为：FPML）：顾名思义，水果餐只包括水果。例如，新鲜水果、糖渍水果、果干、果脯和水果甜品，一般用应季的新鲜果品制作。适用于偏好水果的旅客。

（10）生果蔬菜餐（代码为：RVML）：餐食仅以水果和蔬菜为原材料，不含任何动物蛋白。

其他还有无牛肉餐（代码为：NBML），不包括牛肉、小牛肉或相关制品的餐食，以及流质餐（代码为：LQML），主要为细小的流体食材，如奶、滤粥或清汤等，以满足各类旅客的偏好、年龄及身体情况的空中饮食需求。对于特殊餐食的预订，国航显示旅客在航班起飞24小时（含）前预订，犹太教餐在航班起飞至少48小时前提出预订需求；东航显示旅客可以在航班起飞前48小时内预定自己喜欢的餐食；南航显示每位旅客在一个航段上只能申请一人份特殊餐食（第二份是婴儿餐除外）等，旅客可依照各航空公司当时对外公布的订餐规定执行。

第二节　妥善弥补与化解，营造良好氛围

在航班的飞行中，有时会因为人为或非人为的各种因素，影响航班的正点起飞，还会因为这样或那样的沟通不畅等原因，导致服务中出现口角争执或矛盾。作为乘务员，当工作中出现了让旅客不满意的情况时，要积极地想办法弥补与化解，及时消除旅客的不满情绪，修复负面影响，不能让旅客带着满腹的意见下飞机。

一、案例：幽默的魅力

在一架香港至北京的航班上，由于香港雷雨造成了航班长时间延误，旅客们在地面已经等候了五十多分钟了。面对在急迫中等待起飞的旅客，乘务组人员都在不停地解释和提供相应的服务。航班起飞后，很多外籍旅客纷纷表示要衔接的转机航班恐怕赶不上了，乘务组一边在进行客舱服务，一边记录着旅客们的具体信息，安抚旅客的情绪，及时地帮助旅客调整座位、传递信息、回答问询等，客舱内的服务工作都在有条不紊地进行着。

可是，有机会能赶上飞机的旅客基本打消了心中的顾虑，完全没有可能赶上飞机的旅客还在不停地叹息，客舱内的气氛显得有几分凝重。乘务长观察到了这一点，心中也在暗自想着办法。飞机下降了，北京当日晴空万里，"运气不错"，英语专业八级的她决定用幽默艺术来化解这些来自异国他乡旅客的愁绪："What a sunny day！"（多好的天气！）一句风趣轻松的话语，就成功地将旅客的注意力转移到了窗外的风景上。"故宫、长城、颐和园和72小时免签"让很多外国旅客觉得机会难得，顿时掌声在客舱里响起，为乘务长的贴心和睿智点赞。

案例分析

当在乘务工作中出现一些看似无解的问题时，其实，这把解决问题的钥匙就掌握在乘务员的言语中，来自心与口的配合。本案例就是一个很好的例证。航班遇到雷雨天气，导致长时间的起飞延误，旅客无奈，乘务组表现出了卓越的化解艺术。

首先，乘务员向旅客做好解释和服务工作，缓和他们在长时间等待中的急迫心理，有效地避免个别旅客的情绪冲动所造成的不良行为。

其次，在航班起飞后，乘务员对有转机需求旅客的情况进行详细的询问和了解，记录转机信息，并通过有效的客舱服务进一步安抚好旅客，想办法解决他们因航班延误带来的转机困难，让旅客有一个心情良好的飞行旅程。

再次，乘务长看到因无法实现转机对接的旅客在叹息时，为了不使这样的无奈心情积压在旅客心头、给他们造成过于沉重的思想负担，马上想到用"幽默艺术"来化解的妙方。

最后，乘务员把来自旅客一方的不利于服务的干扰因素，或者说因不可预测的外部原因给服务造成的负能量成分，通过化解艺术转换成正能量；把带给旅客的不好心理认知，通过巧妙的语言艺术，成功地引导与转化成对旅客有用的方面；把非正常因素导致的缺失与遗憾，通过积极而主动的努力，变为可以让旅客接受的服务现实。

同时，因乘务工作的实际需要，对语言能力的培养显然是一门必修课，乘务员的友好

表达、顺畅沟通都是乘务工作的基本要求。语言能力强，才有好的服务艺术表现力，也才有可能解决好更多的问题，所以英语能力欠缺的乘务员要抓紧学习，以更好的能力储备服务于旅客。

二、案例：航班延误之后

一架纽约飞回上海的航班因为机械故障造成起飞时间延误，降落在上海浦东国际机场时已是凌晨两点钟了。在飞机停稳后，舱门随即打开，乘务长急切地和地服人员确认婴儿车能否送到机舱门口，可是得到的答案是否定的。本次航班中有几位带婴儿的旅客，她们的行李都很多，还要带着睡意正浓的小宝宝，没有婴儿车的帮助，妈妈们真的是寸步难行。乘务长正想到这里，几位母亲已来到机门处询问："请问我们的婴儿车来了吗？"乘务长回答道："抱歉，几位女士，咱们的航班延误了，没有人为大家送婴儿车了，不过我会帮你们想办法，别担心，先坐在这里稍候。"妈妈们都表示出了为难的神情。乘务长心里深知，婴儿车对于妈妈旅客们的重要性，就果断决定：由乘务员帮助旅客把行李拿到舱门口等候，自己亲自去帮她们拿婴儿车。乘务长的安排，让妈妈们看到了希望，但她们还是满脸焦急。

乘务长马上打开廊桥出口，走下旋梯，跑到飞机货舱下面，看到只有一位搬运工师傅在卸载旅客行李。大声地对师傅说："麻烦您，先把婴儿车卸下来吧，旅客等着用。"卸载师傅先是吃惊地看了一眼乘务长，然后一边拿着婴儿车，一边自言自语道："怎么你们还管这个啊。"乘务长朝他笑了笑拎起车就走，一点也没有耽搁，马上回到了机舱门口，气喘吁吁地对妈妈们说："让你们久等了，实在是不好意思，大家可以下机了，由于航班延误给你们造成不便，我们深表歉意。"妈妈们看到乘务组为她们所做的一切，频频道谢。然后，乘务长带领组员，帮妈妈们一一把婴儿车支好，又帮她们把行李放好，一切收拾妥当后说："快回家吧，一路辛苦了，到家好好休息，希望下次再见。"妈妈们纷纷表示感谢。

> **案例分析**
>
> 这个案例很好地诠释了什么是"急旅客之所急"、什么是"一切为旅客着想"。乘务组在送几位带着婴儿的母亲下机时的行动，也让我们仿佛感受到了暖暖的春风旭阳，他们演绎着亲切感人、体贴温暖、良好周到的对客服务形象。因此，做好让旅客满意的服务，不能只停留在工作的协调与问题的处理上，还应该把当下的实际服务需求做好，尽乘务组最大的努力为旅客提供便利的帮助，为大家提供各种需要的出行支持，比如案例中的情形就是如此。
>
> 在解决服务事项的行动上，在因航班延迟夜间到达机场，没有得到地服人员同意送婴儿车到舱门的情况下，乘务长采取"自己动手"的解决方式，不让旅客为难，同时也反映出乘务组在应对特殊情况时的机智、灵活，帮助旅客解决带孩子、拿行李、下机不便的困难，极尽所能。在航空公司的承运过程中，灵活服务是必不可少的一项基本的服务技能。俗话说，"到什么山上唱什么歌"，在案例中的场景下，如果乘务长不能马上解决好几位带孩子母亲的实际需求，影响的不仅仅是几位旅客的下机行动，还会影响乘务组的后续工作，甚至航班上的机组人员也都要一起等待，势必会造成连环性的第二次时间延误。
>
> 此外，在对客服务中，当由于某些原因，公司的服务承诺没有及时兑现时，身为公司的一名员工，就应该第一时间想办法弥补，不破坏旅客感受到的良好氛围，尽可能地维护好公

司的良好形象，因为服务承诺是对旅客的信誉保证，能够提高旅客对航空公司的忠诚度，所以至关重要。从上述案例中可以看出，乘务组从大局出发，兑现了公司关于婴儿车的服务承诺，用心营造旅客乘机过程中的良好氛围，及时地维护了公司的服务形象。同时，不仅把婴儿车送到舱门口，乘务组还做了帮旅客把婴儿车支好、帮她们把行李放好等进一步的服务，能够站在旅客的角度上提供帮助，超出旅客的期望值，赢得旅客满意的称赞。

三、案例：外籍旅客的"笑容果盘"

在一架北京至珠海的航班上，头等舱是满客，其中还有 5 名是 VIP 旅客。乘务组自然不敢掉以轻心。2 排 D 座是一位外籍旅客，入座后对乘务员很友善，并不时和乘务员做鬼脸儿、开开玩笑。起飞后这名外籍客人一直在睡觉，乘务员忙碌地为 VIP 旅客和其他客人提供餐饮服务。

然而两个小时后，这名外籍旅客忽然怒气冲冲地走到前服务台，大发雷霆，用英语对乘务员说道："两个小时的空中旅行时间里，你们竟然不为我提供任何服务，甚至连一杯水都没有！"说完就返回座位了。旅客突如其来的愤怒使乘务员们很吃惊。头等舱乘务员很委屈地说："乘务长，他一直在睡觉，我不便打扰他呀！"说完立即端了杯水送过去，被这位旅客拒绝；接着她又送去一盘点心，旅客仍然不予理睬。

乘务长眼看着将进入下降阶段，不能让旅客带着怒气下飞机。于是她灵机一动，和头等舱乘务员用水果制作了一个委屈造型的水果盘，端到客人的面前，慢慢蹲下来轻声说道："先生，我非常难过！"旅客看到水果拼盘很吃惊，说："真的？为什么难过呀？""其实在航班中我们一直都有关注您，起飞后，您就睡觉了。我们为您盖上了毛毯，关闭了通风孔，后来我发现您把毛毯拿开了，继续在闭目休息。"

旅客情绪开始缓和，并微笑着说道："是的！你们如此真诚，我误解你们了，或许你们也很难分辨我到底是睡着了还是闭目休息，我为我的粗鲁向你们道歉，请原谅！"说完他把那片表示难过的西红柿片 180 度旋转，立即展现的是一个笑容果盘。

案例分析

通过对上述案例的分析与理解，我们可以从中得出如下几个方面的服务启示。

（1）在航班上的对客服务中，有时会存在服务上的认知偏差，其中有来自旅客方面的，也有来自乘务员自身的，所以往往很容易造成服务与被服务之间的对接点脱落，很可能就无法提供及时的服务体验，导致旅客的不愉快。但无论出现了怎样的服务状况，只要乘务员真实地做到了为旅客着想，满怀一颗关怀的服务之心，而非真正的忽略服务，或者是服务行为上的缺失，最终是会让旅客体会和认识到乘务员对他的用心服务的。

（2）旅客对于服务的判断是在其知情的状态下的，而案例中旅客在睡着时，肯定不能感受到乘务员为他提供的细心与体贴服务，所以才出现了认知上的误会。然而，乘务员尽管受了委屈，却并没有和旅客赌气与争执，而是希望通过送水、送点心的行为打动旅客，来达到化解旅客对服务认知偏差的目的，然而"旅客仍然不予理睬"，乘务组没有放弃弥补与化解误会的服务。

（3）接下来，乘务组还是尽量地想办法弥补旅客对服务的认知心理，消除其内心的不悦。"眼看着将进入下降阶段，不能让旅客带着怒气下飞机。"乘务长想到这里，就非常巧妙地制作了一个"委屈造型的水果盘"并把这个果盘的特殊造型当作一种向旅客解释服务的媒介，让旅客了解到在其睡着期间，乘务员并没有放弃对他的关注，并且提供了周到的服务。

（4）民航服务的要求是直通人心的服务，旅客也是通情达理之人，只要我们的服务是真心诚意的，是为旅客着想的，不是生硬和苍白的说服，而是彰显了带有艺术性的举止言行。"蹲下来"和旅客沟通、展现有技巧性的化解行为，这些是会感动旅客的。

（5）本案例也让我们看到了，乘务组的真诚服务，乘务员、乘务长的"弥补"行动，给旅客心情平复的时间，利用机上现有资源丰富化解手段，成功地转变了外籍旅客对服务行为的不满。其实在这个案例中，乘务员最大的失误是没有及时规范地使用"叫醒卡"为旅客提供机上的饮食服务，造成了后续一系列额外的工作"弥补"。但无论如何，这个案例的结果是令人满意的，"笑容果盘"就是外籍旅客对机上服务的友好理解和认知表达。

四、案例：系安全带的风波

航行中，男乘务员经过一位老年旅客的身边时，发现他的安全带没有系上，就一边往前走，一边用手指着对他说道："把你的安全带系好了。"这时，老人看了一眼客舱内的男乘务员，没有搭理他，男乘务员第二次经过老人身边时，发现他的安全带还没系上，就又指着对他说了一遍："把你的安全带系好了。"老年旅客终于沉不住气了，就对男乘务员说："你是在对我说话吗？""不是对你又是对谁呢？"老人反过来问："小伙子，你今年多大了？"听到老年旅客这么问自己，男乘务员一时愣住了，不知老人想做什么，就没有回答老人的问题。谁知老人接着又说："小伙子，我今年七十整了，还没有人敢这样命令过我。"男乘务员被老年旅客说得一头雾水，弄不清老人这话从何说起，他干脆弯下身来给老人系上了安全带。可是当男乘务员刚要离开时，就被老人给拉住了："小伙子，请把你们航班的乘务长找过来，我有话对她说。"男乘务员回答道："你有什么事要找乘务长？""有事，就是把乘务长找过来，我要和她当面说说理。""好吧，你想说什么，我替你传达给她。"男乘务员不耐烦地说道，老年旅客没有说话，而是朝他摆了摆手，做了一个无语又无奈的手势。

男乘务员觉得这位老年旅客真是有点奇怪，让他系好安全带他不听从，自己帮他系好了，他还硬要自己把乘务长找过来说理。男乘务员想着老年旅客的异样举止，见到乘务长时，就把刚才经历的事情一五一十地说给了区域乘务长听了，乘务长一听就明白了其中的问题，便对他说："你是不是对老人说话的态度不够和蔼，言语有些生硬了啊？"男乘务员马上对乘务长说："没有啊，我对别的旅客也是这样说的。"他接着又说："我让他系上安全带，说了两次他都不听，还是我帮他系好了安全带，他也没有感谢的话，还说我是在命令他，真是奇怪。"乘务长见他这般说词，竟是给自己找理由，又马上说："可你对老人这么说话，就不太合适了，应该对老人多一些尊重。他不系安全带有可能是不知怎么系，你应该先问清楚原因，问题不是说了一遍又一遍就能解决好的。"听了乘务长的一番话，男乘务员这才明白过来，原来老人是在责怪自己说话的态度生硬，说的话使他不爱听，所以也不按照自己的要求把安全带给系上。帮他系上了，他还非要找乘务长说清楚。

随后，乘务长带着男乘务员一起来到了老年旅客的座位旁边，乘务长蹲下身来，笑着对老人说："您好，刚才我们的这名乘务员说的话，是不是让您老人家伤心了？"老人摇了摇头，又看了看乘务长身边的男乘务员，然后对他说："小伙子，以后的服务态度呀，多向乘务长学习就好了。"男乘务员被老人说得，脸上顿时火辣辣的，俯身对老人说："对不起。"老人说："不是我非要和你较这个真，你说的话呀，让我心里堵得慌。"面对眼前的这位老人，男乘务员不好意思地咧嘴笑着，然后乘务长又对老年旅客表示了感谢，说他在现场给乘务员上了一堂别开生面的服务形象课，这时老人的脸上露出了慈祥的笑容。

案例分析

其一，案例中的老年旅客为什么非要与男乘务员较真？

本案例中的男乘务员在和老年旅客说话时，态度不够温和，又不注意语言的使用分寸，对老人使用生硬的命令式的口气，没有能够做到礼貌和尊重旅客，肯定会伤到老年旅客的心；从案例的情节发展中，我们还可以得知，男乘务员在遇到老年旅客的不正常反应时，并没有深入地思考事情的原因，没有站在老人的立场上多问问自己：他为什么会这样做？

实际上老人的较真，也可以被理解为是一种善意之举，是在帮助男乘务员转变其服务态度，让他认识到自己在服务态度上的欠缺在哪里。而男乘务员以前对所有旅客使用的通用表达方式，存在严重的不妥之处：一是缺失应有的语言艺术，没有使用尊重"您"，特别是对老年旅客的服务时，语言上的尊重服务更不能丢失；二是不同的旅客有不同的心理承受力，对服务的认识及看法也不尽相同，所以要注意服务语言的表达方式，以及语言的组织结构，并且要关注到对老年旅客的语气和语速，用细节服务营造良好的乘机氛围。

服务无止境，服务更离不开深入浅出的思考。或许，每一次客舱服务问题的发生，会让乘务员看起来好像是在感叹：怎么又遇到了一个难以处理的问题？而其实每一次问题事件对于乘务员来说，都是一次很好的提升与改善服务的良机。实践出真知，在乘务工作岗位上，碰到服务中的矛盾和难题不可怕，可怕的是不能从经历的问题中学会思考，如果能够认识到自己的缺点和错误，从而积极改变，服务技能自然也会提高。

其二，如何看待案件中男乘务员的服务？

从男乘务员对客服务过程中看，一方面，他的安全意识是到位的，工作是认真负责的，不仅使用语言提醒旅客系好安全带，而且亲自帮助老年旅客系好安全带，有一丝不苟的工作作风，这是值得肯定的地方；但从另一方面看，他在对客服务过程中的方式方法上有欠缺和需要注意的地方，用发号施令的言语举止要求老人系好安全带的做法是欠妥当的，不够用心，也没有关注到老年旅客的现场反应和内心感受，不符合乘务员对客形象礼仪的标准要求。

例如，航空公司在对乘务员的管理规定中，就要求乘务员在任何时候都要使用"礼貌用语"对客服务，在服务中应当合理使用"肢体语言"，按照服务礼仪、服务用语的要求，执行"微笑服务""周到服务""细致化服务"，使用标准化和规范化的操作程序，而不是发号施令式地传达要求。乘务员的言谈举止及行为表达不仅代表着航空公司的企业形象，而且代表着国家的整体形象，还是全体机组人员对旅客选择乘坐本次航班的一种尊重与感谢，正是在这一点上，男乘务员的做法不够规范，不符合乘务员的服务要求，才使得那名老年旅客对他有意见，故意不听其劝告。无疑，乘务长主动来到老人的面前，蹲下身来和老人讲话，使用礼貌言语和诚恳尊敬的服务态度，会让老人得到应有的心理安慰。

其三，通过换位思考，我们还可以试想一下：对于旅客而言，假如这位老人在飞机上没有得到乘务长的及时尊重，也没有男乘务员的真诚道歉，可能就会有两种结果出现。一是给旅客造成不能释怀的乘机体验，影响以后的乘机选择。二是很有可能旅客在下机后，向航空公司进行投诉。对于男乘务员而言,如果不是乘务长及时提醒,并且主动带领他向老人道歉,就不可能很快地认识到自己在工作中的不良态度及言行,即使这一次航班服务不出问题,也难保证下一次不会出现类似的服务矛盾,引发其他旅客的不满意。这一次是碰到善意的老人较真,那么,或许下一次就没有这么好的运气了,处理不好的话也有可能会导致其与旅客间现场的冲突,引发激烈的客舱矛盾。

俗话说,"伸手不打笑脸人。"热情、良好、周到、温馨的对客服务是客舱服务的基本要求,必然会受到旅客们的欢迎,而知错必改也会使人成长与进步。我们有理由相信,通过这个案例戏剧性的过程展示,以及对案例的客观分析,我们一定会在学习中获得启迪,为今后的乘务工作打下坚实的技能基础,赢得更多旅客的满意和赞同。

案例链接之十

航班延误

1. 航班延误的原因

(1) 天气原因。我国大部分地区出现的雷雨及强降水天气,对航班的正常飞行影响较大,比如出发地天气、本地天气、航路中的天气,无论其中的哪一段行程或哪方机场因雷雨天气存在无法满足飞行条件的因素,都会给航班造成飞行限制,特别是对一些航路繁忙的机场来说造成的影响很大。这会造成大量的航班延误、航班取消,甚至是起飞后的飞机又不得不采取备降、返航的措施来应对恶劣的雷雨天气。中国民用航空局(简称"民航局")的统计数据显示,因天气原因所导致的航班延误,约占航班延误总量的65.8%,天气原因在航班延误中的影响因素是第一位的。

(2) 空域活动原因。例如,军机的空中演习训练、国家科研活动项目的限制等,主要是华东、中南、西北地区的机场受这方面的影响较为严重。另外,还有近年来无人机飞行的频繁增加,也是影响航班飞行的原因之一。空域活动原因导致的航班延误约占航班延误总量的18.4%。

(3) 空管原因。例如,空管部门的设备故障或者人为差错,导致未能及时提供航行气象或者提供的航行情报信息有误;又如,机场的实际运行量已经超出了空管保障能力,采取流量控制。这些造成航班延误的原因都属于空管方面的原因。

(4) 航空公司原因。航空公司的运行计划调整、空勤机组人员变动、飞机的机械故障维修、机票销售服务的差错、餐食供应链环节出问题、货物运载影响等方面的原因,也是造成航班延误的原因。

(5) 机场原因。这主要是指机场内部的设备设施临时出了故障,导致值机行李托运、安检等环节中的延迟与缓慢现象,还有安检口开放及运行信息发布不及时等原因,或者是由于机场的跑道、滑行道等保障设施正处于必要的加固施工情况下等造成的航班延误。

(6) 旅客原因。一是常见的旅客晚到造成的飞机等人现象,耽误了正常的起飞时间;二是旅客把自己的登机牌弄丢了,需要重新补办;三是有的旅客登机后因身体不适或者遇到了紧急的情况,又要求下飞机,需要重新进行客舱及行李舱的安全检查;四是旅客的登机手续不符合乘机的规定要求，比如未给一起出发的孩子购票，出现了特殊的"儿童逃票"事件，需要重新办理乘机手续；五是出现了旅客醉酒闹事的情况，或者旅客拒绝登机、强行占座、霸占飞机、打架争执等原因延误了飞行时间；六是出现了旅客在飞机上生孩子，还有的旅客在飞行途中突发严重的疾病等状况，要采取备降的处置方式等。

（7）安全原因。一是因国家正在举办大型的重要活动或者有严重的突发事件，造成运行保障能力下降及要求安全时间过长的特殊情况，比如在奥运会、阅兵等重大活动期间，民航要给予充分保障，这是公共安全方面的原因；二是气球、风筝、地震、海啸、疫情等造成的飞行影响，为此进行安全排检等造成的航班延误，也算作公共安全原因；三是机场周边燃放烟花，导致能见度下降，或发现了不明飞行物；四是航班遭到不法分子的劫持、爆炸威胁，发生了可能影响飞行安全的事件等造成的航班延误。

除此之外，按照民航局对航班延误责任原因的界定，还有其他四种情况：油料供应方面造成的原因；国际航班涉及的边防、海关、检疫等联检单位的原因；离港系统故障原因；航班时刻安排导致的航班延误原因。统计起来，造成航班延误的原因总共有十一大类。

2. 航班延误的处理

航班延误给旅客的出行安排确实造成了一定的困扰，但是由于导致航班延误的原因是多方面的，有气候条件和空域活动等方面的客观因素影响，也有旅客及航空公司等方面的人为因素影响，但无论怎么理解，航班延误对于正常的飞行来说都是非正常的现象，必然关系到旅客出行的现实利益问题，也是旅客需要关心的实际问题。航空公司必然也要采取相应的应对措施和妥善处理的办法，同时彰显航空公司在切实关心旅客利益、提升服务品质上的承诺兑现。此外，对航班延误事件采取稳妥的处理办法，也可说是国家民航局对民航运输服务单位运营能力的真实考验，是对航空公司管理上的监督、鞭策和促进。

为此，中国民航局于2004年6月26日公布了《航班延误经济补偿指导意见》，规定如下。

（1）航空公司因自身原因造成航班延误标准分为两个：一个是延误4小时以上、8小时以内；另一个是延误超过8小时。这两种情况，航空公司要对旅客进行经济补偿。

（2）补偿方式可以通过现金、购票折扣和返还里程等方式予以兑现。

（3）在航班延误的情况下，为了不再造成新的延误，经济补偿一般不在机场现场进行，航空公司可以采用登记、信函等方式进行。

（4）机场应该制止旅客在航班延误后，采取"罢乘""占机"等方式影响航班的正常飞行。

中国民航局同时还表示，具体补偿标准和补偿方案由各航空公司自行制定，并且要求各航空公司按照中国民航局的计划，制定并公布《旅客服务承诺》，对航班延误给予旅客补偿的标准和执行办法是其中的主要内容。但我们也可知，不是因为航空公司自身原因造成的航班延误，比如天气、公共安全、空管、旅客原因等非航空公司自身原因造成的航班延误是不适用补偿指导意见规定的补偿标准的。最近几年内，我国民航运输航班的准点率连续平均值都超过82%，与国际上其他航空公司的情况比较起来，处于中上的水平，稍高于国际航协的航班平均准点率，可以说这与中国民航局的总体部署及要求是分不开的。

第三节　有效处理冲突争议，实现和谐飞行

客舱内五湖四海的旅客聚在一起，彼此间缺少交往中必要的熟悉和信任，发生矛盾或提出

各种意见是难免的；另外，不能排除一些素质较差的旅客会有故意扰乱与破坏的行为；再者，机上还有不同宗教信仰的旅客，稍不注意很可能因为语言表达导致冲突及争议。通过对本节案例的学习，了解事件的发生过程与结果处理，进而解决好类似的问题。

一、案例：果断平息旅客冲突

一架某航空公司的国内航班，因在航行过程中遇到了恶劣的雷雨天气，无法继续飞行，此架飞机不得不在中途备降至郑州机场。在郑州地面的等待期间，恶劣的雷雨天气一直没有好转，而由于航班等待的时间过长，客舱中的部分旅客开始出现了焦躁不安的状态，甚至发生了旅客之间的言语摩擦和肢体冲突。这其中就有一位旅客，因对航班延误的情况极为不满，进而在客舱中大吵大嚷了起来，并对乘务员说："你们是在欺瞒旅客，说不走就不走了。"尽管乘务员再三地向旅客说明航班不能飞行的真实原因，但还是不能平息客舱内出现的躁动。

看到乘务员多次向旅客进行解释都无效，现场的一位旅客站了起来，对机上那位显得情绪过于激动的旅客，给予了一些言语上的劝阻，想让那位旅客耐心地等候，不要大声地吵嚷和责怪，以免影响机上其他旅客的心情。不料想，这位好心好意旅客的劝说，非但没有让旁边情绪激动的旅客停止吵闹声，更加激怒了那位旅客的不安心理，一怒之下，就出手打伤了劝说自己的好心旅客。

随后，乘务组为他们两个人调整了座位，并通知了当地机场的医生，给受伤的旅客进行及时救治，然后报警。经过机场公安的机上调查和了解，给予那位情绪激动的打人旅客取消行程的处罚，责令其下机，面对这样的处治，打人旅客再怎么争吵也都无济于事了。

> **案例分析**
>
> 很显然，这起机上吵闹及打人的案例事件，虽然是由于雷雨天气引发的，但是这种非人为因素导致的航班备降与长时间的飞行等候，也会在不同程度上造成旅客的焦急心理，可能因为有的旅客到达目的地有急事要办，所以会表现得焦急不安；也可能因为旅客的承受心理的差别所致；也不排除有极个别素质低下旅客的不正常反应，会故意闹事，比如案例事件中的肇事旅客就是如此，在乘务员一遍又一遍的解释中，还出言不逊，出手伤人。
>
> 面对机上旅客之间发生的冲突，处置起来往往较为棘手，乘务员应及时发现，并采取稳妥且必要的处理措施，快速制止，以防事态进一步恶化，果断而有力地处置冲突争执。具体采取的办法及应对程序如下。
>
> （1）当客舱内发生旅客间的冲突事件时，由两名乘务员上前分别隔开冲突双方，避免双方动手的情况发生，并及时为旅客调整座位。
>
> （2）切记：乘务员要避免介入冲突中，同时在必要的时候，争取其他旅客的支持。
>
> （3）假如已经发生了伤人事件，应将情况报告安全员和机长，必要时在机长授权下，协助安全员对冲突人员实施控制。
>
> （4）在做好受伤旅客安抚工作的同时，要通过机组联系地面公安人员，对肇事旅客采取相应的法律法规处罚。
>
> （5）此外，乘务组注意做好事件记录，并争取现场见证人。除此之外，机组还要对于见

义勇为者、维护航司利益的旅客,及时地表示感谢;对于乘务员或安全员在制止机上冲突事件中的英勇表现,航空公司要给予表扬和嘉奖,以此弘扬正气,维护和谐友爱的公共秩序。

(6)对于机上打骂伤人事件,可以依据《中华人民共和国治安管理处罚法》中的相关条款,配合机场公安部门,对机上违法乱纪旅客依法采取恰当的处理措施,以防后患。

二、案例:有效制止非法干扰

在航班飞行中,一位外籍旅客表现得十分异常:一会儿向乘务员提出要喝烈性酒,被乘务员拒绝后,一会儿又对乘务员要求说到行李舱拿行李,情绪较为激动,在机上坐立不安。乘务员发现外籍旅客的这一状况后,给予积极关注,并试图对其进行安抚,在乘务员的言语劝阻下,外籍旅客的表现才稍微稳定一些。但在接下来的航程中,这位旅客却不断地骚扰乘务员和其他旅客,并且掏出打火机点燃杯子、拿饮料泼洒到其他旅客的身上、往其他座位扔垃圾等,表现出一系列反常现象与破坏性的行为,引起周围旅客的担心和害怕,客舱内出现了一些责怪声,还有人向乘务员表示了处置外籍旅客的要求。

乘务员把外籍旅客的这种反常现象报告给乘务长后,乘务长一方面叮嘱乘务员观察外籍旅客的后续情况,另一方面立即召集区域乘务长、专职安全员做了细致的分工,决定对该名外籍旅客进行机上全程监控,并将情况报告机长,听从机长的安排,做好下一步的机上报警及落地处治的对接准备。外籍旅客无视客舱安全管理规定的扰乱行为得到了有效的控制,客舱内紧张的气氛缓和了下来,乘务组制止非法干扰,得到了旅客一致的拍手称赞。

案例分析

一、对案例事件的理解与分析

通过对本案例内容情节的阅读、了解和分析,不难知道,那名外籍旅客已经出现了非法扰乱航班飞行秩序的行为,威胁到了航班的飞行安全,并且给客舱内其他旅客造成了不良的影响,如果不能立即采取有效的制止措施,甚至还会产生更加严重的扰乱行为,后果不堪设想。由于乘务组发现及时,观察与执行到位,机智而果断地采取了防范措施,在短时间内控制住事态的进一步发展,使客舱秩序很快地恢复正常。

本案例的处理过程彰显了乘务组较强的安全职责意识,乘务组迅速处理问题,有力地维护了客舱良好的乘机秩序。在突发事件面前,面对失去理智的那名外籍旅客,乘务长不怵不惧,临乱不惊,采取适当措施,表现出了良好的心理素质和应变能力。在这里还要强调的是,乘务长是乘务组的核心人物,在突发事件面前,只要乘务长能勇敢地站在前面,快速控制住局面,组员就会有信心面对各种问题,信赖和服从乘务长的指挥,在关键时刻能够积极主动地配合好乘务长,把客舱服务做得更加妥善和完美。就像案例中的乘务长和组员那样,她让旅客放心和踏实。

二、由案例引发的公共秩序维护思考

2019年修订的《中华人民共和国卫生公共场所管理条例》对公共场所有这样的明确界定:

(一)宾馆、饭馆、旅店、招待所、车马店、咖啡馆、酒吧、茶座;

(二)公共浴室、理发店、美容店;

(三)影剧院、录像厅(室)、游艺厅(室)、舞厅、音乐厅;

（四）体育场(馆)、游泳场(馆)、公园；

（五）展览馆、博物馆、美术馆、图书馆；

（六）商场(店)、书店；

（七）候诊室、候车(机、船)室，公共交通工具。

很显然，飞机包含于"公共交通工具"这一项之内，当然是属于公共场所的，而且是具有特殊性质的公共场所，因为像汽车、火车这样的公共交通工具是在地面上行驶的，只有飞机是在天空中飞翔的，并且有客舱小、空间狭窄、乘员密度大、活动范围受限制等特征，因此，在这样一个特殊的公共场所或公共空间内，客舱内出现的任何一个不合常规的动作与现象，都会特别地引起周围旅客的关注，或者说会引起旅客的心理反应。那么除航空方面的组织机构或公司出台的安全管理规范约定外，是否还应当对客舱管理导入公共意识行为的管理约定？一些旅客擅自做出打骂等任性行为，把公共场所应当具备的公共意识丢在一旁，随心所欲，我们对此的回应当然是非常有必要的，而且是十分合理与迫切的。

当我们说到"公共意识"时，就不得不牵涉"公德"这样的概念。公共意识可以被理解为公德意识的别称，也就是人类在公共领域里相处与社交的过程中，应遵守的自觉的行为规范和行为意识准则。在全球一体化的今天，现代化社会彻底地改变了人们的生存、出行、交流与交往方式，公共的交往领域也在不断扩大与拓展，已经达到了一种交流无国界、交往无地域的状态，国际间的陌生与无意识接触已经大量显现，复杂庞大的人群在一切公共场所的集合次数愈加频繁。纵观客舱内形形色色的奇葩事件，比如案例中外籍旅客的某些不雅行为等，他这种不以为然的嚣张态度在客舱这样的陌生旅客聚集的有限空间内，显然有一定的安全隐患。那么，如何规范陌生人际间的不良行为与意识来约束旅客对公德的遵守，让个人的行为举止不会引起他人的反感，影响他人的正常乘机心理，确实值得我们深入细致去探究，其实这不仅会考验乘务员，也是对每一个出行公民的考验。实际上无论是在国内航班上，还是在国际航班上，在当今"地球村"的概念中，客舱内的旅客群都不是单一的存在。只要有人还在做出一些超出公共意识的有失公德的行为，就会破坏良好的乘机秩序，引发周围旅客的不良情绪反应。旅客需要存在公共意识，客舱更需要对公德美感的维护，才能使飞行中的空间秩序变得平和与安静，减少对客舱安全问题上有威胁的事件的发生。

三、机长的权力

为了配合大家对案例的理解，在这里简单介绍一下机长的权力：

《中华人民共和国民用航空安全保卫条例》对机场安全保卫、民用航空营运安全保卫、安全检查等都做了详细的条例规定内容，其中第三章第二十二条至第二十三条中有这样的规定：航空器在飞行中的安全保卫工作由机长统一负责。机长、航空安全员和机组其他成员，应当严格履行职责，保护民用航空器及其所载人员和财产的安全。机长在执行职务时，可以行使下列权力：在航空器飞行中，对扰乱航空器内秩序，干扰机组人员正常工作而不听劝阻的人，采取必要的管束措施；在航空器飞行中，对劫持、破坏航空器或者其他危及安全的行为，采取必要的措施……

该条例已经十分明确地规定了旅客不得扰乱飞行器内（客舱中）的秩序，不得有危及安全的行为，同时也明确地规定了机长及空中安全保卫人员、全体机组成员（包括客舱经理、乘务长、乘务员等）必须履行保护民用航空器及其所载人员和财产安全的职责。在本节选取的这一案例中，乘务员、安全员、区域乘务长、乘务长、机长都能很好地按照《中华人民共和国民用航空安全保卫条例》中规定的职责范围，履行自己的职责，正确而及时地保护了旅客的人身安全及飞行器的飞行安全，严格依照民航运输业的安全责任管理规定行使岗位权力，及时有效地处理好了这起事件。

安全飞行是民航运输工作的首要任务，对于任何危及旅客及客舱安全的事件，都必须一律采取零放纵和零容忍的处理态度，这不仅是中国民航运输业的管理要求，也是航空公司长此以往所力求达成的。安全飞行，实际上就意味着航空公司要努力地排除与解决好在旅客与民航运输业间，所有间接与直接接触的一切步骤中的安全隐患，注意包括机场地面值机、安检、等候以及登机秩序、客舱环境、服务环节等一切可能涉及的安全问题，这都是民航运输安全的一部分。民航运输服务的安全保护其实是对包括机组成员在内的机上全体乘员的安全保护。因此，上述案例中的那位外籍旅客的反常行为，如果不能被有效处置，就很有可能危害到客机本身和机上所有乘员的人身及财物安全。把行事旅客的不良行为控制住、等飞机落地再移交机场公安处理，是机组人员在行使正常的安全管理职责，也是机长在行使法律赋予的神圣权力。

三、案例：消除疑虑，稳定情绪

某航班上，飞机正点关闭舱门后，开始进行客舱安全检查。此时，坐在客舱中部的一对老年夫妇突然对乘务员说："飞机不安全，前面两位'中东人'不是记者，他们随身带的行李很危险，我们要下飞机。"乘务长了解情况后，与两位老年旅客进行了沟通，并告之："前排两位外籍男乘客随身配有'奥运'记者标识牌，他们的行李只是摄像机等专用仪器。另外，机上所有旅客都是经过严格的安全检查的，请你们尽管放心。"经过详细的沟通，男性老年旅客理解了乘务长所说的话，也因此放下了心，但是老太太却激动地站了起来，在客舱中大声地喊道："飞机不安全，我们要下飞机。"

此时，乘务组感到事态难以控制，为了不影响接下来的航班飞行，随即通知了机长。机长得到消息后，再次耐心地与这对老年夫妇做了有关安全的解释工作，并劝说他们回自己的座位上，但那位老年女性旅客始终表现得情绪激动，并且坚持要下飞机，说："让我们下去，这飞机我们不坐了……"机长、乘务组反复地解释和强调，一定会保证航班的安全，但对老年夫妇旅客来说始终无效。为了打消他们心中的不安全顾虑，最后机长决定滑回停机位。旅客全部下机后，乘务员进行了清舱，让两名老年夫妇亲眼见证了机上没有任何的危险物品，让他们放心乘坐，旅客再次登机。

案例分析

首先，在这个案例中，作为一机之长的机组负责人，是航班的总指挥，全权操控该架飞机的飞行事宜。在得知客舱内发生的旅客有安全存疑的情况下，他把即将起飞的航班滑回停机位，进行清舱检查，消除旅客顾虑，保证航班在和谐、安定的状态下平安飞行。同时，在本案例中，为了保障旅客出行心理稳定、有乘机安全感，机组成员不放过任何会影响旅客乘机心理以及使客舱秩序失稳的因素，处处为旅客的利益着想。

此外，旅客关注自身的人身安全是正常的本能，对于本案例中旅客出现的对安全存在疑虑的情况，可能是基于这两个方面的原因：一是对乘机过程中的安全检查不够了解；二是在心理上产生的对某些国外人士的不安全认知。在解释、沟通不畅的情况下，就必然要采取相应的处理措施消除旅客的疑虑，以稳定旅客的乘机情绪，避免飞行过程再出现其他的现象。当遇到类似于案例中的事件时，乘务员应该以坚定、和蔼的语言和态度给予肯定的答复。

（1）当旅客对安全存有疑虑时，先要了解产生疑问或恐惧的原因，然后介绍乘机的安检程序以及机上的安保标准，努力帮助旅客打消疑虑。

（2）在与旅客的交流沟通时，适当地使用关怀语言及肢体语言，安慰旅客的不安全心理，稳定旅客的激动情绪，比如与旅客谈一些轻松的生活话题，聊一下目的地城市的风土人情等，分散旅客的注意力，增加旅客的安全感，从而稳定旅客的不安情绪。

（3）在此案例中，在乘务组的解释下，男性旅客了解"涉奥"记者的详细情况后，同意继续乘机。其实乘务组可以及时借助这一有利条件，稳定女性旅客的现场情绪，或者在不影响中东旅客的情况下，主动营造和谐氛围，三方共同交谈，从而增进旅客之间的了解，达到有效解决问题的目的。

四、案例：无中生有，自食苦果

某航班地面迎客期间，座位号为39A、39B、39C的一行三人在登机时，乘务员热情地迎上前去，协助他们安放行李。而此时，因旅客座位上方的行李架已满，乘务员便向旅客询问箱内有无易碎及贵重物品，以便能够将行李正常地移往别处放置，哪知，三人行中的其中一位旅客脱口而出："别动！是炸弹。"一时间，客舱内的旅客纷纷产生了异样的表情，甚至有几位旅客开始不知所措了。乘务员听到旅客的话，又看其他旅客的现场表现，随即便把此事报告给了乘务长。在乘务长的安排下，乘务员协同安全员对那名自称有"炸弹"的旅客进行监控。

当机长收到乘务长报告的客舱内发生的情况信息后，立即通知机场公安部门，公安人员很快赶到，将一行三人带下飞机进行处理。航班接着按正常程序进行清舱后，并未发现任何危险物品，更没有旅客口中声称的"炸弹"，航班上的其他旅客再次登机，飞机起飞。可是座位号为39A、39B、39C的一行三人却不能乘坐本次航班了，因为他们必须为自己无中生有的谎言负责，等待接受机场公安部门人员的进一步处理。

案例分析

细读本案例，我们会觉得那位口中声称有"炸弹"旅客的行为，十分荒诞和可笑，然而事已至此，我们还是抱着一颗理性的心态，对案例进行分析和解读。基于旅客的这一言论，我们可以推测到旅客当时的心理，很有可能是想"逗乐"，故意挑逗空姐，找笑点，或者是满足自我心理上的某些需要。另外，在现实生活中，类似这样的搞笑行为并不少见，通过故意的谎言说闹，达到开心解闷、活跃气氛的目的。我们也会在小品、相声、戏曲等表演中，看到一些打诨、搞笑的言行及动作等。然而，此处非彼处，如果旅客把飞机这一比较严肃的公共交通工具当成随意搞笑的场所，甚至无视乘机时的安全意识，是必然会受到法律法规的处罚。这会影响正常的出行，还很有可能会损坏个人的好名声。

因此我们建议：一是不能在飞机上胡言乱语，扰乱客舱秩序；二是不能随意地编造谎言，导致机上其他旅客产生恐慌情绪；三是要规规矩矩地按照航空公司的乘机管理规定乘坐飞机，不做出格或有悖公序良俗的不合理行为；四是不能产生在飞机上挑逗空姐的想法和做法，否则就有可能像上述案例中的三人一样，被机场公安带下飞机，接受处罚。

另外，由于受到外部大环境的各种影响，旅客背景的复杂程度增加，再加上部分旅客的心理承受力较差，或情绪上也存在不安定的成分，很容易因为一点小事引发矛盾，因为异常的心理状况，而导致一系列机上非法干扰事件频频发生。因此，乘务员要把握服务分寸，端正服务态度，加强安全防范意识，有礼有节地落实各项服务标准。本案例中的航班乘务长，当机上遇有突发事件时处置得当，及时地对说谎旅客进行控制，并准确地将事件报告机长，报警处理，很好地安抚了客舱内旅客的不满情绪，稳固了航班的乘机秩序。

《中华人民共和国治安管理处罚法》第二十五条规定，有下列行为之一的，处五日以上十日以下拘留，可以并处五百元以下罚款；情节较轻的，处五日以下拘留或者五百元以下罚款：

（一）散布谣言，谎报险情、疫情、警情或者以其他方法故意扰乱公共秩序的；

（二）投放虚假的爆炸性、毒害性、放射性、腐蚀性物质或者传染病病原体等危险物质扰乱公共秩序的；

（三）扬言实施放火、爆炸、投放危险物质扰乱公共秩序的。

依据该处罚法中的相关条款，显然，上述案例的旅客违反了本法第二十五条中的第一款，进行了"谎报险情""故意扰乱公共秩序"，必然会受到机场公安人员的依法处理。

五、案例：旅客间的矛盾

一位旅客购买了从青岛流亭国际机场至广州新白云国际机场的航班。这位旅客在飞机起飞30分钟之后，希望自己坐得舒适一些，就把座位放躺下来，结果遭到了后排一位女士的反对，她要求前面的这位旅客把座位调整回去。在双方争执了一阵后，前面的旅客就又把先前放躺的座位调了回来。可是，在接下来的一段飞行时间里，后面的那位旅客一直用脚踢蹬前面旅客的椅背，嘴里还絮絮叨叨说些不干不净的话，导致前面旅客的心情十分不好。无奈之下，前排座位上的旅客要求空姐给予解决好这件事。乘务员走过来后，听到前面旅客对刚才发生情况的叙说，马上对其回应，说后排座位上的那位旅客有点精神问题，在上一个航段里就和其他的旅客发生过口角，希望旅客给予理解。

听到乘务员的这番说辞，前面座位上的这位旅客当即就要求，让乘务员给自己调换一下座位，不想坐在这里了，否则还会受到后排座位旅客的干扰，结果乘务员把旅客从靠窗的位置调到了靠过道的位置。因为有了前面这个事件的心理影响，这位被调换座位的旅客在后续的飞行中，始终都没敢把座椅放躺，生怕还会出现类似的事情，导致不必要的争执和扰乱。下机后，这位旅客的心情一直不快，总是想不明白，随即来电向航空公司投诉，投诉的理由就是：为什么明明知道旅客精神有问题，还会把精神有问题的旅客和正常的旅客安排在一起，而不是给隔离开？他要求航空公司给自己一个合理的说法。

显然，乘务员在旅客要求解决矛盾时，给予的解释不够专业，但对行为异常或精神异常的旅客，判定其是否适合乘机的责任并不在于乘务员，而是需要相关专业医疗机构开具的证明。此类旅客的乘机需有规定级别医疗机构的书面证明，经地面工作人员同意，机长首肯才能乘机。

第四章 民航服务化解艺术案例分析

然而，案例中旅客投诉的要点，并不在于乘务员的服务态度，所以投诉无效。

案例分析

　　虽然这个案例事件的经过并不复杂，但也会让我们产生一些在对客服务上的思考。

　　其一，当客舱中出现了旅客之间的矛盾争执或冲突，需要乘务员进行处理时，乘务员要先本着公平、合理的原则，就事论事地把情况了解清楚，然后采取合理的办法对两名有矛盾的旅客解决发生的问题。

　　其二，乘务员在与一名旅客说另外一名旅客的不是时，应当避免当场指出，给旅客留有余地。

　　其三，而作为第三者的中间调停人，应该将两位旅客的矛盾进行协商，而不是单方面地使用"引火烧身"术，把问题归在旅客行为上，才导致了旅客的投诉事件。

　　其四，对于愿意调换座位的旅客来说，因为他是受到损失的一方，乘务员应该在稍后的服务中给予更多的关怀和照顾，让旅客觉得受了某种委屈，但是还能感受到乘务员的关心，有一种心理上的安慰，要用体贴的服务来弥补其不愉快的乘机感觉。

　　其五，对于受到委屈的旅客来说，他没有感受到乘务员后面的服务关照，乘务员没有所作为，都给了他不好的服务感受，这必然会成为旅客投诉的引发因素之一。

　　其六，对于旅客间的矛盾，乘务员的处置原则，第一要有所干预，第二要有所作为。用所能想到的方式令利益受损旅客在服务中感受到损失可以因为乘务员的关怀而有所弥补，满足其一种服务需求上的心理平衡度。

　　其七，尽管这次旅客的投诉没有生效，但也并不意味着航空公司不用给旅客一个合理的解释，应该把精神异常旅客的乘机事项，向投诉旅客说清楚，消除旅客的质疑和不快心情。

第四节　异议问题处理要点

一、厘清问题处理的基本思路

　　通过对上述案例的分析和理解，我们可以从中找到对有关问题的处理方式与技巧，厘清问题处理的基本思路。要想把客舱中的冲突或异议问题快速地解决好，应做好如下几点：

（1）剥离出事件的关键线索，顺藤摸瓜，找到有效的突破口；

（2）当机立断，快刀斩乱麻，不让事件继续漫延，以免导致冲突升级；

（3）涉及其他旅客利益的问题，双方沟通协商进行解决；

（4）严格执行请示报告原则，并配合机组、乘务组进行现场异议问题的处理等。

　　以上这些，都是圆满解决与处理好各种客舱服务中异议问题的必要方法。掌握好问题处理的思路和要领，可以帮助乘务员在面对客舱中出现的复杂矛盾与冲突事件时，尽快找到入手处和着眼点，把发生在客舱中形形色色的类似案例中的人为事件妥善地处理好。

二、对航班异议问题的处理技巧

　　狭小的客舱中集聚了来自四面八方的旅客，除机组和乘务组人员外，乘务员每天要面对的几乎都是陌生的面孔，在航班上难免会遇到极个别旅客的扰乱问题。乘务员如果处理的方式不妥或语言表达不恰当，甚至会遭到情绪激动旅客的投诉。为了妥善化解客舱中的矛盾，减少不必要的冲突事件，把问题解决在投诉之前，可以适当采用如下的具体措施。

（1）当旅客提出一些航班上难以做到或者不符合航班安全规定的其他事情时，乘务员在回应旅客的要求时就要注意语言的使用方法，表达委婉，态度平和。例如，对不起，先生，今天的午餐已全部发完了，如果您还有需要的话，我给您下一碗面送来，您看可以吗；您提出的这个问题，我帮您向机组人员请示一下；您好，在飞机下降时这样做十分危险；您先别着急，您反映的××问题我会向上级领导汇报的；您好，您提出的这个建议，让我先请示一下机组（乘务组）好吗……

（2）对于旅客提出的各种异议问题，乘务员不可使用过激或直接拒绝的语言。例如，在座位上坐好了，是安全重要还是上厕所重要；跟你说过好几遍了，不行就是不行；我怎么能和你一起外出呢，真是可笑；飞机又不是酒店，你想干什么就干什么……

其实在通常情况下，语言是解开旅客心结的一把万能钥匙，但表达不正确的话也会好心办坏事，出现钥匙越拧越紧的状况，增加反向作用力，达不到想要的沟通效果，甚至很有可能还会有损旅客的自尊，激发旅客的不良情绪，导致问题性质的升级，难以处理。如果转一下弯，变换一种回应的言语方式，给旅客留一个缓冲的台阶会比较好。例如，您好，飞机正在颠簸，这样做很危险，请您回到座位上，等飞行平稳了再上洗手间好吗；先生您好，非常抱歉，您的要求已经超出了公司规定的服务范围；对不起先生，我们公司有规定，乘务员不能随便外出；飞机座位的安排是为了飞行的安全需要，所以不能自行调换座位……

三、个别旅客违法行为的处理

对于极个别旅客有意滋生事端、扰乱客舱安全秩序的违法行为，劝阻不听的，要及时报告乘务长、机长，然后对滋事旅客给予机上监控，情况严重的移交公安人员调查处理。对于客舱内的打斗、滋扰、恐吓、违规、伤害等行为，要毫不手软地给予依法处置。

对于机上的闹事行为者，乘务员一经发现，可以依据《中华人民共和国民用航空安全保卫条例》中的相关规定报告乘务长，乘务长报告机长，依法行使机长的权力，对现场事态的状况进行判断，然后采用必要的管束措施，甚至包括责令下机、对行为人限制机上活动自由的安全方式，情况严重的移交机场公安，按照《中华人民共和国治安管理处罚法》中的相关条款规定内容量刑处罚，对行为人"闹机"事件进行适合地惩治处理。根据民航局下达的《关于加强航空运输秩序管理的通知》要求，中国航协制定了《民航旅客不文明行为记录管理办法（试行）》，对乘机旅客的不文明行为给予记录、公布，对不文明行为旅客的记录信息，保存期限为一年至两年。此外，从治理效果上看，该管理办法的出台，一方面必然会对一些施恶闹事的机上行为者起到必要的惩治和威慑作用，打击违法行为者的嚣张气焰；另一方面对于航空运营市场的秩序维护、航班运输安全的保障、客舱服务质量的提升、旅客的乘机满意度等方面，都具有重要的现实和长远意义。该管理办法也会时时促进公民乘机出行养成良好的秩序习惯，认识飞行安全的重要性，同时也会间接地推动公民对自身出行形象的自觉维护，深化文明出行的意义，减少与降低不文明行为次数，净化污浊，创造国内国际间的和谐乘机环境。

和谐的客舱环境更有利于机组人员安心地履行岗位职责,在操作及服务方面集中自己的注意力,不过多地分散精力,保障岗位工作的质量,提高旅客的满意度和安全度。因此,对旅客违法及不文明行为的治理和运输服务质量之间,整体上看是相辅相成的好事。不过,也有业内人士表示,对违法行为者的处治结果还是显得过轻,更多的是震慑而非严惩,目前还没有法律强制性地规定对哪些行为者限制登机。然而,他治只是表治,自治才是人心最管用的治理,无论出台了多少法律法规和管理办法,关键还是需要旅客们的自觉配合,管理好自己的情绪,不给他人找不快。航空公司更需要从旅客的关心处着想和施策,减少航班延误、提高服务内涵、增加满意度。

在客舱空间里,每一趟航班何尝不是一个光鲜华丽的大舞台,旅客们像是风格各异、演技不同的演员,乘务员更像是定规则、施章法的导演,只不过与真正的舞台不同的是,客舱内聚集的都是"临时演员",而且是"倒付费"的,没有"隶属"关系,只有承运法规约定而成的合作关系,所以会比较不好管理。承运航班对于旅客来讲只是选择后的一份运输承诺而已,要公平、合理地提高出行效率、减少出行损失,不仅要知己更要知彼。从这个层面上讲,航空公司和旅客都有维护好航班出行秩序的义务和责任,不守规定者应当受到严惩。

思考案例及练习题

一、思考案例

在一架飞机快要着陆时,通常最后一个回港的航班上,乘务员都会做好供应品的交接工作,包括将剩余的饮料、服务用具等整理回收在餐车和储藏箱内,并用铅封条封好,做好回收交接记录。而就在这时,一位旅客突然按下了呼唤铃道:"乘务员,再来杯橙汁。"管理厨房的乘务员刚将全部用品存放妥当,一听到旅客的服务要求,便脱口而出:"先生,我们都封了。""什么?我要杯橙汁,你至于疯吗?"旅客立刻不满了起来,大发雷霆。

1. 如果你是现场中的乘务员,此时你会怎么做?
2. 你觉得旅客的要求合理吗?为什么?
3. 从上述案例中,你有什么体会和感想?说说看。

二、练习题

1. 你对本章第一小节中的餐食案例有怎样的看法?你学会了哪些化解艺术?
2. 如果发现客舱内有旅客故意扰乱的情况,你该如何制止?
3. 假如飞机上有旅客与其他旅客发生了冲突,不听劝阻,你会怎么办?
4. 通过对本章案例的学习,你掌握了哪些有效的平息旅客矛盾的方法?
5. 当你发现客舱内有拥有宗教信仰的旅客时,你该怎样为其提供良好的服务?

第五章
民航服务礼仪艺术案例分析

章前提要

中国是礼仪之邦。中国人特别注重人际交往中的礼仪，重视个人与交往对象之间的行为分寸，否则，就有可能因为礼仪上的缺失而损伤他人的自尊心，破坏友好的交流气氛，达不到理想的交往效果。同样，民航服务所表现出的是一种人际交往中的具体形式，离不开对旅客的礼仪服务，其中就包括妆容礼仪、微笑礼仪、表达礼仪等方面的礼仪元素。乘务职业是一个重要的形象窗口，礼仪表达必不可缺。在现实中，有些乘务员往往因为自身对形象礼仪的理解不到位，缺乏必要的礼仪意识，造成不好的影响。

本章主要阐述在民航服务礼仪中出现的各种现象，并通过对案件的阅读理解与分析解读，让大家了解服务礼仪的实际运用效果，清楚礼仪缺失导致的不良后果，从而学习好民航服务礼仪的规范和准则，掌握妆容、服饰、配饰、肢体和沟通等方面礼仪的良好运用。

问题导入

1. 你对服务礼仪有怎样的认识？你参加过礼仪方面的活动吗？
2. 你了解过礼仪规范及其在民航服务中的重要性和必要性吗？
3. 你平时是否关注妆容、服饰、配饰、肢体和沟通等方面的礼仪？
4. 你打算如何塑造好个人的乘务礼仪形象？你会从哪些方面入手？

服务礼仪艺术的恰当运用

第一节　使用好服务礼仪，完美乘务形象

乘务工作本身所展示的就是一种至美的服务形象。首先，乘务工作必然需要"美"的组成元素，柔和、优雅的妆容就是其中之一，不仅能给服务增添亮色，还会让旅客产生亲切感。其

次,自然、大方的微笑也会添加亲和服务的魅力。再次,得体、恰当的语言表达和行为举止会让旅客感受到应有的关怀和温暖。因此,这些组成服务礼仪的重要形象元素缺一不可。本节的案例故事,可以帮助我们加深服务礼仪的印象,为执行好有礼仪的服务奠定基础。

一、案例:"你的笑容像我女儿"

乘务员小航执行早班飞行任务,她起得很早,很认真地做好飞行前准备工作:化好细致得体的妆容、穿着标准的制服。当天的航班航程较短(北京—郑州),飞行时间只有1小时20分钟,航班旅客满员,又因短距离出行,大家都不想等待行李托运,所以造成机上旅客随身携带的行李特别多。这种拥挤的情况在短途飞行中会经常遇到,乘务员小航也很能理解旅客,就尽力地帮忙大家安排行李架。客舱中,有一位男士很自然地把箱子往小航身边一扔,说了一句"帮我放一下",就回到自己的座位上了。

当乘务员小航正忙得焦头烂额不知道怎么办的时候,身边有一位中年女士像母鸡保护小鸡宝宝一样站了出来,对小航说:"姑娘你别动,让那个大小伙子过来,自己的箱子自己放!让一个小姑娘提这么重的箱子像什么话!"那一瞬间,小航突然感觉自己不用逞强做航班上无所不能的女战士,而只是在妈妈怀抱里被保护的小女孩,感到特别温暖。飞机平飞后,小航在做完服务后来到这位帮助自己的女士面前道谢,这位女士看着小航说:"姑娘,你今天的笑容特别像我远在美国读书的女儿,你们都有长长的睫毛和甜美的微笑,妆容很干净也很亲切。我应该谢谢你给我带来的优质空中服务,下次有机会我还会选择你的航班出行。"

乘务员小航虽然之前在学校学习过乘务员职业形象的意义,了解其重要性,但经过今天的亲身经历,她更加注重自己在职业妆容上的塑造,力求以最好的形象面对旅客。

案例分析

这个案例很好地诠释了空乘职业形象礼仪的重要性,特别是在妆容方面的细致、用心,会更加衬托出个人的形象风采,展现在对客服务中,收获来自旅客的好感及赞赏,案例中的乘务员小航就是如此。通过对本案例的理解,我们有如下几个方面的深刻体会。

一是乘务员小航对乘务职业的认知非常到位。她能够充分地了解了乘务员职业形象的重要性,并且掌握了化妆的基本要求和规则。

二是小航在飞行前的准备工作很到位。她细心细致,妆容得体,给人亲和、干净的感觉,使得后续的工作开展顺利,以自己的美好形象打动旅客,还赢得了旅客的热心帮助。

三是乘务员小航的形象礼仪表达很到位。她不仅妆容得体,微笑自然,而且在忙碌中对提出帮助要求的旅客,没有任何不愿意和拒绝的表现,给旅客足够的理解。

四是乘务工作是一个窗口性的、有影响效果的职业岗位,必然要求乘务员有较好的形象礼仪为服务增加亮色,乘务员小航的经历也说明了这一点。

五是乘务职业修养和仪容仪表代表民航形象和航空公司形象,所以必然要求职业形象与职业内涵相符,两者之间的接近度越大,其公司品牌、个人价值的体现就越接近最大化。规范的妆容仪表不仅是乘务形象礼仪的具体展现,而且可以让乘务员为旅客提供优质、舒心的乘机服务。

二、案例：赶往家乡的航班

旅客小丽今天要乘坐航班从乌鲁木齐飞往北京，看望生病的奶奶，因为情况紧急，就当即在南航手机客户端订了距离起飞时间最近的一个航班CZ6999，距离起飞还有两个多小时。到达机场后，小丽随即在机场寻求地面工作人员的帮助，在特殊旅客柜台告知值机员自己的需求。在交谈和沟通中，小丽虽然着急但也一直彬彬有礼，配合工作人员的指挥和帮助。值机员迅速为其办理好托运手续和登机牌，协助安排小丽走最快的快速通道。小丽在机场地面工作人员的帮助下迅速到达登机口，顺利登机。

飞机起飞后，小丽因为担心奶奶的病情忍不住低声哭泣。这时，乘务员发现了小丽的异常，上前主动询问，了解情况之后，乘务员倒了一杯水给小丽，并轻声地安抚她，又把经济舱前排的空余座位安排给小丽坐，以便飞机落地后能及时下飞机。就这样，在机场地服及航班乘务员的细心帮助下，小丽的时间没有一点儿耽误。小丽处理完家里的事情之后写了表扬信给航空公司，感谢地面人员和当班乘务员的配合和照顾，使得她在有限的时间里多陪伴奶奶。

案例分析

此案例也让我们看到了礼仪表达的重要性。

（1）旅客小丽在为看望生病奶奶而焦急的时候，依然表现出了很好的礼仪素养。又因为在整个事件当中，旅客小丽使用得体的礼仪言语与人沟通，使得小丽有一个舒心快捷的旅程。

（2）周到良好的言语礼仪是具有感染力的，可以引发周围人群的好感，地面服务人员和空中乘务员也用礼仪规范自己的行为，帮助旅客小丽一路畅行。

（3）礼仪表达可以使得双方的沟通更加融洽，达成一致的效果。案例中的情形就是这样，服务者与被服务者之间实现了最大化对接，是高效的互动体现。

（4）人都有被尊重的高级精神需要，在各层次的社会交往活动过程中，按照礼仪的要求去做，就会获得被尊重带来的满足，从而获得愉悦，由此达到人与人之间关系的和谐，进而为我们的生活、出行、工作等带来积极的意义。

三、案例：歉意的微笑

在北京飞往珠海的航班上，旅客王先生打开报纸正要阅读，发现阅读灯坏了，就叫来乘务员，心情不快地抱怨了一番。王先生本来想让乘务员给自己调换座位，可是后来一想也没有什么用，自己也不想换座位，之后就闭目养神了。

餐饮服务开始了，王先生就发现，刚刚他对着抱怨和发牢骚的乘务员对他特别好，微笑亲切自然。虽然由于阅读灯坏了看不了报纸，王先生还是比较郁闷，但他也没做出什么反应。在长达3个多小时的航班中，这名乘务员每次经过时都会对王先生报以微笑。主任乘务长在下降巡舱时，王先生叫住了乘务长，向她郑重地表扬这名乘务员，阅读灯坏了带给他不好的服务体验，可是在后续的时间里，他被"真诚歉意"的微笑感动了，还说："这是多么优秀的员工啊！"

第五章 民航服务礼仪艺术案例分析

案例分析

当我们的航班服务不能满足旅客的现场需求时，或者在服务设备不周全的情况下，乘务员的礼仪就显得十分重要。例如，当出现了案例中的情况时，硬件设施影响了旅客的心情，但是乘务员的微笑礼仪，对之前的服务设备缺失进行了弥补。

敬业是一种精神，更是一种价值。对旅客报以歉意的微笑，事实上是对乘务职业岗位的重视，也是对乘务形象的守护。案例中，那位乘务员的服务完全是从旅客角度出发的，在面对不想换座位又碰上阅读灯坏了的旅客时，并没有觉得自己已经努力了、没有更好的办法了、硬件坏了也不是自己的过失，而是尝试用其他服务去弥补硬件的不足，最终让旅客深受感动，并向乘务长提出表扬。

因此，在乘务工作中，微笑礼仪是最能打动旅客之心的。真诚的微笑可以化解旅客的种种疑虑，很好地安慰旅客的不良情绪，能够在服务中起到事半功倍的效果。

四、案例：怕压的水果箱

一位旅客乘坐从广州白云国际机场至海口美兰国际机场的航班，下机后，却致电公司进行投诉。其投诉的理由是：

（1）在航班上，乘务员全程服务没有笑容；

（2）乘务长的头发很长，在提供客舱服务时没有盘头发，给旅客的印象非常不好；

（3）在进行安全检查时，乘务员要求旅客把行李放置在座位底下，当旅客提出质疑时，乘务员并没有给出任何解释；

（4）当旅客把水果箱放在行李架上时，要求乘务员小心，不要让其他行李压住这些水果，但是在取行李时，还是发现水果箱被压住了，导致箱内的水果被压坏。

旅客对上述几点服务事项非常不满意，要求公司核实并给予答复。经过调查，根据公司标准，该班乘务长留的是短发；乘务员在正常安检时，要求旅客把行李放在座位下，也是根据运行手册的安全要求提出的，并没有过错；同时，也没有证据能够证明乘务员没有对旅客做解释。另外，其水果箱开始是放在行李架最上面的，但后来是其他旅客将行李放在了水果箱的上面，所以无证据表明是乘务员造成水果受到损伤的。因此，投诉无效。

案例分析

首先，虽然投诉无效，但这个案例告诉我们一个真实的信息，就是旅客对乘务员的服务礼仪是比较在意的，特别是对乘务员的发型、微笑、语言等方面的礼仪元素非常关注，并且有自己的考核标准，犹如案例中没有盘发的乘务长，就让旅客产生不自然和不舒适的感受。

其次，必须清楚，乘务员在服务礼仪上稍不注意，就会被旅客当作投诉的借口，很容易给旅客造成一种不够专业的印象。不周到的服务礼仪，还会让乘务员在开展乘务工作的过程中容易遇到难题。例如，案例中的乘务员，因为安全要求正常对客服务告知，但当旅客提出疑问时，应该用专业的服务态度、礼貌的服务语言去回答旅客提出的问题，让旅客明白行李放置的安全需要，而不是丢失应有的语言礼仪，导致旅客有意见。

民航客舱服务艺术案例分析

再次，现阶段民航局规定旅客手提行李规格是20厘米×40厘米×55厘米，不超过10公斤，但一般旅客都会超标，尤其是非廉价航空公司的旅客。当旅客携带易损易碎的物品时，乘务员要和旅客说明这是易碎易坏的物品，要求旅客自己摆放；帮助旅客放置时，要与旅客确认行李状况；当旅客要求乘务员帮忙监管的时候，乘务员应该合理地运用服务技巧和语言艺术婉言拒绝。这是因为乘务员的工作内容很多，根本忙不过来，难以顾及。

最后，航空公司有必要重新审定乘务员是否适合帮助旅客摆放行李，特别是摆放易损易碎的物品，因为在摆放过程中物品容易受损，而且这增加了乘务员的工作量，在高强度、高压力的客舱工作环境下，也会影响乘务员对其他旅客的服务。同时，当乘务员帮助旅客摆放行李时，如果造成旅客行李的损坏，往往责任很难界定，容易引发后续问题，甚至是投诉。

第二节　缺失服务礼仪意识，导致形象受损

服务礼仪的缺失必然会导致乘务形象的受损，破坏乘务职业在人们心目中美好的形象，造成对航空公司和乘务员个人的不利影响。因而，我们在本节中也收集了几个不利于乘务形象保持和维护的负面案例，能够从不同的角度展示礼仪的重要性，并帮助大家从中吸取经验，思考教训，完美乘务职业的礼仪形象，建立起必要的意识，自觉自愿地关注对客的礼仪，维护好形象。

一、案例："31排我管不了"

一架昆明前往北京的国内航班降落后，经济舱第一排的要客随行人员到头等舱取行李，一不小心撞到了正在拿行李的白金卡旅客，白金卡旅客当即就找到负责送客的乘务员，说她没有维持好现场秩序，可是这名乘务员却说："我只管32排以后的旅客，31排我管不了。"白金卡旅客非常生气，马上就向带班乘务长投诉了这名乘务员。

就在白金卡旅客向带班乘务长口头投诉时，这名乘务员却迅速地摘下身上的服务牌，递给白金卡旅客看，并且说道："看清楚，我叫××。"带班乘务长正在向白金卡旅客致歉并安抚旅客，这名乘务员却一点儿也不顾及旅客的感受，还在一旁不断地辩解。陆续下机的旅客经过此处时看到此种场景，有的旅客摇头表示不解，有的旅客投来质疑的目光，并且这名乘务员一直占道，阻碍旅客下机，严重影响了航空公司的形象和声誉，引起周围旅客的极大不满。

> **案例分析**
>
> 如果乘务员缺失应有的服务礼仪，损害的不仅是个人的乘务职业形象，还会连带地破坏航空公司的形象，因为对于民航运输企业而言，任何员工都是公司的形象代言人。同时，作为一名乘务员，你是帮助旅客满足其需求的人，所以你的一言一行都在旅客的眼中和心中。
>
> 旅客的对与错并不重要，重要的是他们的感受。我们往往只会纠缠于旅客的对错，忘记了乘机感受，导致服务失误。乘务工作最重要的是对旅客坦诚，体谅旅客的需求。当我们面对一位有不满情绪的旅客时，自己先要保持冷静，用心倾听旅客的反应，换位思考，将心比

心,尽量从旅客的角度去理解。乘务员要向旅客表达一种正能量的信息,自己敢于承担责任,并乐于聆听和提供帮助,让旅客感动;而不是用负面的情绪对待旅客,或者故意用各种言行挑起旅客的怒气,这样很容易与旅客之间形成矛盾的对立面,使得问题处于不好解决的状态,造成乘务员和旅客两败俱伤,体现不出任何的服务价值。

二、案例:粗鲁的演示

航空公司接到了一位李姓旅客的投诉函,投诉的具体内容是:

(1)乘务员在客舱安检的时候,帮助39B旅客调直座椅时,动作表现粗鲁,连续两次掰开该旅客的手,直接去摁按钮;

(2)乘务员在演示如何调直座椅时,并未和旅客说清楚;

(3)当旅客提出异议后,乘务员并未表示道歉,直接扭头就走了。

因此,这位李姓旅客下机时就直接向乘务长表示要投诉,但是乘务员还没等乘务长说话,直接就反驳旅客:"多大点儿事,就为这件小事吗?……"直到乘务长阻止才停止说话。

案例分析

这是一起典型的因缺失礼仪服务而引发的投诉案例。在航班的安检阶段,是要求旅客把座椅恢复到原样的,乘务员这么做本来无可厚非,但是因为没有给旅客做好解释工作,态度也不好,才引致旅客的反感。在李姓旅客表示要投诉时,乘务长本可避免本次投诉,但因为让乘务员抢先了话题,造成乘务员当面顶撞旅客,对于航空公司来说,这是一个不可原谅的低级错误。在判定旅客投诉有效的同时,也给乘务员在处理问题时提个醒:在航班上,处理有冲突的服务投诉时,先要有微笑的亲和面容,让旅客感觉乘务员的歉意是真诚的,并无其他恶意。同时,要给旅客一个恰当的解释,必要时,需要利用服务工作进行弥补。在旅客当面向乘务长投诉时,乘务员应该倾听旅客的意见,而不是用不礼貌的语言反驳旅客,这样就不会造成矛盾的升级和投诉事件的发生。要让乘务长有机会第一时间处理投诉,不能让旅客将情绪带下飞机。案例中所描述的事例,就是因为乘务员当面顶撞旅客而引发的矛盾升级,导致旅客情绪不满而投诉,所以一旦当问题被反映到了公司层面,乘务长就无力回天了,她再怎么想把此事妥善地处理好,也没有办法了。

三、案例:如此对客服务

场景一:在飞行着的航班上,一对中国夫妇想看报纸,就向走过身边的一位未佩戴服务牌的女乘务员提出了这个要求,这时,未佩戴服务牌的女乘务员听到旅客夫妇的服务需求,却没有停下自己的脚步,而是一边走一边随口说道:"英文的!"马上就走过去了,言语中似乎还带着轻蔑的意味,让这两位希望看报纸的旅客夫妇有些不能接受。用餐时,旅客夫妇发现米饭有些夹生,这位未佩戴服务牌的女乘务员又回答说:"烤炉坏了!"

场景二:旅客小王乘坐CZ3101航班从广州飞往北京,因为是第一次乘坐飞机,所以在上飞机后找不到自己的座位,希望乘务员给予帮助。客舱中,负责旅客小王座位区域的乘务员有些心不在焉,在听完小王的诉求后,用手直接指着座位说:"往里走,座位靠过道。"小王听到乘务员的回答之后特别不舒服，就很委屈和无奈地自己去寻找座位了。

从以上这两个案例场景中，我们可以思考这两个方面的问题：其一，乘务员是否做到了规范的礼仪服务？其二，在乘务员实际为旅客服务的过程中，礼仪是否被体现出来了？

案例分析

对场景一的分析：

（1）本案例中的乘务员没有按照航空公司对乘务岗位的着装配饰要求来佩戴服务牌，属于不规范着装，没有很好地关注到服饰礼仪，航班乘务长也没有及时发现，对其提示改正。

（2）乘务员的服务礼仪严重缺失，没有使用真诚的语言礼仪，也没有使用微笑礼仪，而是一边走一边对旅客说话，让旅客感到不被尊重。

（3）缺失应有的亲和态度，表现冷淡，服务意识较差。

（4）严格按照客舱服务标准执行礼仪服务，是每个乘务员必须履行的职责。乘务员为旅客提供服务时，不应有厚此薄彼、区别对待的行为。难道中国人就一定看不懂英文报纸吗？当然未必如此。

（5）在此案例中，当旅客对餐食提出质疑时，乘务员不能在旅客面前强调客观原因，说"烤炉坏了"，以此来搪塞旅客对餐食的疑问。此外，客舱设备出现问题尽管不是乘务员的责任，但是说明航空公司整体的产品有瑕疵，乘务员要有主人翁意识，敢于担当，立即向旅客真诚致歉。在此情形下，如果条件允许，可为旅客更换一份新餐食；如果不能更换，也要向旅客道歉，并进一步表示会将此问题反映给相关部门，请求旅客的谅解。

（6）不知是何原因，导致案例中的乘务员对乘务工作产生懈怠情绪，不把旅客当回事，严重违背航空公司的对客服务原则。其实，对于乘务员这样欠缺礼仪的服务表现，乘务长也是有责任的。乘务组应该开展服务工作的自查自改行动，否则，受到旅客投诉的情况，迟早都会出现。

对场景二的分析：

案例中乘务员的做法已经违背了航空公司的行为礼仪准则。乘务员在为旅客小王指引座位服务的时候，没有遵守公司规定的行为礼仪准则，对旅客登机时的座位引导不到位，缺乏细节性服务。

另外，乘务员在航班上的服务中，对旅客不够尊重，没有使用必要的语言服务礼仪，丢失行为礼仪的约束和执行标准，所以才使得案例中的旅客小王感到不舒心。在民航服务中，只有用心地执行好服务礼仪，才能做到对客优质得体的服务，使得旅客满意。

通过对上述两个案例场景的分析，我们得出这样的结论：首先要思考，自己在实施客舱内的对客服务工作时，有没有按照航空公司的礼仪规范去帮助旅客？其次要问问自己，在旅客需要帮助的时候，我们应该怎样做到积极主动地协助，并且在服务过程中遵循礼貌、客观、得体的行为准则？最后想一想：自己是否用自己的职业技能和主动热情的服务达到协助旅客的目的了？会思考才会进步。要在心中常问自己："如何做好服务？"

四、案例：疲惫的乘务员

夏季飞行，受雷雨天气的影响，很多航班延误了。乘务员乐乐在结束了一轮的飞行之后，乘坐机组车回到公司基地。前一天航班大面积延误，使得原本前一天晚上就可以落地的航班延误到当日清晨，乘务员乐乐显得极度疲劳。由于离家比较近，并且公司门口就有公交车站，所以乘务员乐乐想着早晨坐公交车的人应该不多，一回到基地后，就急急忙忙地拉着飞行箱、穿着制服去乘坐公交车了。

乘务员乐乐是后半夜执行航班任务的，加之极度疲惫和困乏，就四仰八叉地在公交车上睡着了，身上的制服也没有整理好，并且身边还有带公司标志的飞行箱。她的睡姿被同车的乘客拍照发布到了网络上。乘务员不雅的形象，给公司造成了十分不好的影响，公司知道了此事情之后，对其进行了批评教育，并给予停飞一个月的处理。

案例分析

尽管这个案例中讲述的事件不是乘务员在工作状态中形象礼仪缺失的问题，但作为一名乘务员，职业形象是随时都要关注的，否则就可能会给公司造成不好的影响。

（1）乘务职业的特殊性必然要求乘务员对自身形象进行关注。即使工作劳累，乘务员也不能丢失形象礼仪，要保持仪容、仪表得体，按照飞行时的标准严格要求自己，做到自律、自尊、自检，不能下了飞机就认为可以为所欲为了，就可以不关注自己的仪容仪表了。

（2）落地之后，乘务员一般都会穿着制服，所以要尽可能地使自己的服饰礼仪尽善尽美，身穿制服的时候不选择乘坐公共交通工具。制服代表航空公司的形象，制服是乘务员在执行航班任务时所穿的工作服饰，同时也代表职业和个人的形象。

（3）案例中的乐乐，因为十分疲倦，所以在公共交通工具上睡着了，并且睡姿不雅观，这违背了乘务员在自身仪容仪表以及自律方面的行为准则。乘务员在任何时候都要严格要求自己，不可放松形象礼仪方面的警惕性，时刻切记自己是公司形象的代表者，是乘务职业的代言人，依照规范的乘务员礼仪要求来规范自己的礼仪形象、审视自己的举止行为。

第三节 民航服务礼仪要点

一、民航服务礼仪的作用

乘务服务礼仪其实就是一种行为规范，是指乘务员或地服人员在飞机上或地面服务时，在对客服务中应当自觉遵守的行为准则。从旅客办理登机手续、托运行李、客舱迎接旅客登机、与旅客进行沟通，到飞行中供餐、送饮料，以及为旅客提供个性化服务、为特殊旅客提供特殊服务、航班信息广播、客舱安全秩序维护等，航空公司都有一整套必要的、规范的行为准则，这个准则就是我们所说的礼仪标准。

在不同的民航服务岗位上，我们都要清楚地认识到：乘坐公司航班的旅客是能为航空公司或机场创造一定利益的客户。而这些能为公司带来盈利和收入的旅客，就是乘务工作人员服务的对象，所以要尊重服务对象的心理需求，满足他们的乘机需要，并根据他们的意见、态度、需要，开展好有价值的服务活动。同时在这个活动过程中，需要体现一定的服务目标和标准，规范好乘务工作人员的行为礼仪。

二、民航服务礼仪的体现

首先，乘务员是直接和旅客面对面打交道的，其文明的礼仪形象、专业素养、仪态表现、言谈举止、服务态度和服务技能都会给旅客留下印象，这不仅代表服务者自身的修养和素质，影响企业的经营效益，而且代表行业、公司乃至国家的形象和尊严。因此，乘务员需要具备较强的对客服务意识、较高的服务艺术和专业水准。从事乘务工作的人员要掌握必要的服务礼仪，塑造优雅得体、彬彬有礼的中国民航乘务工作者的形象，这也是建设好安全、快捷、高效、和谐的中国民航窗口企业的重要组成部分。

其次，在谈及民航客舱服务时，更多的人马上想到的是温馨暖情的直观服务，但实际上，民航服务却是一种文化气息十分浓厚的艺术性活动，必然会要求从业者具有较高的文化素养。当下，许多专业人士提出知性服务的观点，即乘务员应当给旅客提供最贴心和周到的服务，让他们产生舒适并舒心的乘机体验。因此，这就需要乘务员具有相当体量的职业知识，对乘务职业具有高度的理解和充分的认知，全面掌握乘务职业所需要的完整展现方式，体现这一职业本身的规范性、礼仪化、形象标准、服务内涵以及行业精神，否则仅凭柔音软语，或者靠奉承、拉拢旅客行事，有可能会事与愿违，甚至引发不当的纠纷及不快。

最后，在民航工作中，乘务员执行对客服务，必须遵守管理规定的行为准则，用准则约束自己的行为，从而展现出符合行业整体水准的优质服务，这个准则就是对服务礼仪的诠释。如果没有一定的对服务礼仪的约束，在对客服务中就很难做到优质、得体并使得旅客满意。另外，在实施对客服务的过程中，良好的礼仪运用可以使得乘务员在整体形象上看起来更加完美和靓丽、更有风采、更能赢得旅客的好感，让旅客感受服务场景时会觉得更加温馨，从而使得我们对客服务的过程无比流畅。

三、民航服务礼仪的要素

（一）乘务员职业妆容礼仪

乘务员的职业妆容礼仪，要符合以下各项要求：

1. 自然大方

乘务员在乘务工作中适宜淡妆，讲究自然大方，不能浓妆艳抹，而最巧妙和高雅的职业妆容会给人一种"天然去雕饰"的感觉。自然的妆容不仅能衬托出乘务员的温婉气质，不张扬、不浮华，而且能够让旅客更容易看出乘务员在工作时的自信成熟、精神饱满及温和有礼。

2. 搭配协调

① 乘务职业妆容，一定要与自己的制服整体上保持协调。例如，使唇彩和制服或者丝巾的颜色基本一致，不能造成过大的色差，这样看起来会显得更加整洁。

② 乘务员化妆要与周围的环境相搭配。通常，乘务员会在个人准备环节把妆化好，在集体准备会前就把制服和妆容准备就绪。当着同事或者其他人员的面化妆是极其不礼貌的行为；如果在集体准备会或者候机楼里化妆，同样也会给他人造成工作不认真、用心不够专注的感觉；在公共场所修饰面容也是不雅的失礼行为。

3. 符合职业需要

时下，有很多年轻人在妆容塑造上追求前卫，喜欢标新立异，但这不符合乘务职业的审美标准。一是与我们的工作场合十分不协调，与服务环境格格不入；二是这样的妆容也会影响旅客的乘机心情，让旅客看到后产生不舒服感；三是与乘务员服务形象要求不一致，还会对我们的乘务工作带来不利的影响。

航空公司都会有一套自己的妆容标准，从丝巾搭配、制服颜色、口红颜色、眼影和腮红的色彩，到发髻等都有严格的规定。例如，穿什么颜色的制服，就相应搭配同一色系的口红和腮红。因此，从事乘务职业，就要丢掉那些个人喜好。同时，公司也会在起飞前的个人准备阶段，以及集体准备中对乘务员的妆容进行自检和互检，其目的就是使乘务员能够在自律、适度及尊重的基础上，进行标准的职业妆容搭配，使得乘务员在后续的机上服务时更加优雅、从容和得体，也会让旅客们感觉舒适和自然。

4. 注意补妆场合

乘务员妆化得好，就会起到好的服务效果；化得不好，就会起到相反的效果。因此，乘务员一定要掌握化妆的技巧和礼仪要求。一是要时刻注意自身的整体形象，不能有任何轻视心理和行为；二是穿上制服就代表公司，乘务员的一举一动都关系公司的形象，要处处留意自己的形象；三是要知道，作为一名乘务员，妆容得体与否，在职业生涯中有着至关重要的作用和影响。

乘务员要确保妆容的完整度，在留心和关注妆容得体的同时，如果真的有必要化妆或补妆，一定要到洗手间去完成，千万不能当着他人的面进行。乘务员在进行对客服务时，掌握化妆的基本方法和技巧，知晓妆容礼仪和标准要求，能够让自然的妆容衬托出大方、高雅的气质，从而让旅客更容易接受自己、更乐意享受自己提供的服务。

（二）乘务员服饰礼仪

服饰代表一种民族文化，对乘务职业而言也是一种形象礼仪元素。得体、合身的服饰不仅可以增加一个人的仪表气质，而且可以很好地塑造出自身的职业形象，所以服饰是一种致美的服务艺术。乘务员需要掌握好服饰礼仪规范，通过和谐、得体的服饰搭配来展示自己的美学修养和服饰礼仪，可以获得好的服务效果。乘务服饰礼仪要遵循如下原则：

1. 大众审美原则

服饰打扮的方式不同，产生的效果也必然不同。乘务员要遵循大众的审美观及审美心理，还要遵循一定的基本着装原则，遵守航空公司的服饰规定，完善个人的服饰打扮。

2. 整洁性原则

乘务员的服饰要讲求整洁性，本着整齐、干净的原则进行个人着装，这是乘务员最基本的原则之一。一个穿着整洁的人总给人积极向上的感觉，并且表示出对交往对方的尊重、对乘机旅客服务的重视。然而，整洁性原则并不意味着时髦和高档，而是要保持服饰的干净合体、穿在身上整齐有致。

3. 职业化原则

乘务员由于年龄、性格、职业、文化素养等各方面情况的不同，自然就会形成各自不同的气质，所以我们在选择服装和进行服饰打扮时，不仅要关注其是否符合个人的气质，还要突显自己的美好气质。为此，乘务职业者必须深入地了解自我，正确地认识自我，选配好适合自己的服饰，用服饰展现自己的职业风采和服务形象。

4. 和谐性原则

所谓和谐性原则，是指协调得体的服饰穿着原则。乘务员在选择制服时，不仅要与自身体型相协调，还要与职别相协调，比如乘务长要穿乘务长特定制服，普通乘务员要穿普通乘务员对应的制服。如果遇到特殊航班，比如春节，或者重大少数民族的节日，乘务员则会根据现场氛围，配合节日活动需要，特别地穿一些具有节日气氛或者民族特色的制服。

5. 搭配性原则

服饰的美，具体体现在款式、质地和色彩三者的完美统一上，在形、质、色三者相互衬托、相互依存的基础上，达成服饰整体美的和谐统一。乘务职业的服饰色彩搭配不仅要遵循一般的美学常识，还要在服装与服装、服装与饰物、饰物与饰物之间的色彩搭配方面做到色调和谐、层次分明。另外，服饰色彩还要特别讲求在肤色与服色、服色与饰色、饰色与饰色之间变化的基础上，寻求色彩的饱和与平衡，关注颜色之间的相互呼应。

（1）服装色彩搭配。

服装色彩的搭配要掌握好以下几种方法（仅供参考）。

① 主色搭配：选取一种起主导作用的基调为主色，相配各种颜色，造成一种互相衬托、相映成趣的效果。但要格外注意色调搭配如果选色不当，很容易造成色彩的混乱不堪，有损整体形象，因此在使用的时候要特别慎重。

② 同色搭配：由相近或相同、明度有层次变化的色彩，相互搭配组成统一和谐的服饰色彩效果。在同色搭配时，可掌握上淡下深、上明下暗的搭配方法，这样整体上看起来，就有一种稳重和踏实之感。例如，墨绿配浅绿、咖啡配米色等。

③ 相似色搭配：从色彩学上可知，人们把色环上九十度以内的邻近色称为相似色。例如，蓝与绿、红与橙等。在相似色的色彩搭配时，两个色调的明度、纯度要有意错开，如深一点的蓝色和浅一点的绿色，搭配在一起就会比较合适。

同时，在色彩的搭配上，要根据不同的年龄段区别对待。鲜艳、活泼比较适合年轻人，可以充分地体现年轻人朝气活力的青春美感；而中老年人的着装则一般要求庄重、雅致、含蓄一些，体现成熟和端庄之美，通过色彩与年龄的有机结合，彰显服饰的意味。

（2）服色与体型搭配。

天下人高矮胖瘦各有不同，其着装也会有所区别。

① 体型高大的人在服装选择与搭配上，选择深色、单色为好，太亮、太淡、太花的色彩都有一种扩张感，使得着装者显得更高、更大。

② 体型较矮小的人的服色宜选稍淡、明快、柔和一些的色彩，上下色彩一致可以产生修长之感。

③ 一般体型偏胖的人在服色的选择上，应以冷色调为好，过于强烈的色调就更显得胖。

④ 往往体型偏瘦的人，应选择明亮、柔和色彩，太深或太暗的色彩，反而显得瘦弱。

（3）服色与肤色搭配。

① 肤色发黄、略黑的人在选择服色时，不能选择过深的服色，这样会加深肤色偏黑的情况，看起来缺乏朝气；反之也不宜使用色调过浅的服色，色调过浅会反衬出肤色的黝黑，同样会显

得暗淡无光。这种肤色的人，最适宜选用的是与肤色对比不强的粉色系、蓝绿色，忌用色调较暗的褐色、黑紫色、黑色，或是明亮的黄色、橙色、蓝色、紫色等。

② 肤色发红者，应选用稍冷或浅色的服装色彩，但不宜使用浅绿色和蓝绿色，因为这种强烈的色彩对比会使得肤色显得有些发紫。

③ 若肤色略带灰黄色，则不宜选用米黄色、土黄色、灰色的服装色彩，否则就会显得有些精神不振，看起来整个人都是无精打采的样子。

（4）服色与性格搭配。

一般性格内向的人，会喜欢选择较显沉着的颜色，如青色、灰色、蓝色、黑色等；而一些性格外向的人，通常可以选用暖色或色彩纯度高的服色为佳，如玫瑰红以及橙色、黄色等。

（5）服色与职业搭配。

职业不同，人们的着装要求也不尽相同。就乘务员的制服而言，它是和所属的航空公司相匹配的，要符合公司的文化理念，体现公司的标志内涵，例如，国航的金凤、南航的木棉花、东航的海燕等。通过乘务员的服饰与着装风格，人们一眼就能看出其是哪个航空公司的员工，因此，乘务职业服饰礼仪也是公司的形象元素，其中包含公司的服务内涵。

（三）乘务员配饰礼仪

乘务员在飞行的过程中，是不可以配备夸张的带有安全隐患的饰品的。在通常情况下，乘务员在执行对客服务时，一般可按照要求佩戴手表、耳钉及戒指，依照规定选用指甲颜色。

1. 手表

按照民航局《大型飞机公共航空运输承运人运行合格审定规则》中的规定，每名空乘人员在执行航班或者出外执勤时，必须佩戴一块走针准确的手表，这是为了一旦发生紧急情况，全体机组成员必须按照机长的指令，按照预定时间采取应急措施或者紧急撤离。图 5-1 为乘务员手表配饰标准图。

2. 耳钉

女乘务员在飞行工作期间，可以佩戴黄豆大小的耳钉或者珍珠，不得佩戴任何悬挂、超出耳垂轮廓的饰品，更不可佩戴夸张的饰品；男乘务员则不可佩戴任何耳饰。图 5-2 为乘务员耳钉配饰标准图。

图 5-1 乘务员手表配饰标准图　　　　图 5-2 乘务员耳钉配饰标准图

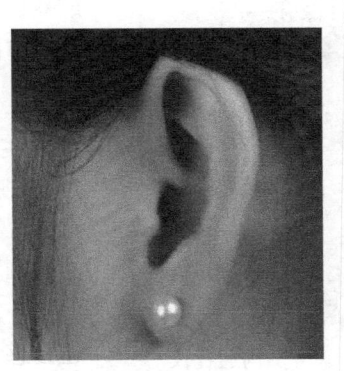

3. 戒指

每名乘务员手部都可以佩戴简洁精致的戒指，位于手指的无名指或者中指上，但乘务员不可以佩戴手链、脚链等其他配饰。图5-3为乘务员戒指佩戴标准图。

4. 指甲

女乘务员在工作期间，指甲颜色可选择肉色、淡粉色，不可涂抹怪异或者亮眼的指甲颜色；男乘务员不可涂指甲油。

（四）乘务员肢体语言运用礼仪

肢体语言（又称"身体语言"）是指通过头、眼、颈、手、肘、臂、身、胯、足等人体部位的协调活动来传达自己的思想和内在情感的沟通方式。在狭义上，肢体语言只包括身体与四肢所表达的意义；但在广义上，肢体语言也包括面部表情，比如微笑、目光关注等。

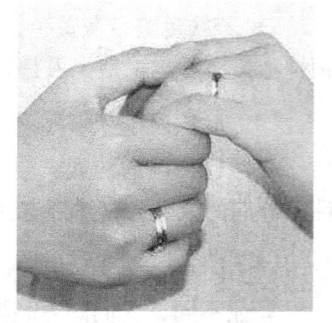

图5-3　乘务员戒指佩戴标准图

通常来讲，在通过肢体动作表达个人的具体情感时，我们会自然地联想到很多惯用动作。例如，鼓掌表示高兴，搓手表示焦虑，顿足表示生气，垂头表示沮丧，摊手表示无奈，捶胸表示痛苦等。我们可以知道，在日常的生存活动或交流沟通中，对方以各种各样的肢体活动表达当下情感、宣泄内心情绪，或快乐或沮丧。这样，一方就可据此辨识出当事人或另一方用其肢体语言所表达出的当下心境。

乘务员在对客服务的过程中，往往会使用肢体语言配合进行有效的沟通和服务。例如，用细小动作去安抚旅客，用眼神去鼓励旅客，用微笑去感化旅客等。诚恳的目光、迷人恬静的微笑、有力鼓励的安抚，以及对旅客的拥抱等，都是我们在乘务工作中常常用到的肢体语言礼仪。有时候，无声的肢体语言更能安抚旅客，很好地诠释出服务的艺术性和沟通技巧。然而，在使用肢体语言与旅客接触的时候，一定要注意距离，遵守肢体接触的准则，保持肢体语言的尊重性、恰当性及合理性，不能给旅客造成误会。

（五）乘务员沟通礼仪

礼貌沟通不仅能帮助我们更有效地达成对旅客的有效服务，而且还能增进双方的了解，拉近彼此间的距离，产生亲和感，让双方在心情舒畅的状态中达成共识。关于乘务员在工作中的一些沟通技巧，可以通过以下五个方面具体体现。

图5-4　乘务员沟通礼仪

1. 学会艺术性表达

在对客服务中，重点不在于你说什么，而在于怎么说，因为同样的一句话在不同的情景下，用不同的语气、语调中说出来，给旅客的感觉是不同的。例如，"你觉得自己的性格怎么样？"转换成艺术性的表达方式就是"如果我没看错，您的人缘一定不错吧。"这样，让对方听起来，就没有那么生硬，还会感觉很好。

2. 注重沟通实效

与素质比较高的旅客沟通时，要体现出个人观点的高度和深度，使用专业性的语言表达，彰显乘务员的专业功底。切不可对旅客说模棱两可的话，如果这样宁可不要轻易开口。

3. 适当使用肢体语言

在对客服务的沟通中，适当地使用自己的肢体语言，不仅可以辅助我们表达，而且会让双方的交谈气氛更轻松。另外，在肢体语言的互动中，也能够了解对方的一些心理状态。

4. 倾听的心态

在航班的对客服务中，不仅要通过体察及时地询问旅客，为旅客提供服务或帮助，更要学会倾听、善于倾听，这对我们的服务工作或人际交往中的各个方面，都有着非常重要的作用和意义。通常在我们的日常沟通交流中，善于倾听者都是知道尊重对方的人，同时也是在鼓励对方，让对方能够充分地表达心中的意愿。

其实，在乘务工作中，倾听得越多，就会了解越多的旅客信息，就可以把我们的对客服务做得更加周全和精细，体现出乘务工作者对旅客的关怀和体贴。

5. 注意沟通礼仪的禁忌

民航服务是一个庞大的综合体系，在客舱这个特殊的公共场所里，聚集了各种各样的人员，乘务员无论是对国内旅客还是对国际旅客进行服务，都要注意沟通礼仪。一是与旅客交谈中五不问（收入、年龄、感情、健康、婚姻等个人隐私）；二是要注意对旅客的礼貌和尊重；三是如果旅客的信息对接下来的服务很重要，那么建议多观察对方，比如其在着装、言谈举止上的表现以及客舱的座位情况等，并从前面的服务沟通内容上，大致地给予判断。另外还要注意，在沟通中避免使用恶意诋毁的语言。

最后，通过对本章案例的阅读、分析和理解，再加上对本节内容的学习，我们希望引起大家对民航服务礼仪的客观认知，并注重自己在服务中的形象礼仪与沟通礼仪，在平时的生活中也要关注个人形象，用民航职业人应具备的素质和行为管理好自己的言行举止、妆容服饰，时时处处不忘记自己的身份，保持良好的职业礼仪。

思考案例及练习题

一、思考案例

在北京至广州的 CA1301 航班上，乘务员有条不紊地进行着上客前的各项准备工作，与航食的工作人员交接完毕后，乘务长申请开始上客。得到机长的允许后，旅客开始有条不紊地登机。就在这时候，实习乘务员小宇（化名）发现制服马夹的扣子掉了一颗，她很快告知当班乘务长，乘务长及时要求小宇换上乘务员外套，并安抚小宇不要紧张，等旅客上完后再解决制服问题。因为刚刚实习没多久，小宇遇到突发事件时难免有些紧张，在更换制服的时候，口红被衣服蹭掉了，而她并没有发现。

乘务员小宇换好衣服后，就出来继续协助旅客登机。在飞机平飞后，小宇和同事一起发放餐食，这个时候她被一位旅客投诉了的理由为仪容仪表不得体。这个时候，乘务员小宇才意识到都是口红惹的祸，她匆忙换衣服时，口红被蹭掉了。乘务长得知后，便迅速地让乘务员小宇去卫生间重新整理好仪表仪容，但旅客还是投诉了。

1．你对案例中实习乘务员小宇在仪容仪表方面有哪些建议？
2．执行飞行任务时检查自己仪容仪表的重要性是什么？
3．如果以后在工作中遇到此类问题，你该如何处理？

二、练习题

1．通过对本章第一节中案例的学习，你有哪些礼仪方面的收获？
2．谈一谈你对本章第二节中的几个案例的真实想法和认知。
3．你觉得乘务员的职业妆容塑造重要吗？妆容对乘务工作有何意义？
4．在今后的工作岗位上，你会如何自觉地维护好民航礼仪形象？
5．乘务员在平时是否需要保持良好的职业形象？

第六章
民航服务特情处置艺术案例分析

章前提要

乘务职业是一项需要综合素质与专业技能相结合的特殊职业，乘务员不仅要知礼、懂礼，而且要清楚地知道航班运输的安全保障，建立安全意识，有安全职责担当，能够有效地排除航班飞行中的各种风险和危机，化危为安。安全服务是民航运输过程中的首要任务和工作前提，只有在安全的基础上执行对客服务，才可能顺利地把乘务工作做好，做得更加完善与致美。离开安全就无从谈及有质量的服务了，安全服务无疑是民航服务的根本。因此，在客舱服务中，必须时刻关心旅客状况，关注客舱设备的使用情况，体察客舱秩序及旅客身心的异常，一旦发现问题，立即采取周全与妥当的急救方式解决好。大力弘扬民航精神，把旅客的生命安全放在第一位，才是成就民航服务的不二法门。

本章重点阐述航班运营过程中旅客突发疾病状况的处理，以及扰乱客舱安全问题的处置、不正确操作导致客机设备出现意外状况的解决方法，航班上出现了偷渡、盗劫等违法行为问题的处置方法等，希望大家从中学习各种突发情况的应急措施及应对态度。

问题导入

1. 在航班飞行中，安全重要还是服务重要？
2. 要具备良好的安全意识，必须满足哪些要求？
3. 假如航班上突然有旅客生病，该如何处理？
4. 你以前对航班上出现飞贼的情况有过多少了解？

特殊情况下的人、机安全保障

第一节 及时处理突发状况，诠释"生命至上"

执行旅客运输任务的航班在万米高空中飞行，由于每个人的健康状况不同、年龄有差别、心理承受力也不一样，在高空飞行着的环境中，旅客身心表现也不尽相同。因此，在乘务工作中，难免会遇到个别旅客突发疾病的状况，需要实施旅客空中急救措施，有时候机长甚至会采取备降、返航的处置办法，尽快地帮助旅客及时入院治疗，诠释"生命至上"的大爱精神。

一、案例：落地时的求助

国航某航班刚落地停稳，乘务长突然听到客舱中有旅客的求助声，便急忙上前查看，发现一位母亲带着的一位小女孩，鼻子流血不止，已经把衣服都染红了。焦急的妈妈显得束手无策。乘务长询问后得知，小女孩的鼻子在下降过程中毫无征兆地开始大量出血，已经用纸巾控制一会儿了，但毫无缓解。女孩的妈妈带着哭腔恳求着说："您快帮帮我吧，我都不知道怎么办了，血就是止不住，她从来都没这样过。"乘务长马上抱起小女孩走进洗手间，一边用凉水冲洗孩子的鼻子，一边安慰她："宝贝，真坚强，没事的，用冷水冲一下一会就不流血了，叔叔保证，马上就好了，你多大啦？"一边聊天一边帮女孩处理鼻血。小女孩开始很害怕，不住地喊着："叔叔，好多血呀，我会不会死呀？"乘务长看着这个可爱天真的小女孩，不住地对她说："不怕，叔叔会治好你的，不要怕。"

乘务长虽然这样说着，但是心里还是很着急的，因为孩子的鼻血还是不断地往外流，他暗暗地告诉自己：别慌！在这种突发事件发生时，稳定的心理素质是十分必要的。于是他果断地做准备，让机组通知医疗部门上机进行救治，同时继续以娴熟的专业知识控制出血，先用冰敷，再按压穴位，还不停安慰小女孩和她的母亲："别担心，血马上就止住了，孩子以前也没有病史，一定是因为长航线飞行，下降时机舱内的气压差变化导致的，不是什么大问题。"不出乘务长所料，经过努力，女孩的鼻血不再流了，孩子妈妈紧锁的眉头终于舒展了。很快，机场医护人员也到达现场。为了让孩子和母亲更加放心，医生进行了仔细的检查，告诉大家，乘务长的判断和处理是正确的，不要担心。这时，小女孩的妈妈终于破涕为笑，万分感谢乘务组为她们所做的一切。望着这对母女此时的情形，乘务长的心里十分欣慰。

案例分析

首先，在这架刚落地的航班上，机组人员共同展现了救助小旅客的感人场景，也向我们很好地展示了乘务长在遇到机上突发事件情况下的担当精神、良好的专业判断力、果敢态度，以及沉着稳定的心理素质，这是乘务职业所必须具备的一些特质。虽然在我们的日常生活中，小孩子流点鼻血不算是什么大事，但作为机上的一名小旅客，问题的性质就不同了，其中会涉及对旅客的关爱、对旅客生命安全的负责，所以当听到旅客的求助声时，一定要竭尽全力地为其提供帮助，不能有任何的迟疑。

其次，当航班上遇到突发事件或者无法预见的事件时，化解危机的关键在于乘务员对旅客人身安全的职责承担、不畏惧、不胆怯、不推脱和不逃避，他迅速果断地采取有效及有序的相应措施，降低因为处理不及时或不当所带来的可能影响，此案例很好地诠释了这一点。

最后，往往在这样的突发状况下，旅客最需要别人给予的关心、安慰和帮助，乘务员的努力会让旅客看在眼里、记在心里。因此，为旅客排忧解难，乘务员责无旁贷，无论面对怎样的情况，都不能退后，而应快速做出反应，尽力协助与积极沟通，寻找原因，安慰旅客，即使事情在当时得不到很好的解决，乘务组的做法也会温暖旅客的心。

二、案例：癫痫旅客救助

2021年3月13日，南航CZ3583航班从南昌飞往太原，就在飞机落地前10分钟，后舱乘务员突然听见一位旅客大声呼喊："谁来帮帮忙啊！"声音非常急促。乘务员确认飞机状态平稳安全后，迅速来到57B座旅客的身边，发现她的一名孩子（1岁2个月）正在浑身抽搐，直翻白眼。现场情况十分紧急，乘务员立即广播找医生，并报告乘务长、机长，由于在机上旅客中没有找到医生和护士，乘务组决定利用平时训练学习到的医疗救护知识，立即对这个孩子进行机上急救处理。

通过询问孩子的饮食状况，观察其面色，排除异物卡住的可能后，乘务长与三名机上旅客一起，按照类似癫痫的急救处理。掐虎口和人中，用毛巾抵住孩子的牙齿以防咬到舌头，解开安全带，移走旁边的尖锐物品，给孩子测量体温。孩子妈妈看自己的宝贝一直没有好转，就急得哭了起来。此时，乘务长一边安排乘务员接替她继续急救，一边把现场紧急情况再次汇报给机长，并要求与协调地面救护车接机，尽快地帮助孩子入院治疗。

旅客母亲和孩子很快地被调至客舱的第一排，以保证在舱门打开后能够尽快下飞机。同时，太原机场接到CZ3583航班机长的呼叫后，迅速响应。飞机到达停机位时，机场急救人员已提前到达等候。紧接着，孩子被送上救护车，紧急赶往医院接受治疗。后来从南航太原办事处给南航深圳分公司的电话中了解，因为在机上的应急抢救及时，又快速地入院治疗，小旅客的病情已无大碍，机组人员及孩子的家人应该放心了。

资料来源：选自学习强国平台。

案例分析

"生命至上，大爱无疆"，正是这一案例的真情诠释，让我们再一次看到了机组及乘务组人员对旅客的无限关爱和尽力帮助。当旅客遇到可能危及生命安全的病况后，他们马上采取必要的救助行动，对其实行机上急救与协同地面医疗人员转移救治相结合的有效措施，及时帮助小旅客渡过难关，让家人放心，也让自己安心。

这个案例也让我们感受到了后舱乘务员、乘务长、乘务组和机组的职责担当。一是当发现旅客的病情状况后，乘务员确认在飞行安全的状态下，立刻把旅客病情报告给乘务长，并马上广播找医生；二是乘务长带领乘务员利用掌握的急救知识，开展对小旅客的机上急救工作；三是一边进行机上急救，一边协调地面医护人员接机与送医；四是接到航班机长的呼叫，机场人员积极配合行动，医疗人员及救护车提前到位等待，接上小病人马上送往医院治疗。可以看出，这其中一环扣一环紧凑衔接，没有半点松懈和耽误时间，很好地表现出了民航员工关注旅客生命的大爱之心。

同时，在这里我们还要提醒大家：在处理旅客病情时，无论是旅客自己造成的，还是由于乘务员不慎造成的，或是由其他原因导致的，乘务员都要第一时间找机上医生；在没有医生现场指导的情况下，要清楚了解旅客发病的原因，并按照现场旅客的表现，做出病情判断，利用所学的急救知识及机上应急物品进行处理，报告机长采取其他妥善处置的办法，比如案例中的转移至医院治疗，以免造成更严重的后果。

另外，我们还应该知道，在有孩子乘机的情况下，作为乘务员在严格遵守服务规定（例如，在为旅客递送热饮时，应按规范动作执行，要对旅客有语言提示；热水倒至杯中二分之一处，不宜过满，要将水杯放置在小桌板上，避免相互传递过程中水杯脱手等）的同时，更重要的是，要设身处地为旅客着想，对孩子有一颗特别细致的关爱之心，以"区别对待"的心态，看到机上有小旅客就应该想到提前预防一些情况的发生，那么规定执行起来就顺理成章了。我们并不难知晓这样的情况，在旅客乘机的过程中，时常会有因家长不慎导致孩子被热水烫伤、被食物卡住喉咙的情况等，所以在对航班小旅客的服务中，要多加注意。

三、案例：信任的力量

在由巴黎飞往北京的航班上，乘务员莉莎为旅客分发第一顿餐食的时候，发现有一位女士脸色惨白，眉头紧皱，很不舒服的样子，便主动上前询问："请问您是哪里不舒服吗？有家人陪您一起吗？""没什么事，她只是有些晕机，躺一会儿就好。"一位男士回答道。莉莎心想这位男士应该是她的丈夫，于是也就没有再打扰他们。然而，莉莎还是把这位女士的情况告诉了她的乘务员伙伴们，每个人都对这位女士很关心，时常去询问女士的状况，"好些了吗？需要我们做些什么吗？"然后帮她盖盖毯子，拿些温水，提供热毛巾……随着时间的推移，莉莎和伙伴们发现，这位叫珍妮的女士的症状和平时的晕机不太一样，于是将这个情况报告给了主任乘务长大卫。

乘务长大卫凭借多年的经验，发觉珍妮的丈夫与他交谈时，似乎有什么心事，顾虑重重的，欲言又止，仿佛与珍妮的病情有关，同时也发现珍妮的身体越来越虚弱，既负责任又非常沉稳的大卫决定努力地了解一下珍妮的身体情况。凭借真诚的服务态度、细腻的温暖话语，乘务长大卫用自己的真心付出，打动了珍妮和她的丈夫。

最后，珍妮向大卫说出了实情："因为怕将严重的××病情告诉你们而被拒绝登机，因而不得已隐瞒了实情。"大卫意识到珍妮的病情不能再拖延，立即广播找医生，最后在机上医生和乘务员的共同努力下，珍妮的病情得到了控制。飞机平稳地降落后，当大家把珍妮送上救护车时，每个人的内心都无法平静，也希望信任的力量可以最终让她健康起来。

> **案例分析**
>
> 分析此案例，我们能从中收获信任的力量，感受我们的服务被旅客给予的信任和支持，这是一份乘务工作的荣耀，更是一份民航运输业的社会信誉。在服务中感受信任，在做好服务的同时，还需要更深入地了解服务背后的诸多故事，从案例中汲取必要的能量。关于旅客的信任感，我们还可以通过以下几个方面，加深认知上的印象和理解。
>
> （1）做好服务的前提，是与被服务者之间建立必要的信任，而建立信任的基础是让旅客感受到你不会损害他们的利益。犹如案例中的乘务长大卫，他拿出自己的十二分真诚和温暖打动旅客，做旅客的贴心人，最终消除旅客的疑虑。也就是说，旅客愿意把自己心里的想法说出来。这样的服务状态会使得沟通无障碍，从而达到为旅客提供更进一步的服务、保障后续服务落实的目的。假如旅客不配合，服务就难以实现。

（2）信任就是案例中所展现出来的相信以及敢于托付。信任也是一种有生命力的感觉，更是一种连接人与人之间的纽带，所以人们需要信任同时也要被信任。例如在飞机上，乘务员需要信任旅客，也需要获得旅客的信任。也许就是这种信任感，让乘务员使旅客安心和安全，对旅客生命提供保障。

（3）在案例中，乘务组的真诚打动了旅客，从而取得了旅客的信任，了解到事实的真相，进而为旅客实施各方面的救助，防止了旅客病情的恶化。

（4）信任的力量让我们没有遗憾。在航班中，我们要得到旅客的信任，需要以真诚的沟通为前提、真诚的服务为铺垫，从而让旅客敞开心扉，丢掉之前的顾虑。

（5）另外，在航班服务中，乘务员的观察力也十分重要，细心观察，发现问题，解决问题。观察对于我们来讲是做好服务的第一步，观察并发现问题后没有退缩，努力解决，不轻言放弃，这种坚持不懈的服务精神，也是赢得旅客更多信任和好感的源泉。

四、案例：绝不放弃

在一架飞行着的国际航班上，"赶紧广播找医生，我孩子呛到奶快要窒息了！"一位孩子的母亲万分焦急地在客舱中大喊，乘务员听到后立刻广播找医生。此时，机上的一位旅客医生走过来，掀帘看了看母亲怀中的婴儿说："凭我的诊断、我的经验，我认为她不行了。我救不了她……我只是名肿瘤科医生，恐怕帮不上你们。"医生说完，低下头，转身走了。虽然听到这位旅客医生的话，乘务长的心顿时凉透了，但她就是觉得不能放弃，在心中一遍又一遍地对自己说："绝不！"

乘务长也是做了母亲的人，她不能眼睁睁地看着一个小生命在飞机上就这么逝去。她凭借平日掌握的急救训练的理论和积累的经验，判断一定是呕吐物阻塞了婴儿细窄的呼吸道，打开气道是非常关键的救助第一步。于是，乘务长立刻把孩子成倒立状抱好，一遍一遍地适力拍打着婴儿的后背，同时变换着用手掌向下推搓婴儿的脊背。乘务长救治孩子的这一举动，让现场所有的人都目瞪口呆，引来赞赏和惊叹的目光。

在给孩子急救的过程中，乘务长还在心中不停地告诫自己："勇敢些，再勇敢些，不能放弃，要坚持住，孩子一定会得救，一定能得救！"汗水渗出了她的额头，滴在婴儿的衣服上……她也没有停下自己的手。孩子终于得救了，可以感觉到孩子微弱呼吸的气流了，一条小生命又一次苏醒了过来，在场的每一个人都已热泪盈眶……"谢谢你！是你给了我孩子第二次生命！"这是一位母亲对乘务长真挚的感谢，也是一位旅客内心真情的流露。

案例分析

"生命大于天"这句老话，在此案例中的乘务长身上得到了彰显，她为了保护一名小旅客的生命安全，竭尽全力地付出，让生命之花得以重新绽放。而这曲谱写在航班上的生命乐章，不仅基于乘务长多年积累的专业素养、扎实的急救知识基础，而且基于乘务职业的职责担当，更基于不轻言放弃的对旅客生命的坚守、秉持大爱的民航精神传承。

案例中的乘务长，有许多值得我们学习的地方。

一是以案例中的乘务长为榜样，练习好平时的基本功。我们应不断积累乘务职业的实践经验，提高自己为旅客服务的各方面能力，在将来的工作岗位上，巩固所学知识和技能，更好地服务于旅客。

二是学习乘务长对旅客始终如一的负责态度，特别是对旅客生命的珍爱。她在危急关头，排除异议，不怕担责，挺身而出，为小旅客实施机上急救。

三是只有训练有素，才能做到明察秋毫。例如，案例中的乘务长凭借平日掌握的急救训练知识和积累的经验，在第一时间做出正确的判断，为挽救生命争取时间和机会。

四是带班乘务长"绝不"放弃"生命至上"的崇高理念，是成就致美服务的一面镜子。珍爱每一位机上旅客的生命，绝不轻言放弃；尊重每一个旅客的生命，绝不漠视任何幼小的生命。做好实实在在的让旅客放心的乘机服务，做到不放弃、不丢弃。珍爱生命，就会相信奇迹也可能发生。

五、案例：为救助旅客返航

2020年12月19日，东航集团的一架FM9308航班，于12：45按照原定计划载着近200位旅客从广州白云机场飞往上海虹桥机场，但在飞机起飞后不久，坐在33排的男旅客起身前去洗手间，异常的面色引起了乘务员黄舒的关注，她马上向航班乘务长汇报情况，而就在这一瞬间，这位男旅客突然晕倒在机舱门附近。客舱经理谈嗣恒接到乘务长的汇报后，第一时间前去现场查看，并向机长汤俊做了汇报："机长，33排的男旅客晕倒在客舱61排附近，现面色苍白，不停冒冷汗，甲床泛白，并且伴有呼吸急促……"一阵慌乱之后，旅客们都自觉地为赶来的乘务组让出一条通畅的急救通道。

虽然通过机上广播并没有找到医生，但乘务组和旅客们一起帮助33排男旅客松开了衣领，打开了通风口，他的情况渐渐平稳了下来，意识也清醒了过来。然而没过多久，这位旅客突然开始全身抽搐，情况又变得危急起来。客舱经理谈嗣恒决定在第一时间对该旅客实施急救，并给予吸氧。机长得知情况后，为了旅客的生命安全，就当即决定返回广州白云机场，迅速与空中交通管制员、公司签派员取得联系，申请特殊情况下的快速降落，并要求派救护车在地面等待。最终在14：10，飞机降落在广州白云机场，在地面等待的急救人员立即上机，为33排男旅客采取了相应的急救措施后，这位男旅客脱离了生命危险，马上被救护车送往医院接受进一步的治疗。

机上突发疾病的旅客得到了及时的救助与治疗，经历过一场紧急救助的FM9308航班机组、乘务组人员，为生病旅客悬着的心才刚刚放下，又开始了新一轮的机上忙碌：为旅客提供餐食，为需要取消行程的旅客联系地面人员，为再次起飞做客舱内的各项准备……终于在15：21，本次航班再次从广州白云机场起飞。这场机上施爱救助的场景也让同机的旅客十分感动，其中有两位年迈的老夫妻拉住客舱经理的手说："你们真的是救回了一条生命啊……"对于机上旅客的配合与支持，机组与乘务组也向大家表达了真诚的谢意，为此，客舱经理谈嗣恒还特别写下了一段表达谢意的广播词："女士们、先生们，首先对于航班的延误再次向您深表歉意，其次我想对大家说的更多的是感谢，感谢你们所有人的无私，感谢你们所有人的付出，感谢你们所有人的支持……正是有了你们的支持，才给了我们巨大的勇气去做这个决定，有了你们的支持，我们才得以顺利地让患病旅客第一时间得到救治……"

资料来源：选自学习强国平台。

案例分析

这个案例是一个发生在国内航班上的感人故事，生动地体现出 FM9308 航班机组成员对旅客大爱施救所展现出的职业担当精神与民航运输职责，他们把旅客的生命安全放在服务的首位，积极配合，迅速行动，向生病旅客及时地伸出温暖的救助之手，在蓝天之上展现出一段感人至深的机上救助场景。在这个案例中，有如下几点值得我们关注。

（1）观察细致，反应及时。从案例中我们了解到，FM9308 航班乘务员黄舒观察到去洗手间的一位旅客面色异常，就马上向乘务长报告。

（2）现场察看，如实报告。当乘务长得知情况后，又发现旅客"晕倒"，马上向上级报告，客舱经理当即前往现场察看，并向机长如实报告情况，在广播寻求机上医生未果的情况下，开始对这名旅客给予机上吸氧的救助方式。

（3）担心旅客病情加剧，为了保护好旅客的生命安全，机长当即决定返航出发机场，并且当即与相关部门人员进行协调，让本次航班快速降落机场。同时，机长又安排机场救护人员与救护车接应，以保证机上突发疾病的旅客能得到及时而有效的治疗。

（4）另外，这次出现在航班上的紧急救助与返航得到了同机广大旅客的支持、理解和配合。当然，我们也能从客舱经理对旅客的"三个感谢"的广播词中，读懂机组和乘务组对旅客支持的诚意表达——"感谢你们所有人的无私，感谢你们所有人的付出，感谢你们所有人的支持。"

的确，我们所做的一切都是为旅客着想的，但我们所做的一切又都离不开旅客的大力支持和积极配合。有了旅客的理解与支持，才能为航班上的生病旅客赢得宝贵的治疗时间和生存机会。本案例中机上生命救助的感人故事，将永远留在东航员工的记忆中。

案例链接之十一

机上突发病况处置

生活中的一些常见身体疾病往往会在高中飞行的航班上突发，比如旅客出现的"晕机"现象和"心脏病""高血压"状况，还有腹痛、心梗、中耳炎、癫痫、糖尿病、晕厥、休克、低血糖等。每年都会在一些航班上出现旅客突发疾病的情况，甚至还有旅客在飞机上死亡的情况发生。因此，航空公司也在飞机上准备了急救药箱和医疗设备箱，比如氧气、硝酸甘油等，并对乘务员进行机上急救措施的知识技能训练，比如心肺复苏、外伤包扎、搬运旅客的具体操作，还有身体生理常识、急救设备及药物的使用方法、旅客状况的处理程序等。一旦发现旅客出现了身体方面的状况，乘务员就要按照航空公司制定的操作流程和规定要求，做好观察、报告，采取相应的处理措施，及时对生病旅客进行救护。有时为了救助机上的旅客，机长不得不改变飞行计划，让飞机就近备降，甚至返航到出发地机场，让病患旅客能够尽快被送往医院接受专业治疗。

乘务员在做好客舱服务的同时，还要细心地查视旅客状态，以便及时发现机上旅客身体方面的疾病反应。基于客舱环境和旅客的各种身体情况，应关注以下事项。

（1）现在商运航班都有空调，一般情况下，客舱内的温度为 20~24℃，可以进行调节。在一些高端航班上，会给每位客人的座椅上备一床薄被、一条毛毯和一个枕头，但普通航班上的经济舱，只配有少量的毛毯，乘务员在执行客舱服务时，要特别关注那些老年、儿童、孕妇及病残旅客的需要，以便提供机上现有的保暖用品供其使用。

（2）当旅客出现晕机现象时，比如面色苍白、出汗、头晕目眩、恶心呕吐等症状，除旅客自服晕机药外，乘务员可采用机上的处理措施，调整座椅平躺，打开通风孔，戴上耳机听音乐，转移注意力，放松紧张的情绪，如果现场条件允许，尽量把晕机旅客调到客舱的中部位置。可以告知有晕机历史的旅客，最好在飞机起飞前，根据药品提示时间服用防晕药，并在乘机前保证充足的睡眠时间，这样才能保证自己在乘机时状态良好。

（3）如果已知机上有特殊旅客，就更要给予足够关注。比如飞机上有怀孕的旅客，由于怀孕期间其身心都处于特殊状态，在航空公司规定的怀孕时间段内乘机，也存在一定的高空风险，在客舱内可建议其把双脚抬高；低血糖的旅客，不能空腹，建议其吃些水果、谷物类的食物；其他如老年人、孩子、生病旅客在机上，要对其多留意、多提问，随时观察他们在座位上的身体状况。

（4）假如机上有旅客突发疾病，或者出现了一些身体不适的状况，就像案例中的情形那样，乘务员要先观察现场情况，弄清楚旅客病况，询问有无某些疾病史。乘务员在采取必要的措施尽力帮助生病旅客处理病况的同时，一定要观察病者的反应，避免对病情的错误判断或者轻易给予病况推测。同时，乘务员应加强机上常见病情的救助知识和救助技能的学习与掌握。

（5）乘务员在处置旅客身体方面的突发状况时，要力所能及地安抚旅客的情绪。在处置生病旅客时，要让其他旅客知晓，得到他们的配合与理解，才能更好地实施接下来的步骤。

（6）有传染性疾病的患者、有精神方面疾病的患者、疾病症状严重者、刚做过手术的人、贫血者和高血压严重者等不宜乘机。

在这里我们也提醒一下，如果旅客有特殊疾病，应该预先通知航空公司，以便公司人员采取相应的安全保护措施，保障旅客在机上行程顺利，并及时得到乘务员的细心服务。

第二节 做好航班安全服务，诠释民航精神

由于飞机是在高空中飞行的，不能像汽车或是火车那样，可以中途停下来进行检查和修理，一旦出现了什么故障，往往导致机毁人亡等不堪设想的后果。因此，为了更好地保护航班全体旅客的人身安全，飞机上特别设置了一系列应对突发事故的安全设施，在遇到意外的险情时，可以确保将事故的损失降到最低，为航班的安全运营提供切实的保障。在本节的几个案例中，我们将围绕航班的安全飞行展开分析和解读，并且通过对案例的学习，使大家进一步提高安全服务意识，避免不安全的事件发生。

一、案例："不安全的"安全带

在飞机滑行时，旅客王先生紧张而急促地呼叫乘务员："乘务员快来给我看看，我的安全带扣不上了，怎么办？怎么办？"乘务员安迪赶忙走到王先生身边说："先生，我现在就想办法，

您别着急,真是非常抱歉。"乘务员把话说完,立刻去寻找空余的座位,同时发动其他乘务员一起帮忙,但是没有在客舱中找到空闲座位。此时飞机在滑行期间,随时可能起飞,时间很紧迫,也比较危险,乘务长得知这一紧急情况后,将这位旅客调到了头等舱的空位置上,系好安全带等待起飞。乘务员也回到自己的位置上,系好了安全带,等待飞机起飞。

平飞后,乘务长去旅客王先生的座位上仔细查看安全带,原来在安全带里面卡了一个小卡子,才使得安全带无法扣牢。修好安全带后,乘务长向王先生表达了真诚的歉意,并表示安全带已修好,旅客王先生还是半信半疑地说:"真的吗?你不会是怕我坐头等舱吧。"乘务长用自信的微笑等待王先生回到自己的座位上对修好的安全带进行检查,旅客王先生左看右看了一通,正常系上了安全带,惊叹道:"没想到,空姐真把安全带修好了,服了!"此时客舱里的其他旅客也发出了一致的赞扬声。

案例分析

虽然这个案例中讲述的"安全带"故事,并不是多么惊心动魄,但就机上安全带的作用而言,此类事件的发生也是不容小觑的。在这里,有必要了解安全带方面需要关注的事宜。

(1)航班起飞是一个十分重要的安全节点,千万不可麻痹大意,旅客必须系好安全带。

(2)安全带是保障旅客安全最重要的安全设备之一,乘务员在上机及过站时应进行航前检查,发现问题应第一时间通知机务人员进行修复,使安全带可以正常使用。

(3)当安全带在飞行中出现故障时,乘务员要沉着冷静,将问题尽快解决,以保证旅客的安全。

(4)同样,对于飞机上其他安全设备的检查,应在每一次飞行前认真落实,不可走过场,以免出现危及乘机安全的问题,为此付出惨重的代价。

(5)充分理解旅客的惊恐及不安的感受,对已经修理好的故障应给予详细、清楚的讲解,避免旅客由此而产生恐惧感。

针对本案例中安全带的处理,我们了解到了关于乘机安全的妥善和灵活做法:依据客舱内的现场情况,进行恰当的旅客安排,在没有找到其他多余座位时,为了旅客的安全,把他调到头等舱座位。等到飞机平飞后,再对原座位上的安全带进行检查和修复,确认无误后,让旅客自己进行检查核实,放心地回原座位乘坐。

此外,客舱内的任何对客服务都应该是在安全状态下进行的。纵观航空史上的一些飞行事故,大多发生在飞机起飞和下降阶段,这不得不让我们在起降时对安全给予特别注意。旅客安全第一,这是做好乘务工作的首要前提。

二、案例:安全有序,获得满分

内航公司的一架从宁波飞往广州的航班(窄体机,5人飞行制,后舱位是2号经济舱负责人、5号乘务学员、4号乘务教员、3号头等舱乘务员、1号乘务长),12:30平飞后,正处于客舱内的餐饮服务阶段,经济舱56J座位上的一名旅客突发疾病,出现昏迷状态,乘务员把旅客情况报告给了乘务长,征求机长意见后决定给予昏迷旅客吸氧。在机长得知旅客的病情后,为了争取时间,很好地救治旅客,决定就近备降,飞机于13:30备降南昌机场。而此时,37至47排的旅客都还没有用餐,为了安抚大家的情绪,乘务长对这些旅客和头等舱旅客致歉。飞机落地后，56J座位上的旅客逐渐恢复了意识，但这位旅客乘机用的是临时身份证，同时托运有活体海鲜，所以他不肯下飞机接受治疗。乘务长向机长报告后，机长随即报告值班领导呼叫该航空公司的负责人，协助进行妥善处理，不能耽误生病旅客的救治时间。

因为等待的时间较长，乘务长吩咐经济舱乘务员继续给没有用餐的旅客提供餐饮服务；4号乘务教员专职照顾56J座位上的旅客；同时安排3号头等舱乘务员在提供服务的同时，向头等舱旅客做必要的解释工作，然后协助其他乘务员执行经济舱服务。14：30，因为56J座位上的那位生病旅客不肯下飞机，已经影响周围旅客的情绪，并且与前排55J座位上的一位旅客发生了激烈的争执，55J座位上的旅客提出要投诉，后舱位上的2号经济舱负责人在现场劝阻，但也无法处理好两人的争执。乘务长看到出现在客舱内的意外情况后，为了不让生病旅客的情绪过分激动而加重病情，也为了不扰乱客舱内的安全秩序，当即来到两位旅客的座位旁边，微笑着一遍又一遍地耐心劝说，用心安抚两名情绪激动的旅客，很快就平息了这起争执事件，还得到了机上其他旅客的称赞。

地面救治工作协调好后，救护车到达停机处，医护人员上机诊断，并要求生病旅客下机入院治疗。在生病旅客不配合下机的情况下，乘务组对其进行劝说，经过大家的一致努力，最终在14：50，56J座位上的旅客同意下机接受医治。15：00，乘务长致电客舱部门，要求航食供应部门补充小瓶矿泉水和零食。15：30，第二次开舱门，补给机上供应物品。15：35，飞机关门后滑出，再次起飞，乘务长安排为大家增发小瓶矿泉水和零食，得到了旅客的响应。在航班到达目的地机场临下降前，乘务长通过机上广播，向旅客表达了心中的谢意，感谢旅途中旅客对乘务组的帮助和配合。17：00，飞机安全到达广州白云机场。当天航班旅客评分系统显示，本次航班获得5分的满分评价。

案例分析

此案例是一个错综复杂的涉及安全事件的问题处置，从中也体现出该航班机组和乘务人员的高度责任意识，以及对生命安全的重视。案例中的乘务长，在面临航班上有旅客突发疾病的情况下，冷静、有序地应对机上的临时状况等，具体体现在以下几个方面。

（1）机组及乘务组在涉及人命关天的问题上，以拯救生命为第一原则，同时也没有忽略机上其他旅客的感受。对于因航班备降而不能按时完成供餐，乘务长亲自向没有用餐的旅客致歉并解释；当飞机落地后，一边救治生病旅客一边为其他旅客提供餐食服务。

（2）当客舱中的生病旅客与周围旅客之间发生冲突与争执时，2号经济舱负责人因为经验少，没有办法处理好。乘务长亲自出面处理，避免了一起投诉事件。

（3）同时在这个案例中，我们可以了解到乘务长的临危不乱、理智机敏，她兼顾了各方面的需求，并根据航班目前的实际情况，提出加配机供品。加配的机供品是小瓶矿泉水和零食小吃，在航食机供品消耗中属于常备并且容易配发的物资。这样做，一方面增加了航班正点起飞的要素，减少配餐方和乘务组间的工作量，另一方面也符合从南昌到广州航班起飞后的餐饮服务要求，并且能够为旅客的时间付出与配合给予恰当的服务弥补。

（4）乘务长的机智安排还体现在，她能根据实际情况，要求乘务员对头等舱旅客先做解释工作，得到旅客的谅解后让头等舱乘务员参与经济舱的服务工作，减少旅客的不满情绪。

（5）案例中机长的做法也让我们感动。他不仅为生病旅客采用备降的处置方式，还及时而有效地进行各方面的协调与沟通工作，在出现地面服务脱节的情况下，直接"呼叫该航空公司的负责人"出面处理，其目的就是为了能够让机上生病的旅客得到及时的救治。

（6）乘务长作为一个乘务组的主心骨，尤其是对于窄体机来说，可用的人力资源有限，所以必须根据每个乘务组组员的能力做出相应的分配工作。乘务长遇事不慌，兼顾安全和服务，处理旅客用氧，填写各类表格，还不忘加配机供品。同时她思路清晰，富有条理，要求的小瓶矿泉水和零食都符合要求和旅客的现实状况（因为旅客已经用过餐，所以加配零食很合理）。

（7）乘务长很关注细节服务，能够根据机上的实际情况，采取灵活而主动的服务方式，不拘泥于形式，通过广播对旅客道谢，进一步安慰旅客们的心，做到亲和友善。

（8）此外，在本案例中，当56J座位上生病的旅客与55J座位上的旅客发生激烈争执时，如果不是乘务长及时赶到，有效地平息了两人的冲突和争执，很有可能会导致客舱秩序的混乱，使得本来在长时间停机中一直压制情绪的部分旅客，出现不安的心理和躁动的行为，再去处理就有一定的困难了。这甚至会造成不堪设想的延误后果，恐怕到时候，提出投诉的旅客就不只是55J座位上的一位旅客了，那么，本次航班也就不可能得到旅客5分的满分评价了。

三、案例：尴尬的纸杯

在从西安飞往广州的海航HU7857航班上，有位前排旅客对机上一名乘务员的服务态度不满意，随后提出投诉，究其原因，竟是由一只尴尬的纸杯引起的，让人十分诧异。

在飞机大约还有45分钟到达目的地广州的时候，一名在后舱服务的年轻男乘务员，从前舱快步走向后舱，经过前排座位时，一位旅客在座位上示意把纸杯递给他，带到后面丢弃。旅客手中的纸杯就是刚才发餐时候的水杯，旅客以为会再次服务，所以没丢弃，留着等乘务员路过时再要杯水喝，但飞机很快就要到达广州，所以没有再次提供给水服务，也就把纸杯留在座位上了。

当旅客提出让后舱年轻男乘务员带走纸杯的时候，这位乘务员边走边大声地对旅客说："我现在要进行客舱安全检查，您放前排袋子里就可以了。"旅客听了有些惊愕。但实际上，首先这个杯子很小，不会也不影响乘务员的安全检查，因为惯例都是口头提醒和目测检查；其次乘务员是走向后面的，顺路带过去，不会影响他的任何服务项目，也不会影响其他客人的服务需求。由于这名年轻男乘务员的口气和声音有些强硬，让前排的这位旅客一时不能接受，随后就提出了投诉，乘务组对男乘务员的服务态度提出批评，并向旅客道歉。

案例分析

其一，安全服务是第一要务，但对旅客提出的正常服务需求，在安全的情况之下，不能统统地以安全为理由拒绝。案例中的那名年轻男乘务员，对于前排旅客提出带走纸杯的要求，因为自己马上要"进行客舱安全检查"而拒绝，这个拒绝理由看似成立，但旅客却不这么认为。客舱内的乘务员对旅客提出收杯子的服务请求，其实并不过分，乘务员表现出来的不亲和态度及不友善的言语表达，最终导致旅客投诉。

其二，这是一起典型的因为安全问题引起的服务投诉。安检阶段不能进行与安全服务无关的工作，收垃圾纸杯被定义为服务工作，乘务员权衡下，顾及安全所以做出选择。乘务员可以在安检前，有意识地打扫客舱，清空旅客的多余垃圾，做到安检的时候只进行安全工作，不必进行服务工作。

其三，从这个案例事件中也可以看出，在现场情况下，乘务员对安全问题有些矫枉过正了。也有可能乘务员考虑到安检同时收取旅客垃圾会触碰内审调查，从而让他做出如此决定。

其四，一个纸杯，除非里面有旅客没喝完的饮料，其实旅客将其放在前面座椅椅背上的口袋里也是可以的。旅客进行这个投诉，是基于该乘务员服务态度而引发的。因此，在对旅客服务中，乘务员的面部表情和表达语气都是十分重要的服务礼仪。从这次的旅客投诉事件上可以看出，年轻男乘务员这次确实让旅客产生了不快的心理感受，所以才导致投诉。

其五，年轻男乘务员因为要进行客舱安检，忽略了旅客对服务的感受，匆匆地从旅客身边走过，并没有察觉旅客当时的反应。心不在焉的服务注定不能让旅客得到一次致美的服务体验，造成旅客投诉在所难免。希望以后因为一个纸杯而引发的此类事件不再发生，更希望案例中那名年轻男乘务员越来越成熟，不断进步。

四、案例：客舱安全事件

场景一：一架波音747飞机在上海落地前6分钟时，客舱楼上84J座椅下突然冒出烧焦的异味，恰巧路过此处的12号乘务长立即蹲下观察，发现座椅下电线出现火花，并伴有"噼啪"的响声，同时冒出很大的烟雾。为防止出现火情，12号乘务长在立即呼唤其他乘务员的同时，拿起上舱左侧的海伦灭火瓶对准冒出火花的部位进行喷射，并且呼唤13号乘务员电话报告机长、带班乘务长。由于火花持续不灭，12号乘务长指挥闻讯赶到的兼职安全员陆续使用灭火瓶实施灭火，4个灭火瓶使用完毕之后，火花停止。为防止地毯着火，乘务员用矿泉水浇湿地面，乘务长还安排专人监控火源处，做好无准备撤离直到飞机安全落地。落地后，机务人员上楼打开座椅发现84J座椅下方的电源线被烧焦，带班乘务长填写了《客舱记录本》及《机上紧急报告单》，并通过电话向客舱部进行了详情的汇报。

场景二：在北京飞往平壤的亚洲国际航班波音737飞机上，一位朝鲜旅客登机后，虽然乘务员向其介绍了紧急出口的使用方法和注意事项，但这位旅客擅自试图将紧急出口打开，乘务员看到后及时进行了制止，并将情况报告了机长，及时调整座位，做好安全防范工作。

场景三：一架飞往悉尼的航班，飞机在滑行道上加速行驶准备起飞，突然右侧机翼传来几声巨大的声响，飞机终止起飞，客舱中旅客感受到非常大的前冲力。由于起飞前乘务组安全检查到位，机上全体乘员无人受伤，也没有行李物品掉落。

场景四：一架波音737飞机当晚8点左右在机场落地时，左后轮滑出跑道，滑跑约300米后回到跑道上，由于乘务组预知目的地机场天气不好，落地前带班乘务长对落地前客舱安全检查提出了明确要求，组员提前落实安全检查并且确保检查到位，避免了旅客受伤事件的发生。

场景五：某出港航班，带班乘务长在关闭机门后正常下达滑梯操作口令，各门乘务员操作滑梯预位。1分钟后，7号乘务员在R2门接到机长打来的电话，要求将R2门重新开启，乘务员随即确认："是要打开 R2 门吗？"机长回答："对！打开后再关好。"7 号乘务员未多思考，在没有确认分离器位置的情况下将 R2 门开启，造成滑梯冲出。

场景六：某出港航班旅客登机完毕，乘务组按照规定操作滑梯预位，此后由于飞往的目的地机场的天气原因，飞机在地面等待一个小时，此时有四位旅客要求取消航班下飞机，乘务组通过机长联系地面协助办理。然而，过了一段时间（大约在下午 6:30），又有人重新对着廊桥敲 L1 门，此时又传来下机的四名旅客要继续乘机的消息，带班乘务长忙乱中，看到地面人员急切地敲门，就随手打开 L1 门，导致滑梯包掉落。

场景七：在某航班地面上客期间，地面工作人员数客共 189 人，机上乘务员数客为 188 人，而此时地面工作人员坚持旅客人数为 189 人，并将旅客舱单送到驾驶舱内。乘务组出于高度的责任心，坚持两人复检旅客人数，并发现经过几次复核，旅客人数均为 188 人。乘务长及时将情况通知了机长，并申请暂缓关闭机门。而就在这时，地面又赶过来 2 名刚刚转机过来的旅客。最后经过核实，旅客人数为 188+2 人，即 190 名旅客。地面工作人员经过核查，发现是他们搞错了两名旅客的信息。本次，乘务组高度的责任心避免了一起因地面工作人员失误导致的事故的发生。

场景八：小涵和小珊是对好朋友，又是同期进入公司的好姐妹，今天她俩难得共同执飞同一航班，两个人从机组车一直聊到飞机上。到准备阶段，小涵对小珊说："珊珊我要开 L2 门，帮我监控一下，清洁队需要换垃圾袋。"安全检查后，她们正常开启舱门，很快清洁队工作完成，小涵很自然娴熟地把舱门关闭。这时，小珊迅速地走了过来说，我们没有按照《机门分离器操作关门口令检查单》操作，小涵很惊讶，心想："咱俩这么熟，不用这么认真吧！"但是碍于小珊的坚持，两人按照规定，重新进行了舱门开关程序。"一个瓶盖，一个矿泉水瓶盖！"小涵不好意思地说着，并且感激地看着小珊，两人微笑对视。

案例分析

在分析上述场景案例之前，我们先来了解一下场景一中提到的"无准备撤离"，即紧急撤离，是专为飞机遇到较大危险，在陆地、水上着陆或迫降刚停下时，要求全体旅客和机组人员按照统一动作尽快撤离飞机的规定程序。其目的是拯救人员生命、减少航空器损失。按照要求，在陆地上，一旦启动"紧急撤离"程序，机上所有人员必须在 90 秒内完全离开并尽量远离飞机。场景一中的 12 号乘务长对安全问题有职责担当，安排妥当。在对于飞机上舱电源线被烧焦事件的整个处理过程中，乘务组人员反应迅速，配合到位，果断地对事件现场进行处置，有效地避免了严重事故的发生。

当遇到场景一中的安全状况时，可以采用如下的处置措施。

（1）发现明火后，乘务员注意在使用灭火瓶实施灭火的同时，呼唤其他乘务员，向乘务长、机长报告。

（2）使用灭火瓶不是灭火处置的全部，必须根据火情的特点，采取相应的措施，比如烤箱失火注意关闭烤箱门以隔绝空气，电器或座椅下电源电路失火应注意关闭电源。

（3）注意失火现场的人员组织，乘务长应在现场指挥，尽量避免自己离开现场去找人灭火，导致现场无序。

（4）在有条件的情况下，使用相机记录现场情况；航班落地后，在第一时间使用电话与客舱部取得联系，及时汇报现场情况，落实后续处置方案。

针对场景二和场景三的两个案例，旅客出于好奇或情绪发泄触动了飞机紧急出口，对航空安全构成威胁。在这种情况下，乘务员必须注意以下事项。

首先，必须认真落实紧急出口旅客确认工作，避免旅客触动应急门；此外，对紧急出口处的旅客，特别是外籍或其他缺少乘机经验的旅客，要多观察和留意，以确保安全。

其次，乘务组在地面滑行等待期间，特别是长时间延误时，更要加强对舱门的重点监控，防止旅客误操作或人为破坏，避免因旅客情绪冲动造成舱门安全事故发生。

最后，在航班起飞前，乘务组对客舱内的安全检查一定要仔细到位，严格按照航空公司的规定，做到一丝不苟，不存侥幸心理，才能让客舱内安全无虞。

通过对上述场景四、场景五、场景六中的几个安全案例的分析，我们应关注如下安全环节。

（1）部分乘务员安全意识淡薄，特别是在航班延误、天气炎热、旅客不满、减员飞行、二次开门等非正常情况下，执行工作程序较为忙乱，没有认真对待二次开门的注意事项，开门时没有落实两人在位的操作要求。

（2）场景中事件的发生，也反映出部分乘务员对分离器操作还没有引起足够的重视，盲目认为滑梯充气和自己没关系，没有养成良好的操作习惯，没有落实好开门时必须两人在位的一贯工作原则。

（3）恶劣天气是客舱安全的大敌，乘务组必须及时采取措施加以应对，要加强与机组沟通，预知天气状况不佳时及时调整服务程序。遇突发颠簸时，要就近坐下系好安全带、抓住旅客座椅扶手或厨房壁板扶扣，固定好自己的身体，以免出现意外的状况。

（4）带班乘务长要强化工作程序意识，航前注意向机组了解航班天气，根据天气情况合理调整服务程序，同时主动对各舱位的服务程序开展情况进行了解，发现问题及时纠正。乘务长要严格把握工作进度，组织乘务员高质量完成工作任务。

（5）飞机起飞时，如果预知天气有雷雨，乘务组要等到飞机穿云之后再进行客舱服务；飞机降落时，预知天气不好，安全检查要有15分钟以上的提前量，特别是涉及整理客舱、交换衣物时，需要更多的时间来完成，所以要特别留有足够的操作空间。

场景七和场景八的情节描述，让我们对客舱安全问题有了更深入的认知。

根据《客舱乘务员手册》，旅客登机后要清点机上旅客人数，这是乘务组必须履行的一项职责，公司要求地服和乘务组都进行数客，由于数客不准造成的安全隐患已被列为航空公司安全风险之一。在这个安全问题上要做到：一是无论出发还是外站回程，乘务组都必须履行数客职责，确保数客人数与舱单一致；二是乘务组一般可安排兼职安全员进行数客，同时可寻求专职安全员的支持；三是数客人员原则上站在不妨碍旅客登机且不易被旅客打扰的位置上数客。在大型飞机上，应尽量选择站在舱门迎客的乘务长左侧进行数客；在舱门区域较为狭小的情况下，也可选择站在廊桥左侧的操纵台旁边，对登机旅客进行人数的清点。

另外，安全无小事，细节决定一切。在航班的对客服务中，和我们同组做搭档的可能是家人、朋友，或者领导等，这时我们不仅要互相帮助，在相互团结和配合中提高自己的工作水平，更多时候我们还要相互监督，不能顾及情面或者图省事，就忽略了安全服务的问题，就像场景八中的小涵和小珊这对好姐妹那样。除此之外，我们还应互相理解、互为镜子，为安全工作打好坚实基础。因此，在做客舱安全工作时，我们应该选择安全规则，而不是顾及情面或是图省事，只有这样，我们的安全意识才是合格的，才能体现出民航精神。

图 6-1 展示了民航精神。

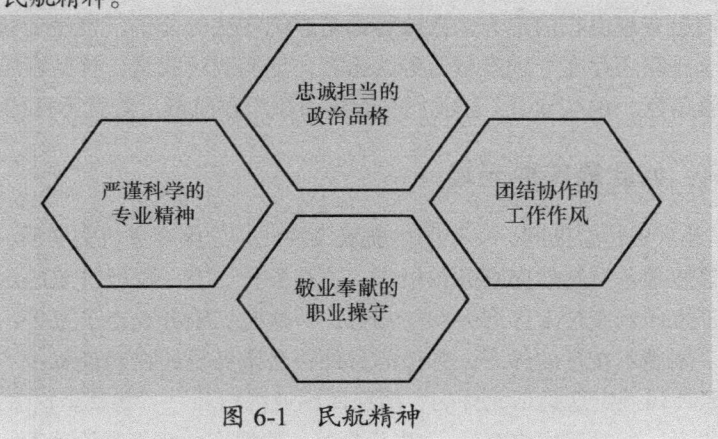

图 6-1　民航精神

案例链接之十二

最低放行标准手册

在对《最低放行标准手册》进行了解和认识之前，我们先在这里举一个小事例，来说明相关的问题：

在某航班上，乘务组登机后发现 L1 门附近的乘务员座椅损坏，完全无法使用，地面人员询问乘务组是否可以运行，乘务组及时与客舱值班经理和业务部门进行了联系。之后，地面人员查阅了公司《最低放行标准手册》之后，决定空出波音 737 飞机头等舱最靠近舱门的两个座位供乘务员在起飞落地时使用，把原位置的两名旅客调整到经济舱。

此类机上设施损坏情况涉及客舱最低放行标准的执行问题。根据航空公司有关运行要求，乘务组只有检查飞机上应急设备是否齐全的责任，而没有权力决定飞机是否放行。因为《客舱乘务员手册》中没有规定最低放行标准，标准由现场指挥人员和机务人员参照公司各机型《最低放行标准手册》掌握和决定。

为此，在类似的情况下，乘务组需明确下述原则。

（1）乘务员登机后，要尽快检查应急设备，及时发现问题，填写《客舱记录本》，并报告机务人员；

（2）如果机务人员或地面人员征求乘务组意见是否放行，除涉及严重影响服务质量的因素外，均可告知对方；

（3）乘务组可根据情况，对现场人员提出相应的建议，包括可以一边组织旅客登机，一边等待相关设备的修复或调换，最大限度地争取航班正点出发；

（4）当遇到疑难问题时，乘务员要及时向上级部门汇报，尽量减少问题处置过程中的时间延误。

第三节　加强客舱秩序管理，处置不良行为

在国强民富的今天，乘机出行已经成为大众出行普遍选择的方式之一，而在全民出行时代到来之际，我们更有理由相信绝大多数旅客都是遵纪守法的公民，也是公共道德的守护者。然而，也不能完全排除还存在个别素质低劣的旅客，他们我行我素，扰乱客舱秩序，甚至扮演机上飞贼的不光彩角色。在本节中，让我们一起学习关于在航班上处置不良行为的相关案例。

一、案例：如此霸座耍无赖

在2008年北京奥运会期间，一架国内航班飞往北京，旅客登机完毕后，就在飞机舱门将要关闭之时，头等舱乘务员突然向乘务长报告："乘务长，有一位经济舱的旅客坐在了头等舱，劝了半天就是不肯回到座位上，您去劝一劝吧。"这时，乘务长走了过去，看到那位自行坐到头等舱的旅客一副满不在乎的样子，旁边的另外一名乘务员还在劝说着："先生您好，这是头等舱座位，按照公司规定这是不允许的，请您回到经济舱。""我就坐这怎么了……"

乘务长过来后，就对那位旅客说："先生您好，请把您的登机牌给我看一下好吗？"旅客似乎没有听到乘务长对他说的话，一直闭目养神，乘务长又说："对不起，您的座位在经济舱，这儿是头等舱。""头等舱怎么了？还有这么多空位，我就坐这儿。""头等舱和经济舱的票价是不一样的，况且您买的是经济舱折扣票，和头等舱机票之间有很大的差价。"

那位旅客依然无动于衷，不理会乘务长所说的话，也不肯回到经济舱的座位上，眼看飞机马上就要起飞了，而且这是一架中途经停的航班，在过站时头等舱还要接待去北京参与奥运会相关活动的要客。这时，乘务长灵机一动，就转换了话题："这位先生，我可以帮助您直接升舱，因为头等舱是没有折扣的，需要您支付两千二百元。"旅客听到乘务长这么一说，把一直闭着的眼睛睁开了，对乘务长说："谢谢了。"乘务长回应道："不用谢，请问您怎么支付？""我没钱支付，你们能怎么样？""不支付可以，我马上通知机长，让您下飞机。"听到乘务长让自己下飞机的话，那位旅客站起身来，快速地回到了经济舱的座位上。

> **案例分析**
>
> 本案例是一个典型的机上霸座事件，而且旅客面对乘务员和乘务长的劝说，还一直在耍无赖，不肯回到经济舱的座位上。虽然这样的情况在航班服务中并不多见，但也代表了个别旅客的占便宜行为。他们想通过低价票享受头等舱待遇，不听劝阻，故意扰乱客舱秩序。而针对诸如案例中的不守规矩及不文明的乘机行为，中国航空运输协会专门制定了《民航旅客不文明行为记录管理办法（试行）》并于2016年2月1日起开始实施，自该管理办法实施以来，一批又一批有着千奇百怪的不良行为的乘机旅客被记录在册，受到一年或两年不文明行为记录期的惩罚，甚至连带罚款、拘留等其他处罚，具体执行由中国民航信息集团等单位负责提供技术保障。按照《民航旅客不文明行为记录管理办法（试行）》第四条中的规定，乘客有下列行为的，被列入不文明行为记录名单。
>
> （1）堵塞、强占、冲击值机柜台、安检通道及登机口（通道）的；
>
> （2）违反规定进入机坪、跑道和滑行道的；

（3）强行登（占）、拦截航空器的；
（4）对民航工作人员实施人身攻击或威胁实施此类攻击的；
（5）强行冲击驾驶舱、擅自打开应急舱门的；
（6）故意损坏机场、航空器内设施设备的；
（7）妨碍民航工作人员履行职责或者煽动旅客妨碍民航工作人员履行职责的；
（8）违反客舱安全规定，拒不执行机组人员指令的；
（9）在机场、航空器内打架斗殴、寻衅滋事的；
（10）编造、故意传播虚假恐怖信息的；
（11）其他扰乱航空运输秩序、已造成严重社会不良影响或依据相关法律、法规、民航规章应予以处罚的行为。

针对案例事件中旅客的机上霸座行为，可以参照中国航空运输协会制定的管理办法进行处置；同时可以依据《中华人民共和国民法典》（2021年1月1日起实施）中侵权责任的规定条款，依法执行，严惩霸座行为；如果造成严重后果的，可以根据《中华人民共和国治安管理处罚法》进行处理，有效地处置航班上出现的各类霸座现象，加强客舱内的乘机秩序管理。

二、案例：机上发现偷渡客

有一架准备飞往某国的国际航班（波音747飞机），乘务组人员在地面有序地进行着旅客登机前的各项准备工作，在此期间，航班空警与兼职安全员按照规定进行清舱检查事宜，当检查到飞机后部机组休息室紧急逃生门时，突然发现紧急逃生门里藏着三名可疑人员。经仔细询问，这三名人员涉嫌偷渡。机长了解情况后，及时通知地面各相关部门，这三名涉嫌偷渡的可疑人员被随后赶到的机场警察带走。

此事件也给航班及机组、乘务组人员再次敲响了警钟，要严格执行出站航班清舱检查的规定，加强客舱内的各项检查工作，不给可疑人员留可乘之机，防止不法分子有扰乱行为和其他不良动机，切实维护好航班运输过程中的安全秩序。

案例分析

近年来，通过各种渠道进行偷渡的非法事件屡禁不止，航班中一旦出现安全管理上的漏洞，就会使得违法分子有机可乘。本案例中描述的发现"可疑人员"之举，就很好地体现了航空公司、机组、乘务组、航班空警及安全员的职责行使，以及其对航班安全负责的态度。

保障机上的安全秩序，应认真而有序地做好如下几个方面。

（1）在地面认真清舱，以防止外来人员、外来异物等不安全的隐患出现。
（2）乘务员必须严把数客关，确保登机的旅客人数与舱单上的信息一致。
（3）尽管公司已将波音747飞机机组后舱休息室的机务维修口加锁，但是乘务员在飞行期间仍需提高安全意识，注意加强客舱巡视，对驾驶舱、机组休息室、货舱门、卫生间等重点部位和可疑旅客给予重点监控，防止出现外来人员及外来异物，特别要注意加强对飞机货舱门的监控，严格防止无关人员进入。

从案例中，我们能够了解到，空警及兼职安全员有较好的观察能力，警惕性很强，发现问题及时报告。机长在处置问题时果断得当，成功地将机上的可疑人员移交公安人员处理，斩断机上的安全隐患，尽力地维护好客舱内的乘机秩序。此外，在旅客登机时，乘务员要有安全防范意识，发现不正常的情况（比如旅客神情异常）时要格外地留心观察，发现问题要迅速报告；依靠乘务组、机组集体的力量和智慧解决问题；处置方式要得当，本着"机上稳住，机下控制"的原则，在航班起飞之前或落地以后，将不法分子妥善移交公安部门处理。

另外，根据《中华人民共和国治安管理处罚法》第六十二条的规定，为偷越国（边）境人员提供条件的，处五日以上十日以下拘留，并处五百元以上二千元以下罚款。偷越国（边）境的，处五日以下拘留或者五百元以下罚款。依照《中华人民共和国刑法》第三百二十二条，违反国（边）境管理法规，偷越国（边）境，情节严重的，处一年以下有期徒刑、拘役或者管制，并处罚金；为参加恐怖活动组织、接受恐怖活动培训或者实施恐怖活动，偷越国（边）境的，处一年以上三年以下有期徒刑，并处罚金。因此，对机上执行的安全检查，除航班运营中的安全需要外，也可以避免因未及时发现与处置类似的偷渡藏匿情况，受到不必要的影响或牵连，导致时间及人力、物力方面的消耗及损失。

三、案例：空警巧妙捉飞贼

进入凌晨一点后，飞往云南昆明的飞机在美丽的晴云中一直向前穿行，此时，客舱内的大部分旅客都在各自的座位上睡觉，甚至还能听到有人在甜甜的睡梦中打着呼噜的声音。看到旅客们的此番情形，巡视机舱的空警一脸警觉，因为他知道这时客舱内的安全防护到了关键时刻。可就在此时，空警突然发现有一名青年男性旅客打开了一扇行李架的门，两只手伸进行李架中，似乎正在翻找什么东西，并且两只眼睛还不住地左看右视，空警开始有意地观察与监控，不一会儿，这名旅客从行李架中拿出一个黑色手提袋，就坐了下来。空警假装没有看见他，继续在舱内巡视，实际上这名青年男性旅客已被空警人员监控。

飞机落地后，听到一名要下机的女性旅客突然大喊："我的包呢？怎么不见了？"这时被空警人员一直进行监控的青年男性旅客慌慌张张地拿着自己的行李要下机，被空警人员当场拦截。只见青年男性旅客有些脸色不对，神情惊讶，头上开始出汗，空警人员知道他是做贼心虚。飞贼被控制住后，机长随即将机上发生的情况向地面报告，空警人员把青年男性旅客带下飞机交给机场公安人员进行后续处理。清舱发现女性旅客的黑色手提包就被飞贼藏在后排无人的座椅下面，乘务员将其交给了女性旅客。女性旅客拉开拉锁后发现包里装着的两万元现金和几件首饰不翼而飞，身份证和银行卡还在包里。经机场公安人员审理，机上女性旅客丢失的钱和首饰就装在青年男性旅客的一个手提袋中。而且在这架航班上，除了女性旅客的黑包被盗，丢失了钱物，后来还有一名中年男性旅客发现行李箱中的钱被盗，未出机场就报了警，经调查属于同一名飞贼作案。在物证和事实面前，飞贼男青年不得不承认了自己的盗劫行为，接受公安处罚。原来这名飞贼就坐在女性旅客的前面，是中年男性旅客的临座。上机时，他就盯上了一些旅客手里拿着的行李，先瞄准目标，记住行李摆放在哪个行李架内，等到旅客们熟睡时再对瞄上的行李快速下手，实施目标性极强的偷盗。

像这样的飞贼旅客，一般会趁夜间旅客们睡觉时在航班上作案，或者在航班中途经停下机时，假装整理自己的行李，顺手牵羊式地翻包偷盗，拿走别人的钱财，专门找旅客注意力不集中时在飞机上伸手作案。他们没有固定的航班，下了这趟飞机再买票乘坐下一架航班进行流窜作案。因此，乘机时旅客们也不能太大意了，要留心可疑人员，也要关心自己贵重物品和钱财的安全，如发现有丢失的情况，立刻向乘务组报告，以免夜长梦多，让飞贼逃脱。

资料来源：张号全. 客舱服务精品案例教程[M]. 北京：中国民航出版社，2021.

案例分析

通过对本案例的阅读和理解，我们从这起发生在飞行航班上的飞贼盗窃事件中，了解了一些服务中需要关注的细节。我们要提醒旅客保管好个人的贵重物品，加强客舱的安全查控，处理失窃情况，帮助旅客追回被盗的物品。案例中的航班盗窃事件应引起如下关注。

（1）旅客的安全意识普遍不强，对自己携带的行李物品关注不到位，将自己携带上机的贵重物品随意地放在行李架中，在接下来几个小时的飞行过程中也不去看一下，自己就在座位上放心地睡觉。就像案例中的那名女性旅客那样，发现财物不见了，才惊慌失措。

（2）我们对旅客机上物品失窃的情况进行排查时发现，物品被盗大多发生在旅客睡觉或去洗手间的时间段内，由于个人物品在这期间处于自己视线监控的空档期，飞贼往往瞄准旅客不注意的时候快速下手，盗窃旅客财物。

（3）飞贼得手后，他们只拿里面的贵重物品，是不会带走外包装物和手提袋的，无人的座位、洗手间是他们抛弃这些东西的地方，或者他们还将其放回原处。清舱时要格外注意，就像案例中的情形那样，飞贼把女性旅客的包藏在后排无人的座位下面，以洗脱自己的作案嫌疑。

（4）飞贼偷盗属于刑事案件，一经发现要立即报告机长，由机长联系地面报警，然后把盗贼交给机场公安人员，根据作案事实进行依法处理。

（5）另外，航班上发生的飞贼作案事件也引发了我们对机上安全保卫人员的正确认知。

① 航班上的安全保卫人员（简称"空保"或"安全员"），属于航班机组成员之一，执行航班飞行中的安全保卫工作，他们的主要工作地点就是客舱。

② 空保或安全员也分专职和兼职。不过，一般航班上配备的安保人员都身兼空乘职务，在飞机上见到的男乘务员多是如此，他们既担任乘务工作又负责空中保卫工作，在日常训练与工作中，练就了一双火眼金睛和独特的暗中观察能力，时刻守护客舱内的安全秩序，保护旅客的机上财物。

③ 专职安全员不需要为旅客提供空乘方面的服务，只负责航班在飞行过程中的安全保卫工作，从他们健壮的体格以及着装的不同上，旅客们往往能把他们与其他空乘人员区别开来。其实，有的飞机上还配备职业空警，但为了不影响旅客的正常乘机，不引起犯罪分子的注意，他们身着便装随航班出行，为航班的飞行运输筑牢安全防护网。

④ 航班上的安全员在旅客尚未登机之前，还会进行安全方面的清舱工作，会对客舱内的每个座椅前后、行李架内进行认真仔细的安全检查，当发现任何不属于飞机上应有的物品时，不管是旅客遗留的还是其他可疑物品都会被清理出舱，然后移交地面人员处理。

（6）飞贼再猖獗，也难逃空警及安全员的法眼，更难逃国家法律的制裁。不过，这个案例也让我们明白了客舱安全服务的范围之大，那就是除了提供显性的服务管理，维护好旅客在飞行过程中的安全秩序以及为其提供旅途中的帮助，还要提供隐性的服务管理，如防止旅客的财产被盗，阻止旅客对飞行器的破坏行为，以及对旅客突发病况进行急救，帮助引渡遣返、押送、救援等其他性质的服务。

另据统计，每年机上盗窃的涉案金额都达数千万元之多，盗窃分子采用全国流窜作案的方式，已经对机上旅客的财物安全构成重大威胁。客舱乘务员应尽量提醒旅客保管好自己随身携带的行李物品，在开启行李架时最好有乘务员在场，不给犯罪分子可乘之机。为此，航班上还特别安排空警和安全员随机，只不过安全员有时也会负责乘务工作，我们通过服饰可以清晰地辨别，而空警着便装，与普通旅客一样乘坐飞机，不易被识别，他们随身携带的行李箱内有警察才可配备的武装器具，可以阻止旅客对飞行器的干扰和破坏，排除客舱内可能引发不安全事件的因素。航空公司这样安排的目的，就是为了切实地保护好广大旅客的乘机利益，避免或减少人身财产损失，把旅客们安全、顺利地送达目的地。

案例链接之十三

客舱行李物品安全提示

客舱在一种公共交通工具之内，同时也是一个复杂的公共场所。旅客的身份、职业、职别、乘机理由等不尽相同，实际上也就造成了客舱的差异化结构形态。人们在乘坐飞机时，于潜意识中往往会产生较高的安全系数值，不会提防飞机上的盗窃行为，放松了自己的警惕性。在飞机上，有的旅客把随身带上飞机的行李任意放置在行李架中，甚至离自己的座位很远，超出自己的视线范围；有的旅客在机上闭目休息，不关注行李的安全问题；还有的旅客在使用洗手间时，都给飞贼提供了作案时机。因此，我们应注意以下几点。

（1）飞机在起飞前，要提示旅客小心看管好自己的手提包，贵重物品尽量放置在自己的座位下面或自己视线可达的范围内。

（2）在旅客行李摆放好后，及时关闭行李架的舱门。在飞行过程中，随时关注客舱内的异情、监控有无可疑现象，一旦发现问题，盯紧目标人，观察动机。

（3）如果有旅客报警称自己的物品失窃，乘务员要先与旅客确认失窃是否在客舱内发生，因为有一些旅客自己的物品找不到了，并不能确定一个具体的丢失地点和时间。

（4）当旅客确认自己的物品是在机上被盗时，就要详细地了解具体发生的情况，核实并记录下旅客丢失物品的名称、规格、式样、颜色以及物品价值；了解丢失物品的放置处，比如是第几排行李架上还是自己的座椅下面；还要让旅客确认丢失在哪个时间段，是否在旅客自己监控的时间段内；丢失物品的旅客是否在有可能丢失的地方查找过。

（5）要通过该旅客和其他旅客查找可疑线索，确定在丢失物品的时间段是否有人曾打开过行李架，以及是否有旅客自己的座位不坐，坐到其他位置上或频繁进出洗手间。

假如航班上出现了飞贼作案的情况，通过对丢失物品情况的详细了解、线索排查、机上寻找、事后追讨等办法，尽力地帮助旅客寻找。如果真是无法找到，也要给旅客一个清楚的答复，先向旅客表示歉意，留下失物旅客的联系方式，并真诚地告知，如有进一步消息及时通知对方。如果在旅客下机、离开客舱后，乘务员进行清舱时发现机上旅客遗失的任何有价值的物品，必须报告乘务长进行查看，并逐一地登记，归还失主，转交地面工作人员的要留下物品转交记录，以便在事后旅客寻找时有据可依。另外，在一般情况下，乘务员在飞机上不主动替旅客保管物品，尤其是易碎及贵重物品。

对于飞机上频频发生的盗窃事件，要提醒广大旅客一定要提高警惕、加强安全防范，发现财物被盗应及时联系乘务员报警，并切实注意做到以下几点。

（1）在候机时，涉及打电话交谈中关于钱财的话题要避开旁人，也不可将随身携带的钱财外露。

（2）将"大钱"和随时需要使用的"零钱"分开放，在存放财物或清点行李时要避开他人的目光范围。

（3）在乘机时尽量不要携带数额较大的现金，更不要将现金和贵重物品随便放置在行李架内，最好放在自己前面的座位下，并留意看管。

（4）看管好自己的行李，使其不离开自己的视线范围，并注意身边他人的异常举动，特别是航班有经停机场、旅客要下机取行李时，要留心察看自己的行李是否有被翻动的迹象。

（5）建议将行李袋和行李箱上锁，并在上面做个记号，目的就是使自己的行李能够一眼被认出，不至于和其他旅客的混淆，或遇相同款式的不好分辨而造成错拿。

中国有句老话叫作"小心无大差"。虽然我们相信绝大部分旅客都是可信的，但并不能排除极个别的不法人员混进旅客人群，他们的目的不是乘坐飞机，而是在飞机上偷盗。如果旅客都能提前采取有效的防备措施，就可以降低飞贼们得手的概率，避免财物损失。

第四节　民航客舱服务与安全职责

一、对安全服务的认知

民航的运输工作，除为旅客提供乘机过程中有形与无形的周到服务、理解旅客的真实需求、把握住对客服务的原则和细节、体现用心服务的真谛和内涵外，还要关注在民航运输全过程中客机以及全体乘员人身和财产的安全保障服务。只有筑牢航班上的安全防护网，才可确保民航运输工作的安全要务得到落实。

为此，航空公司会制定一整套符合航班运营需要的安全政策与保障措施。例如，航班上配备安全员、空中警察来维护航班上的安全秩序，并对客舱内可能出现的各种突发性扰乱事件，包括对机上乘员人身及财产的破坏事件，以及对机上设备造成的损害事件等，进行及时、有效的制止并采取妥善的处理措施，以保障飞机的正常飞行秩序与安全运营。

依据国际民航组织制定的法律公约及国家制定的民航法规政策中的规定，机长是一机之长，拥有对本次航班的绝对领导权，执行对飞机设备及机上全体乘员的负责制与处置权。机上的一切指挥权在机长手中，当遇到意外的危险情况时，机长发出准确命令，机上乘员必须无条件地执行，否则将受到法律法规的处罚。

二、航班运输过程中的安全执行

机组成员（包括乘务组人员）如果在航班运输过程中发现机上有可疑人员，或者出现了危及机上设备及人身安全的状况，必须立即采取有效的制止措施，包括言语制止和行动阻止，对于不听从劝阻的要报告乘务长，由乘务长报告机长处置。对可能涉及的各种破坏运输安全的情况，应执行请求、报告程序，接受机长的命令，进行后续的处置安排。

（1）遇到恶劣的气候环境，飞机的正常飞行受到影响，应采取相应的安全处置措施。航班上的安全演示中有氧气面罩的使用方法、救生衣的放置位置、逃生方法等。客舱内座椅背后的口袋里放置有《安全须知卡》等，机组成员要做好安全提示与告知。特别是在紧急情况下，考验的是乘务员的冷静和机智，以及指挥应急撤离的能力。

（2）旅客在航班上出现身体疾病时，应给予人身安全关爱。乘务专业的学员在通过各项严格的面试考核后，入职时还必须接受航空公司安排的有针对性的各项训练科目，其中就包括机上的急救知识和救护技能学习，以此强化乘务工作岗位上必须具备的安全救助能力。在关键时刻，乘务员要实施机上急救，救助旅客生命，践行安全职责。

（3）机上的安全制度与安全措施是航班飞行的重要保障手段，体现民航服务为人民的关爱服务精神。航班的飞行安全更是离不开每一位乘务工作者安全意识的建立，要把真情服务与安全职责有机地结合起来。民航服务是建立在安全保障条件下的服务，有了切实可靠的航班安全防线，才能让旅客感到踏实，感受民航运输服务的关怀性。

三、空乘学员的安全知识学习

首先，了解民航运输的安全知识是面试学员的必要功课。在日常的专业学习训练中，可以进行模拟舱的演练，从而帮助大家熟练掌握机上安全用具的正确使用方法，并为机上生病的旅客提供关怀细腻的体贴式服务与切实的帮助，体会客机安全与旅客生命、财产安全的重要性，不轻视服务，更不能轻视乘务工作所对应的安全防御及管理规定。

其次，对于想拥有"双证"、兼任航班上安全员的学员来说，要关注安全方面的考核内容，例如必考项目、安全应急口令等相关的航班安全知识，提前了解面试航空公司的具体要求。我们希望通过对本章案例的学习，促进大家对机上安全的客观和理性认知，加强安全知识学习。

再次，从职业成长上看，航空公司严格按照设定的人才使用程序选拔适合公司乘务岗位需要的乘务人才，这不仅是对公司的负责，更是对安全服务的尊重，是从航空公司安全保障与未来发展方面进行的切实考虑。

最后，更深入地看，把空乘服务人才塑造成具有民航特殊含义与标准化形象的代表，更好地符合中国民航以及世界民航事业的进步需求，不仅需要学校与学生本人重视专业课程的学习，更需要学生加深对民航运输服务全面和深刻的理解、加强对安全职责的勇敢担当。

近年来，航空公司一直强调人才素质问题，也在竭尽全力为人才的未来发展制定细致的模式，希望选拔出适合的人才充实到航班乘务岗位上去，更希望招收进来的人才个个都有出色的表现。可想而知，乘务人才要具备良好的专业素养、过硬的服务水平，拥有全面的职业认知，这其中必然包含对安全服务意识的建立。

思考案例及练习题

一、思考案例

其一：

在一架从上海飞往济南的航班上，旅客的人数较少。结束登机后，旅客看到客舱中的空余座位较多，便擅自地开始调换座位。大家都希望可以坐得更加舒适宽敞一些，甚至有的旅客横躺在一排座椅上睡觉，全然不顾乘务员的阻止和劝说，造成客舱秩序混乱。

1. 如果你是本次航班上的乘务员，你该怎么办？
2. 旅客大面积调换座位，会给航班安全带来哪些危害？
3. 你对航班上旅客擅自调换座位的行为有何看法？为什么？

其二：

某航班乘务组在地面应急设备检查中，发现飞机上没有配备《安全须知卡》，带班乘务长立即将此事通知了机长和现场工作人员，现场工作人员认为飞机上没有《安全须知卡》，不可以上客。然而，如果要等待《安全须知卡》配齐还需很长时间。在持续的航班延误过程中，为了减少旅客的抱怨和情绪激动，带班乘务长将情况告知了值班经理，询问如何处理。

1. 你认为飞机上必须配备《安全须知卡》吗？为什么？
2. 如果你是本航班的带班乘务长，你会如何处理？
3. 你认真想一下，值班经理会如何回应乘务长的情况报告？

二、练习题

1. 通过对本章第一节的学习，你对机上突发状况有何认识？
2. 如果遇到客舱中突发疾病旅客的求助，你该怎么办？
3. 通过对本章第二节的学习，谈谈你对维护客舱安全秩序的想法。
4. 假如在飞机上遇到危及安全又不听劝阻的旅客，该如何处理？
5. 通过对本章第三节的学习，你对客舱安全检查有怎样的体会？
6. 从第二节第四个案例中所展示的八个客舱安全事件场景中，你学到了哪些知识？
7. 请谈一谈你对第三节第一个案例中霸座旅客的具体看法。你有何感想？
8. 你对案例中所诠释的"生命至上"以及"民航精神"是怎样理解的？

第七章
通过案例学习丰富空乘职业所需知识

章前提要

空乘服务岗位人员参与的是执行民航运输服务的一线工作，也是前沿工作，为旅客提供机上服务及各种乘机帮助，所以民航服务体现的就是以旅客需求为中心、为满足旅客需要而提供服务的具体行为。乘务员在为旅客提供优质服务的同时，也在为所在的航空公司和自身创造服务价值，这种服务是一种有偿与无偿相结合的服务。优质服务可以让乘务员赢得旅客的尊重，肯定自身的工作价值，也可激发乘务员对工作的热情和自豪感。因此，乘务员必然通过各方面的学习，汲取服务心理学、沟通艺术、应对方式等多方面的知识，学习他人在工作中积累的经验、强化服务技能、人际交往能力和综合素质修养。对案例的学习可以更便捷地提升服务技能，增加在处理各种问题时的应对技巧，为将来的求职就业和职业发展打下坚实的基础。

本章重点阐述学习案例对职业发展的促进作用、对服务力的良好构建，以及案例中所体现的创新性服务理念、对客舱公共安全意识的建立、对空乘职业岗位的理解和认知等内容。

问题导入

1. 你觉得学习案例对将来的职业发展有何意义？
2. 你打算今后如何做好航班上的对客服务工作？
3. 你希望从学习案例中收获哪些对乘务职业有帮助的知识？
4. 你对客舱公共安全意识的建立有何具体的想法和认识？

做好面试和入职航司的能力准备

第一节 案例对乘务职业的诠释

对将要走上乘务工作岗位的空乘学员及其他应聘者来说，要想顺利地成为一名合格的乘务人员，须经历三次职业考验：一是成功通过航空公司面试，入职公司；二是在培训考核中取得合格成绩与所需的证书，持证上岗；三是在工作岗位上经受住酸甜苦辣的挑战及考验，坚持下来，成为一名肯钻研、求进步的乘务员。由此看来，从事乘务职业就像人生的一场修行，只有完成各种必修课，并拥有良好的职业规划，最终才能一步一步地踏上职业的成功之路，实现自己心中的空乘理想。也正是因为如此，我们需要有足够的知识与技能储备，学会从他人的职业成功经验中汲取对我们有价值的工作养分。在本节中，我们共同探讨服务案例对乘务职业的诠释，希望案例能够让我们从不同层面梳理与理解乘务职业。

一、从个人层面来看

1. 符合公司人才条件标准

对于民航服务人才的求职应聘而言，航空公司采用面试的选拔方法，一方面是各大航空公司对人才竞争所采取的必要做法，另一方面也可被看作日后壮大人才队伍的长期性建设，这在很大程度上是民航对客服务的特殊需要，只有这样才能保证所聘用的人员的服务能力与综合素质符合乘务人才标准，才能保证后续服务人才的稳定以及人才队伍的优质。

因而，对于空乘专业的学员来说，要想有一个良好的求职状态，以应对面试时的各项挑战，除拥有所学的专业理论知识以外，在服务技能方面，包括服务认知、对客态度、面部表情、柔和力、沟通能力、体贴性、关注度、亲和力等方面，必然要依照航空公司面试录用人才的标准条件进行调整和学习。对于兼职空中安全员的学员，还需要关注自身身体素质的强化。其实，求职应聘所需的职业元素及考核点，在案例中的对客服务场景中都可以发现。

2. 保持空乘人才的形象标准

我们不难知晓，民航运输服务从一开始就建立在高端服务的层面上，因此需要对高端形象进行实质性维护，比如形象风貌、气质呈现等是必不可少的人才考察因素。形象还可分为内形象和外形象，不仅需要外在的形体自然协调，而且需要内在的状态修养和谐，是由内到外的统一美感。一方面，从人才形象角度出发，航空公司必然要求空乘人才在自身专业能力、自然条件方面的配套下，不可缺少相应的亲和力、柔韧度、细腻感等形象素质条件；另一方面，也是为了更大程度上满足对客服务的真实需求，内外形象俱佳的乘务员可以带给他人更多的愉悦感，收获相应的服务满意度，减少与避免服务过程中的冲突与摩擦，也更容易让旅客接受服务。从案例中，我们可以很好地感受到乘务职业服务形象保持的重要性。

3. 满足对客服务的需求

个人有没有建立对客的服务意识、有怎样的服务心理和求职意愿、言谈举止及服务礼仪是否符合民航对乘务员的基本要求、是否具备诚实的职业理念等，都是决定学员求职应聘能否成功的关键要素。要通过学习案例，建立良好周到的服务意识。

首先，要清楚乘务工作的具体内容与操作要领。做好每一架航班上的各项对客服务工作，严格按照航空公司对乘务员的管理规定与要求，为旅客提供有形有礼、知礼知让、包容大度、细微灵活的体贴式服务，把航班服务需求做到位，赢得旅客的满意。

其次，要不断提高个人的专业能力。敢于挑战与应对各种危险，愿意进行服务探索并积极进取，知道服务是一个长期持续的全过程，一定要让内心所想与言语表达、行动执行保持高度一致、心到、眼到、语到、腿到、手到，眼中有标准、手中有规范、做中有方法，心手眼脚并用，而不是眼高手低、丢三落四地应付。

最后，把控好对客服务的细节处，一个微笑、一个眼神、一个动作都要体现出服务的细腻感与职业情怀，彰显乘务员训练有素的服务状态。服务是需要温度的，而不是像机器一样生硬的程序执行，在服务的言行举止中，乘务员更要自然柔和并带有亲切感，要把民航服务中的人文性与心理关怀性在对客服务中具体地体现出来。

只有这样，作为一名乘务员才能在岗位上收获来自旅客的感动和赞誉，传递民航服务所应有的关爱精神与艺术美感来。同时，个人也不会在长期工作中丢失服务的勇气与信心，永葆服务活力和快乐心态，在职业道路上顺利成长。

4．具有职责担当精神

所谓职责担当，就是要求乘务员对于航空公司制定的航班服务及安全职责管理条例有深刻的理解与正确的执行。例如，对机上危及安全问题的突发事件的处理手段，对旅客突发疾病所采取的应急处置方法，在特殊飞行阶段与紧急情况下的理智思维和冷静态度，面对一些扰乱客舱正常服务的大小事件做出迅速反应与处理的能力，面对旅客提出的各种各样的甚至是非理性的服务要求所采取的恰当与及时的回应等。

另外，乘务员在面对客舱中有可能出现的不文明乘机现象时，应采取恰当且必要的应对及处置措施，严格维护好客舱内的安全秩序。对于个别违法乱纪人员、不听劝阻者，或者霸座、打骂、扰乱等素质低劣的人员，就需要航班乘务员（机上安全员），以及机组人员严格履行航空公司赋予的神圣职责，配合公安部门做好安全防控工作。乘务员不仅要执行好每一架航班的飞行任务，更要确保飞机上全体乘员的飞行安全，及时发现问题与处理好问题，并协调与配合好乘务组、机组、地面人员，共同努力，确保飞行安全。这些现场情况与工作职责要求，也可以从前面讲述的案例中找到相关的参考依据。

二、从公司层面来看

1．乘务人才要有大局观

站在一个更高的层面上看，航空公司都喜欢那些懂得"护家保院"的、一言一行处处为公司的利益和名誉着想的、自觉始终与公司管理层站在一队的忠诚员工。这些人就是航空公司贴心的"暖宝宝"，有可能成为公司重点培养的积极对象，或者是将来被选拔到管理岗位上的储备力量。当然这还需要专业实力与具体才干配套，包括对乘务工作的正确理解与认知、职业信念、服务初心、付出意愿等。

在讲求大局观的细节里，还会涉及方方面面的具体问题，比如树立全局的观念意识，包括维护航空公司的整体利益，对可能损害公司形象和利益的行为的自觉抵制，拒绝不合理的服务要求，有效制止不良行为。对于个别发生在机场或客舱内的不雅动作、扰乱做法、一些明显的伤害事件等，绝不会视而不见，也绝不可任其放纵，而是从公司的整体利益及服务的大局观出发，采取积极、主动的必要处理方法，减少与避免不必要的利益损失，自觉维护好公司和个人的形象。无疑，这些具体而真实的情景和做法，也会反应在相关的案例中，帮助我们了解与认知大局观的重要性。

2. 利于乘务人才队伍的建设

其实，无论是国际还是国内民航业之间的竞争，归根结底都是人才的竞争，人才是航空公司赖以生存与发展的核心条件。截至 2019 年年底，我国共有 52 家航空公司（其中包含客运、货运与混营），除国内的三大国有航空公司（国航、东航、南航）外，还有海航、深航、厦航等多家控股或多种形式的合作公司。此外，还有多利益链的地方性质的航空公司，再加之一些国际航空公司对中国空乘人才的招用，虽然表面上看起来"皇帝女儿"不愁嫁，但是由于不同的航空公司对人才的录用条件、工资待遇等不同，所以空乘人才的竞争也较为激烈，而竞争的胜负在很大程度上取决于应聘者的自身条件。一方面，乘务人才培养的进度跟不上实际的使用需求；另一方面，各航空公司对优秀人才有着殷切渴望。如何能够在多家航空公司的招聘选拔中脱颖而出，成为各航空公司抢夺的高标准人才，是每一个空乘专业学员要深刻思考的现实问题。

人才选拔中的标准符合度，直接关乎人才队伍的建设情况，直接关乎航空公司的生存实力，关乎整个民航运输业未来的发展需要，更关乎国家整体规划战略的实施。因此，我们也不得不虔诚地告诉各位有志学员，要努力地朝着航空公司需要的人才目标奋进，力求完善服务需要的优点，克服自身的不良缺点，制订好迈进乘务工作者队伍的能力方案，为自己找到可靠的工作良机。

3. 符合公司的发展需要

如今，中国民航业飞速发展，行业间的竞争、公司间的竞争和国际民航业间的竞争从未停歇。航空公司要想有一个真实、可靠的运营实力作为保证，必然需要牢固、坚实的人才队伍，这样才可以不断地提升服务质量，让旅客更加满意，也会提高航空公司的运营效率。客观上来讲，随着各航空公司运力的提升、航线的开辟以及新机场的建设、航班机群的规模壮大等，航空公司需要及时地补充服务实力，必定离不开人才队伍的一再扩大、人才数量上的持续跟进。同时，按照高水平的服务准则与高质量的服务要求，可以预见，航空公司对人才的选择与录用，不会放松任何的考核标准，只会越来越严。面对这样的需求与标准管控共存的人才招聘局面，空乘学员必须及早地完善自己，多方面下手，多渠道拓展，提升自己的求职应聘能力，紧跟公司发展中的人才要求。

另外，为了切实有效地保证航空公司的发展实力，维持一个长期、良好、有序的理想状态，对各类人才的认真筛选与比较已成为各大航空公司面试与选拔服务人才的不二法门。其实并不难理解，航空公司采取严格而近乎苛刻的人才面试，其目的就是招到符合标准的新员工，更好地提供良好、周到的对客服务，收获更多、更满意的服务评价及服务效果，赢得良好的口碑，提高航空运输业的整体运营效率，创造更多的利益，提升航空公司的长期发展价值。

希望大家通过案例的学习与理解，不仅能提高专业技能度、服务理解力，塑造服务艺术，而且能清晰地了解航空公司对人才的管理方式，从公司需要上构建好个人的服务能力。

图 7-1 至图 7-4 分别为中国国际航空公司客机、中国东方航空公司客机、中国南方航空公司客机、国产 C919 大飞机。

图 7-1　中国国际航空公司客机

图 7-2　中国东方航空公司客机

图 7-3　中国南方航空公司客机

图 7-4　国产 C919 大飞机

第二节　案例中彰显的服务力构建

一、找准民航服务者的角色定位

为了提高民航运输服务的总体水平，民航员工还应提高个人的角色认知能力。角色指的是个人在职场中的身份扮演或地位担当。一个人在工作过程中必须准确地把握自己在工作中需要扮演的角色。每个员工在民航服务这个大舞台上，都在充当一定的角色，工作中是什么角色就要做好什么样的事情，不可混乱工作内容及岗位秩序。根据自己所扮演的角色、公司管理规定中的限制、大众的常规看法等因素，对自己的角色行为进行适当与必要的自我约束，不能超越角色权限。

在民航工作中，有时候会听到空乘或地服人员的抱怨："旅客的素质越来越差了""服务这碗饭真不好吃啊""凭什么要受旅客的怨气"……这些抱怨的员工最根本的错误就在于没有明确自己的工作角色，总是认为旅客和自己应该是平等的。而实际上，在对客服务的过程中，服务的提供者永远是不可能与旅客"平等"的，这种不平等的现象，通常被定义为"合理的"不平等，因为旅客是付费后的消费者，而乘务员是收钱后的服务者。旅客支付费用购买服务产品，服务产品包括两层含意：其一是有形产品，航空器上的某个座位在某一时间段的使用权；其二是无形产品，即服务，旅客购买服务是为了在旅程中身心舒适。

因此，对于民航运输中的对客服务，应该这样对平等进行理解：首先，要做到对所有旅客一视同仁，用同等的眼光和心态对待所有旅客；其次，让所有旅客在购票、订座、乘机等方面获得均等的机会；再次，只要可能，就应满足所有旅客的最基本的服务需求；最后，旅客支付费用，必然要享受服务的满足感，员工付出服务的努力，也要挣取自己的工资收入。基于这些方面而言，从不同的案例中找到与定位好乘务工作者的角色，是十分有必要的。

二、树立正确的服从理念

被人们誉为"商业饭店之父"的埃尔斯沃思·米尔顿·斯塔特勒首先提出了"客人总是对的"这一服务理念，得到同行以及其他服务业人士的普遍认可。用这一理念来指导服务工作，强调的就是一种无条件的、全心全意为客人服务的思想。如果换作"旅客永远是对的"这句话，则是给乘务员服务好旅客提出了一种主动的服务要求。这是民航业对服务所追求的一种精神，就是要把"对"让给旅客，把"面子"留给旅客，把快乐带给旅客，但事实上，旅客不一定在事实上都是"对"的。这样的理念在前面的案例阐述中多少有所渗透。

"旅客永远是对的"这句话，可以具体地体现在以下4个方面。

（1）充分理解旅客的想法和心态。某些旅客在其他地方受了气，心中有怨结，而后迁怒于民航员工，或者出现由于身体、情绪等一些其他原因而对乘务员大发雷霆等较为过分的不理智态度，甚至提出过分的要求，乘务员应给予理解，并想办法用服务去感化旅客。

（2）充分理解旅客的需求。当旅客提出超越民航服务范围但又是正当的需求时，其实并不能认为这是旅客的过分需求，而应认为这是民航服务产品的不足，所以乘务员在力所能及的情况下，应尽量地提供特别性或帮助性服务予以满足。如果确实难以满足，乘务员必须向旅客表示歉意，得到旅客的谅解。

（3）充分理解旅客的误会。由于生活环境、文化修养、身份地位等背景的差异，旅客对民航运输规则与乘务工作理解和认知不会完全一致，不甚理解者可能因此提出各种各样的意见，对服务提出额外的要求，甚至会拒绝乘机合作。服务人员必须向旅客做出真诚而细致的解释，并力求给旅客提供满意和周到的答复。

（4）充分理解旅客的过错。基于种种原因和情况，出现了某些旅客有意刁难或强词夺理的不良场景，服务人员必须秉承"旅客永远是对的"的原则，把"理"让给旅客，使旅客满意。

"旅客永远是对的"不仅体现了服从的服务意识,更是把"面子"留给了旅客,有了"面子"的旅客,就会更好地回报民航服务,更利于民航服务形象的提升。

三、服务行为与责任倡导

在对客服务中,任何借口都是一种推卸责任的表现。在责任和借口之间,选择责任还是选择借口,体现了一个民航员工的工作态度和服务意识。假如在某些方面,已经形成了这样一种局面:每个人都努力地寻找借口,来掩盖自己的过失,甚至推卸自己本应承担的责任,这是非常危险的,是对乘务形象的伤害。这种情况也会让旅客对民航服务产生不满,从而成为服务者与被服务者之间许多矛盾冲突的根源,不利于公司的发展。

同时,在服务出现问题的时候,如果找出一些冠冕堂皇的借口,以换得旅客的理解和原谅,从而把自己的过失掩盖掉,只是让人在心理上得到暂时的平衡,但长此以往,因为有了各种各样的借口可找,民航服务也就流于形式,而不是想方设法地去争取为旅客提供最好、最满意的服务。把大量时间和精力放在如何寻找一个合适的借口上,你的服务能力永远也不会有很好的提升,你的职业生涯发展与职场升迁也只是一种假想。

"没有任何借口"强调了每一位学员应想尽办法去完成任何一项任务,而不是为没有完成任务去寻找借口,哪怕看似合理的借口都不行。"没有任何借口"也成为无数商界精英秉承的商业理念和对客服务的价值观。敬业、责任、服从、诚实是这一理念的核心,也体现出一种完美的执行能力,一种服从、诚实的工作态度,一种负责、敬业的担当精神。

对乘务工作而言,让旅客满意就是好,让旅客不满意就是不好,没有任何借口可找,也没有任何理由可言。正确的服务意识、强烈的服从理念就要求我们实实在在地把乘务工作当成心中所喜爱的事业来做,把旅客当成自己心中最敬爱的"亲人"来对待,用细心、精心和留心为旅客提供体贴入微的服务,最终让旅客舒心和满意。投入自己的热情和真情,感恩戴德,用亲情回报的方式做服务,以真诚赢得旅客的忠诚,必将实现价值双赢的服务效果,用心、用脑、用艺术和智慧,给旅客带来具有传奇色彩的服务。服务行为与责任倡导,也是我们希望在案例中所展示的,帮助大家完善与铸造好自己的岗位职责。

案例链接之十四

中国乘务职业的发展

中国最早的空姐是在1938年前后才出现的。据1937年刊登在上海《申报》上的欧亚航空公司(中央航空公司的前身)招聘信息,当时空姐的招聘条件是:年龄20~25岁,体貌端正;体重要求为40~59公斤,身高为1.5~1.7米;精通国语、粤语、英语,可以流利地读写中英文。现在也可以想象得到,在当时的社会背景及教育情况下,这些招聘条件有多么苛刻,所以直到1938年1月,欧亚航空公司才招到6名符合要求的空中服务人员。从中央航空公司成立到1948年期间,航班空姐的总人数最多也只有20人左右。

中华人民共和国成立后,空姐的招聘除有一定的文化条件要求外,其实还更加注重综合素质的具备。然而,那时的空姐招聘,还是严格按照空军的招收标准进行的,要求为:五官端正，身体健康；身高为 1.6~1.68 米，体重与身高比例相称；高中文化程度，会讲一门外语；年龄为 17~20 周岁。尽管当时受到诸多客观因素的各种限制，飞行条件十分艰苦，空服人员还要接受极其严格的登机前训练，但广大的青年还是怀抱着对蓝天飞行的美好梦想，积极地报名应聘空服人员。

中华人民共和国成立后，政府便开始考虑我国航空航天事业的发展建设，民用航空运输领域和国外比较起来，当时处于十分落后的状态。1952 年 7 月中国人民航空公司成立之后，曾从其他部门的工作岗位上选调过 4 名男生经过短期培训担任空中乘务工作，但是由于工作中的各种原因，还不到一年他们都先后离开了。之后，航空公司开始偏向招收女乘务员。

1955 年 11 月，第一次空姐招聘工作在北京有序开展。在这次挑选空乘人员的特殊行动中，有 18 名姑娘幸运中榜，除 2 名来自民航局的工作人员外，其余 16 名入选者都来自北京各中学。在北京市教育局的配合下，中国民航局招收并组织了中华人民共和国成立之后的第一代空姐，被国内业界一直称为中国空乘史上的"十八姐妹"，以出生年龄顺序排名，她们分别是：张素梅、宛月恒、寇秀荣、宋淑敏、李雅惠、陈淑华、马鸿志、李淑清、郭肇贤、康淑琴、王绍勤、朱玉芳、石秀英、王竹报、张若兰、沈伦、李淑敏、孔宪芳。

民航局对这 18 名空姐进行了半年左右的空中知识、礼仪、服饰、操作技能等一系列的强化训练，她们通过试飞考验后正式上机执行对客服务工作。"十八姐妹"当时的年龄大多为 18~19 岁，最大的也不过 22 岁，个个焕发着青春的朝气，充满为中国民航事业奉献的人生理想，是中国民航史上最初的一群蓝天之星，她们的中国民航客运服务的故事至今仍然被大家传颂。

改革开放以后，为适应中国民航事业的飞速发展，中国空乘人才队伍也在不断地发展与壮大，中国于 1988 年开始招收大学生乘务员。据民航局 2020 年 3 月公布的《中国民航乘务员发展统计报告》，截止到 2019 年年底，共有 108 955 名乘务员任职于我国各大航空公司。如今，随着机场的大量兴建，空中航线四通八达，机场群、城市圈不断涌现，这都为空乘人才队伍的发展建设提供了成熟的条件，同时，乘务人才的施展空间和服务舞台也会越来越广阔。

第三节　对案例中的创新性服务的理解

一、关于创新性服务

乘务工作的内容既要符合规范和要求，又有其特殊性和不确定性，更会面临一些意想不到的突发状况，需要乘务员有创新性服务的意识、主动关怀心理，可以配合艺术性的服务方式，更好地满足旅客的乘机需要。比如案例中展示的惊喜服务、对特殊旅客的关怀和照顾、个性化的服务环节、灵活机敏的服务方式，还有我们在迎送客、空中服务、地面帮助环节中的深入与细化服务、跟进服务等，都可以从广义上被理解为创新性服务。我们通过不同的案例情节或场景的描述，了解服务的满意过程、服务语言的正确运用、当出现不当服务时的弥补与化解措施、怎样使旅客心境转移的做法、缓和旅客情绪和活跃现场的方法等，利用现有条件，创造入时合宜的服务方式，安慰旅客，收获惊喜的服务效果。

我们要以更加柔和的心态面对服务，用关怀和体贴的行为体察旅客的服务需求，找准对客服务机会，诠释好乘务工作的创新性服务。对于空乘专业的学员来讲，掌握好创新性服务的切实做法，开拓服务思维和眼界，进而在日常的课程学习及服务训练的基础上打好各方面素质及能力的基础，更加轻松自如地应对航空公司的招收选拔，不逃避、不应付、不害怕、不胆怯，用理解服务来增强求职应聘的信心，最大化工作机会，收获工作成绩。

高质量发展是新时代民航强国的本质和根本要求。这是民航管理层对民航事业未来发展的定调，更是对民航全体员工的工作促进和使命要求。而对于求职应聘者来说，他们今后的工作道路，并非都平坦，也不都是阳光灿烂的，但只要确实具备了民航人的使命担当精神，拥有一颗为他人服务良好信心，有爱和关怀在心中，并且掌握好灵活变通的服务艺术，有服务的创新能力，有吃苦耐劳和坚忍不拔的毅力，就一定能够创造工作奇迹。

二、对创新性服务的理解

1. 民航服务创新性思考

求发展、求创新，是中国当前乃至今后长期而迫切的发展需要，更是从民航大国在向全方位民航强国行进过程中的必然要求。实际上，在各个交通运输工具共同构架的当前大交通体系中，百花争艳的局势已经形成。在大出行与大交通的大时代背景下，民航业要做到一枝独秀，并且能在齐头并进的各种竞争中实现增速发展，除国家政策的大力扶持外，确实更离不开民航人自身一直以来积极主动的创新性发展探索，比如挖潜运营能力、开辟运营市场、改革运营制度、增加运营收入、提高客流量等。同时，中国民航业还不得不应对一些不确定因素带来的影响。例如，拉丁美洲国家连续出现的枪击、暴力冲突事件，多边贸易的紧张局势，国际上一些国家中出现的大规模民众游行与抗议，以及全球性的新冠肺炎疫情等，都不同程度地改变与阻遏了民众的出行计划。在综合因素的影响下，人们开始注意节约出行成本，比以往预留或存储更多资金，以备生活支出的需要。或者，一部人会改变出行方式，选择近距离和地面交通工具来满足家庭、个人及团体的出行需要。

就民航服务而言，人们常说小客舱大世界，也常说世界有多大，客舱就有多大。尽管客舱内的空间不大，一次只能容纳有限数量的旅客，但客舱的聚集性非常大，它不是以某个具体的层次或结构来划分旅客群体的，而是以四海之内人群的意愿来引导旅客的乘机选择、约定具体行程的，这样的引导带有极大的人群结构的不确定性，并在一定程度上受限于旅客的出行目的。因此，这会受到旅客在政治、经济、交往、活动、理想、意愿、约定、生存、发展等诸方面因素的共同作用和影响，这是客观因素；从主观因素上看，旅客有可能这一次乘坐了本次航班，没有得到很好的乘机体验，下一次未必会再选择乘坐了。要抓住旅客的第一次乘机机会，让我们用创新性服务方式去满足旅客需求，进而打动旅客的心，让他们对航空公司或某次航班产生好的印象。

以创新的姿态、创新的理念、创新的行为来调整与改变我们的服务策略，以应对不确定的大环境影响，应对旅客的不同服务需求，探索与发现新的服务亮点，提供独具特色的有针对性的个体服务，争取旅客的更多信任，这不仅是服务之需，更是民航业发展之需。

2. 挖潜服务的创新性

从客源分布上看，得益于我国经济的长期平稳增长、居民收入水平的不断提高，除商务公务人士出行活跃度高外，休闲、旅游、探亲等因私出行人数也逐年攀升。随着消费品质的升级，越来越多的人选择国内远程或出境旅行，飞机成为人们选乘的主要交通工具。资料显示，2018 年我国国内游人数达 55.4 亿人次，同比增长 10.8%；出境游达 1.5 亿人次，同比增长 14.7%。2019 年我国国内旅游人数增长至 60.4 亿人次左右，出境旅游人数约为 1.68 亿人次。在服务创新方面，国内一些旅行机构的做法十分值得借鉴。例如，它们推出了一系列亲子产品游服务，开发工业博物馆、工业遗址公园、工业文化创意基地、观光工厂等工业旅游项目，打造休闲农业与乡村旅游，把私家团、定制游做得风生水起，让游客的参与度和获得感稳步提升。在国内文化和旅游市场潜力不断释放积极信号的同时，民航运输业如何加强与旅游业的合作，共同打造对客服务大平台，抓住春节、清明、五一、国庆等节假日拓展民航服务项目，从中挖潜与找到服务的新思路与新办法吸引旅客多次购买、增加人均乘机次数、保证客源量的稳步增长，还有待进一步挖潜。

那么，乘务员应以怎样的创新姿态和创新行动，来满足对客服务中的新需求？从乘务员自身的内因上讲，首先，这离不开个人对服务创新理念的认知，接受服务创新的新理念，这是创新成功的关键所在；其次，个人要愿意并积极主动地配合公司实施一系列的创新措施、创新手法；最后，个人要开动脑筋，把好的对客服务方法与举措大胆地提出来，争取得到领导的同意，进行创新性服务的具体实施。在不违背公司服务原则的情况下，在安全服务的前提下，挖掘旅客的深层次服务需求，提供特别的服务项目，增加服务价值。例如，在特殊日子提供纪念性活动；在旅客的生日、结婚纪念日等使用庆祝性语言；针对不同的气候、环境、节日、目的地等增加相应的贴近服务内容；针对寒暑假期中的学生开展一对一的服务方案等。另外，还可以针对不同地域、不同民俗民风，以及未来可以提供潜力客源的贫困地区，开展机上机下相结合的对客服务项目，以及其他民航延伸服务项目等，广结客缘，拓展服务。

第四节 关注客舱内公共安全意识的建立

一、通过案例认识客舱服务的特殊性和不可预测性

民航客舱服务的特殊性和极具挑战性使得航空公司在选拔乘务人才时，不仅对应聘者身体的自然条件有所要求，还会对其所具备的专业素质和成熟心理给予严格的考查。民航服务的挑战性，更多是基于客舱服务中存在的不可预测性因素、旅客需求的变化性因素的。乘务员不仅要了解，而且要正确、深刻、严肃地关注与认识这些方面，用积极、果敢而真诚的一颗心，去面对在航班的飞行过程中可能随时会发生的一系列状况。

对于下面的一些情况，我们都可以从前几章的案例中有所体会。

（1）旅客突发疾病，如果严重，随时都可能出现生命危险，必须要求乘务员具备机上急救工作的专业知识和能力，执行报告请求程序，做好接下来的救助工作。

（2）对于航班上出现的各种扰乱客舱安全秩序的旅客行为，必须果断地采取有效措施予以

制止；对于情况严重的个别旅客行为，应予以严格管控，并通知机场公安依法处置。

（3）为了防止航班上出现江湖大盗横行、飞贼出没的状况，防止他们对旅客的钱财造成损失、扰乱客舱中的安全秩序，乘务员及机上安全员要对客舱中的安全时时监控，把安全职责放在首位，随时关注与体察客舱内旅客的一举一动。

（4）在航空公司允许登机旅客的人群中，并不能排除其中存在个别有精神或心理方面疾病或疾病史的旅客，这必须引起乘务员的高度重视，如果出现异常情况，马上配合空警和安全员，冷静处理。

（5）要站在旅客的角度思考服务，对他们给予温暖、及时的关怀，注意语言上的沟通艺术、服务技巧等，使得旅客在特定的环境中能收到来自航空公司提供的不一样的感受，甚至成为其久存的人生记忆，挥之不去。这是航空运输服务中的正能量因子，可以反过来鞭策我们，用服务打动旅客的心灵，这样建立起来的深厚感情会很牢固。

例如，在新冠肺炎疫情中，乘务员在运送医务救治人员队伍时的特别服务，武汉解封后运送滞留旅客回家的航班服务，协助复工复产、接留学生回国的服务，以及案例中的机上急救、返航备降，等等，都是在特殊情况下的服务。这些与往日不一样的服务方式，极大地诠释了民航服务为人民的精神理念，感动旅客，也让我们感动。

二、对客舱内公共安全意识建立的认知

要掌握对客舱内公共安全意识建立的认知，不妨让我们先就这个问题从客舱环境本身应具有的公共意识性方面进行必要的了解。《中华人民共和国卫生公共场所管理条例》对公共场所的界定有这样的条款：（一）宾馆、饭馆、旅店、招待所、车马店、咖啡馆、酒吧、茶座；（二）公共浴室、理发店、美容店；（三）影剧院、录像厅（室）、游艺厅（室）、舞厅、音乐厅；（四）体育场（馆）、游泳场（馆）、公园；（五）展览馆、博物馆、美术馆、图书馆；（六）商场（店）、书店；（七）候诊室、候车（机、船）室，公共交通工具。

飞机是运输旅客的空中交通工具，属于"公共交通工具"这一类，客舱是归于公共场所的，它是具有特殊性质的公共场所，因为汽车、火车这样的公共交通工具是在地面上行驶的，只有飞机是在天空中飞行的。飞机这种公共交通工具具有空间狭小、乘员密度大、活动范围受限制等乘运特征。在这样一个特殊的公共场所或公共空间里，客舱内出现任何不合乎乘机管理要求的不良行为都会引起周围旅客的集中关注，会很快地引发其他旅客心理及情绪上的异常反应。因而，需要建立起客舱这个特殊场所的公共意识，让广大旅客共同维护好客舱内良好与安全的乘机秩序，让机上旅客有一个愉快而美好的空中旅程，不至于受到各种情形的扰乱，破坏本来的好心情。

公共意识也被称为公德意识，也就是人类在公共领域相处与交往过程中应遵守的自觉的行为规范和行为准则。在全球一体化的今天，现代化社会彻底地改变了人们的生存、出行、交流与交往方式，公共的交往领域也在不断扩大与拓展，已经达到了一个交流无国界、交往无地域的状态，国际间的陌生与无意识接触已经开始不断显现，复杂庞大的人群在公共场所中的集合次数越来越频繁。纵观案例中形形色色的事件，有些旅客似有目空一切的架势，在客舱这样的陌生人群聚集的有限空间内擅作主张，已经到了不管不行的地步。如何有效地避免陌生人之间

很可能引发的互相伤害的行为，遵守公德，让个人的行为举止不但合法合情，而且也在公序良俗的范畴内，不会破坏航班上的正常乘机秩序，这不仅需要行业部门的规范约束力度，需要公司、机组、乘务组的安全监管，更需要广大旅客对自身行为的自觉约束。

第五节　案例学习助力走向空乘岗位

一、案例彰显民航服务的"传帮带"

中国民航运输业的持续快速发展，一方面得益于党和政府的整体发展规划的实施，以及各方面的政策推进；另一方面也必然离不开民航管理层及全体民航员工高度的责任担当与自觉自愿的奉献精神，在这其中就有乘务员的付出与岗位配合，这使得中国民航业在世界民航业的进程中崭露头角，连续十多年占据世界第二的位置。而对于中国民航运输业的发展而言，除乘务员做好让旅客满意的周到服务、塑造好窗口化的形象外，从发展形式上我们并不难看出，乘务职业中类似传统职业"传帮带"的人才培养模式也很重要。新一代的乘务员在上一代的乘务员兼教员的培养与带领下，学习与掌握好民航服务的各项基本技能，有序执行机上服务，在职业传承和服务精神的延续中不断升华服务内涵，优化乘务团队的服务素质和专业水平，打造好民航服务品牌化和高品质服务形象，从民航客舱服务案例的学习中更好地走向未来的空乘工作岗位。

依照民航服务岗位的传承需要，在一代又一代空乘人员传帮带的基础上，在旧带新、老带小、前带后的职业发展模式的基础上，形成了民航服务战线上的一道靓丽的职场风景。这样，好的传统、优良的做法一直在被发扬光大，时代在变迁而服务传承却始终未改变，这是中国民航运输业得以迅猛发展的优秀基因所在。从中华人民共和国成立之后民航服务历史上的"十八姐妹"开始，中国乘务人才的传递与承接性从未断续。

同时，我们还应该清楚地知道，在世界民航业的发展故事中，从来就不会缺少中国民航人的身影。从1949年11月2日中华人民共和国的民航事业正式起步至今，中国民航已经有了70多年的发展历程。"北京"号飞机于1950年8月1日在欢呼声中从广州起飞经停汉口机场，用时7小时40分钟抵达天津，以及"天津—汉口—广州"和"天津—汉口—重庆"两条航线的开辟，标志着中华人民共和国成立之后的民航国内航线正式开通，同时也掀开了中国民航史上十分重要的一页。在那之后的70多年时间里，中国民航人始终发扬"人民航空为人民"的服务精神，在保证航空旅客的安全、提高服务质量方面的追求与努力上，从未停歇。

图7-5为中华人民共和国成立后第一代空乘"十八姐妹"合影，图7-6为执行"八一"开航天津—汉口—广州航线的"北京"号机组人员合影。

良好的服务必然离不开乘务员自身的主动努力，更离不开前辈们、老一代乘务员的经验与实践积累。从老一代空乘人员身上找寻服务的精准度与细节处理手法，继承其优良传统，借鉴与参考成功服务的经验与做法，以达到成长心智、拓展服务意识、坚定服务信心和决心、锻造服务恒心的目的，为成为一名合格的乘务人才而努力。

图 7-5 中华人民共和国成立后第一代空乘"十八姐妹"合影

图 7-6 执行"八一"开航天津—汉口—广州航线的"北京"号机组人员合影

反过来，无论是优秀服务传承还是继承前辈服务者的优秀服务品格等，都应该与时俱进，切不可完全照抄，死搬硬套，因为时代不同了，人们的思想理念与社会环境都发生了天翻地覆的变化，要适应新时代，跟随新观念，处理新矛盾，解决新问题，必须学会用新的服务技能、服务语言、服务理念，才能做好当下的乘务服务工作。借鉴他人工作中的经验为己所用，增长对工作的信心与勇气，帮助自己克服学习与工作中的实际困难，进而在专业学习与以后的工作道路上勇往直前，夯实对客的标准化服务，完善每一步的服务细节，才可以说有能力、有把握实现职业目标。有力、有理、有效地执行好将来的每一次航班出行任务，进而才可能在工作中脱颖而出。

二、案例修复与提升服务人才的面试标准率

就航空公司对服务人才的面试选拔而言，我们可以将其理解为各公司对人才标准化选拔所采取的必要做法，也可以将其看作服务于日后人才队伍的长期性建设，这在很大程度上是民航对客服务的需要使然。选拔优秀的服务人才充实到乘务工作队伍中来，可以长期保持高质量的服务水平，满足对窗口服务人才的综合素质及整体形象的要求。

目前，航空公司对各岗位需要的服务人才的选拔和录用都是采用多重性、多结构化的面试方法，比如条件筛选、形体测评、综合知识笔试、心理素质考核、英语机考与口语表达等选拔方式。学员要想顺利地通过初试、复试、综合考察等面试关卡，以及多环节、多层次的审核与

考查，最终走上理想的乘务职业岗位，除具备个人的形象气质和专业素养外，还需要具备较高的智商与情商，拥有灵活多变的应对技巧，要有对问题的正向思考能力，以及良好稳定的心理素质与情绪控制意识等。

往往在面试中，航空公司会设置各种对客服务环节中的情景，要求应聘者根据面试要求进行现场服务操作与服务能力展示，以考察学员对设置问题的敏感性与反应度，以及处理问题的方式方法等。假如你对于客舱内实际服务中遇到的状况没有一点儿认识，或者事先没有任何相关准备，面对考官突然给出的各种考题，你会无所适从，难以展示出让面试考官满意的结果。

三、从案例学习走向空乘服务岗位

在复杂多变的国际新形势下，民航运输业并非一片世外桃源，设身处地想一下就会明白：来自四面八方、五湖四海的海内外旅客集聚在客舱里，处在高空中又不相互熟悉，彼此都会有戒备和防范的心理，出现情绪紧张的现象是在所难免的。在这样的状态下，乘务员不仅要为旅客提供餐食、问询、信息、帮助、安全通知等常规化服务内容，还要随时面对客舱内可能出现的扰乱客舱秩序、引发安全事故、危及设备安全的各种问题，化解旅客间可能出现的这样或那样的矛盾，例如，行李放置不当、穿插座位、说话声音影响、态度不满意、语言不当、沟通欠妥、理解差异、风俗习惯不同等。

上述这些服务中可能遇到或者已经出现过的现象，都会在不同程度上反映在客舱服务过程中，我们可以从客舱服务案例中找到这方面的事件发生情形。那么，该如何化解与处理好旅客之间、旅客与乘务员之间，或者是旅客与机组之间的有形或无形的各类矛盾或冲突？这就需要乘组人员以高度的服务意识和服务精神，以安全第一的服务职责担当，以处处为旅客着想的民航服务理念，以专业人员的良好素养与理智心理，冷静地面对这些现象或问题，快速厘清解决复杂问题的必要思路，果断迅速地采用灵活的处理办法，化干戈为玉帛，避免矛盾的升级与激化，保障航班的平安运行，保证全体乘员的人身与财产安全。

乘务职业需要有一颗沉下来的服务之心，要有为他人做好服务的坚强意志，没有足够的观察力与永不放弃的职业韧劲，是难以达到航司在招聘考核中对乘务人才的选拔标准的，也是难以符合航空公司对乘务管理的规定及要求的。实际上，民航服务案例为应试者提供的是各种服务技能及服务应变的软件工具，从而将自身已经拥有的服务能力与实际需要相结合，打造致美的服务艺术形态。

"艺术和科学的价值在于没有私欲的服务，在于为亿万人的利益服务。"这是英国作家和美术评论家约翰·罗斯金关于服务的名言。我们希望这能够在有艺术性及行为美的民航服务中得到诠释，更希望民航服务艺术成为你毕生的职业目标，并看到你为此而努力，让服务之花芬芳绽放。

案例链接之十五

中国空乘人才的发展

中国民航局信息中心于 2020 年 3 月 13 日发布的《2019 年中国民航乘务员发展统计报告》，统计了目前正在运营的航空公司中持有体检合格证的乘务员情况。截至 2019 年年底，共有108 955名乘务员任职于我国各航空公司，比2018年年底增加5 257人。其中，运输航空公司的乘务员总数为108 683人，有272名乘务员就职于非运输航空公司，主要是通用航空公司。另外，报告还指出，南航、东航、国航三大航空公司均拥有超过15 000人的空乘队伍，稳筑空乘规模第一梯队，三大航空公司乘务人员总数占行业总数的46.93%。其中，南航乘务人员为19 463名，位居第一，东航和国航分别以16 307名和15 240名列第二位与第三位。

目前，中国籍乘务员占我国运输航空公司乘务员总数的99.16%，其中，0.37%为港澳台同胞。截至2019年年底，外籍乘务员数量占据前三位的是韩国、日本和泰国，分别占外籍乘务员总数的46.08%、15.80%和7.52%，从年龄结构看，乘务员的年龄分布呈现明显的正偏态分布，女性乘务员的从业年龄高峰为24岁，男性乘务员的从业年龄高峰为25岁。从性别看，我国运输航空公司乘务员的男女比例为1∶3。从民族分别看，中国大陆籍乘务员中汉族人占95.23%，占比与2018年年底相比下降0.12个百分点，换言之，少数民族乘务员所占比例略有上升。少数民族中依旧是满族、回族、蒙古族人数占据三甲，比重分别为1.35%、1.25%和0.51%。中国籍乘务员以山东省、四川省、辽宁省、江苏省和黑龙江省人数占据前五位，分别占乘务员总人数的10.86%、9.02%、7.40%、6.19%和5.81%。

从民航局发布的这份数据报告中，我们可以看出这几个方面的变化：一是乘务员的年使用增量不断提升；二是乘务员的就业渠道进一步拓展，包括服务于通用航空；三是国有航空公司仍然是空乘服务队伍流向的主战场；四是日韩等外籍乘务员在我国航班上服务的人数也在增加；五是同时可以看出，男乘务员逐步迈入空乘工作者的队伍中，至2019年其与女乘务员的比例已达1∶3，男乘务员的加入，必定会为航班上的安全服务筑牢防线。

思考案例及练习题

一、思考案例

一架航班载着200多名旅客从上海虹桥机场正点起飞了，当班乘务长是一个比较年轻的小伙子，另外四名乘务员也都是刚上机不久的新人，大家的工作都配合得十分默契，一切都显得井井有条。飞机爬升到了11 000米，餐饮服务结束后，乘务组人员在客舱中为旅客们提供所需的个性化服务，突然，像有大风迎面吹来一样，一下子噪声变得大了很多，发动机的声音也改变了，同时还伴有一定的颠簸。猛然间，不知哪位旅客大声地喊道："飞机要出事了！"旁边一名年轻乘务员居然也被这位旅客吓得惊慌失色，马上就有其他旅客抓住她问飞机是怎么回事，她更加慌张。另外一名位于通道的乘务员也不知道怎么办才好，就傻站在那里了。

此时，那名年轻的小伙子乘务长，还在后厨帮助厨房乘务员收拾餐车，听见客舱那边传过来的声音越来越大，呼唤铃也此起彼伏，不禁探头一看，好多旅客都站起来了，大家都表现出慌张的表情，他当时也傻了，不知道如何处理，也没有拿起外话机广播。又过了十几秒，飞机的声音渐渐变小，开始平稳飞行，大家似乎才慢慢地安静了下来，这一场人为的恐惧风波才算过去。其实后来了解到，这种情况一般发生在飞机巡航改变飞行高度和姿态时，是发动机增速造成的，所以才会出现不一样的飞行声音。

不过，从这个故事中可以看出，乘务员对飞行原理不甚了解，乘务长对客舱内的秩序监控不到位，同时更深层地反映出乘务员需要多学习业务衍生知识，提升自己的心理素质。无论经历怎样的险情事件，乘务员都不应该表现得比旅客更加慌张，这无形中会导致客舱秩序失控。乘务员应保持冷静的头脑与理智的心理，才能维持好航班飞行的良好秩序。

1．谈一谈你对本次航班上乘务组人员的表现有哪些看法。

2．如果在飞行中出现了旅客的恐慌状况时，你该怎么办？

3．乘务员有必要学习与掌握飞行常识吗？为什么？

二、练习题

1．如何理解服务案例对乘务职业的诠释及对面试的帮助？

2．对于案例彰显的服务力构建，你有怎样的认识？

3．你对案例中的创新性服务有哪些具体的体会？

4．你认为怎样才能让旅客建立良好的公共安全意识？

5．谈一谈民航服务案例对乘务工作岗位的"传帮带"意义。

附录 A

关于在航空器内犯罪和其他某些行为的公约

附录 B

关于制止非法劫持航空器的公约

附录 C

关于制止危害民用航空安全的非法行为的公约

附录 D

中华人民共和国民用航空安全保卫条例

参 考 文 献

[1] 安萍. 民航服务沟通技巧[M]. 北京：清华大学出版社，2017.
[2] 陈淑君，栾笑天. 民航服务、沟通与危机管理[M]. 重庆：重庆大学出版社，2007.
[3] 菲利普·津马多，迈克尔·利佩. 态度改变与社会影响[M]. 北京：人民邮电出版社，2007.
[4] 郝玉萍. 民航客舱设备操作与管理[M]. 北京：中国民航出版社，2018.
[5] 梁秀荣. 民航客舱安全管理[M]. 3版. 北京：中国民航出版社，2020.
[6] 李永，陈倩. 简明中国民航发展史[M]. 2版. 北京：中国民航出版社，2020.
[7] 廖华英. 跨文化交际案例分析[M]. 北京：北京理工大学出版社，2010.
[8] 向莉，岳继勇. 民航服务心理[M]. 北京：科学出版社，2013.
[9] 亚伯拉罕·哈罗德·马斯洛. 人本管理[M]. 西安：陕西师范大学出版社，2010.
[10] 张号全. 客舱服务精品案例教程[M]. 北京：中国民航出版社，2021.
[11] 张号全，孙梅. 航空面试技巧[M]. 2版. 北京：化学工业出版社，2017.
[12] 张号全. 航空职业形象[M]. 北京：化学工业出版社，2015.
[13] 中国航空运输协会. 民航空中服务（高级）[M]. 北京：中国民航出版社，2021.

反侵权盗版声明

电子工业出版社依法对本作品享有专有出版权。任何未经权利人书面许可，复制、销售或通过信息网络传播本作品的行为；歪曲、篡改、剽窃本作品的行为，均违反《中华人民共和国著作权法》，其行为人应承担相应的民事责任和行政责任，构成犯罪的，将被依法追究刑事责任。

为了维护市场秩序，保护权利人的合法权益，我社将依法查处和打击侵权盗版的单位和个人。欢迎社会各界人士积极举报侵权盗版行为，本社将奖励举报有功人员，并保证举报人的信息不被泄露。

举报电话：（010）88254396；（010）88258888
传　　真：（010）88254397
E-mail：dbqq@phei.com.cn
通信地址：北京市万寿路173信箱
　　　　　电子工业出版社总编办公室
邮　　编：100036